PREVENTING FINANCIAL RISKS AND
MAINTAINING FINANCIAL STABILITY

防范金融风险与
维护金融稳定

高惺惟　著

中国金融出版社

责任编辑：贾　真

责任校对：孙　蕊

责任印制：丁淮宾

图书在版编目（CIP）数据

防范金融风险与维护金融稳定/高惺惟著.—北京：中国金融出版社，2021.3

ISBN 978 - 7 - 5220 - 1059 - 5

Ⅰ.①防…　Ⅱ.①高…　Ⅲ.①金融风险防范—研究—中国②金融市场—研究—中国　Ⅳ.①F832

中国版本图书馆CIP数据核字（2021）第037727号

防范金融风险与维护金融稳定

FANGFAN JINRONG FENGXIAN YU WEIHU JINRONG WENDING

出版
发行　**中国金融出版社**

社址　北京市丰台区益泽路2号

市场开发部　（010）66024766，63805472，63439533（传真）

网上书店　http：//www.cfph.cn

　　　　　　（010）66024766，63372837（传真）

读者服务部　（010）66070833，62568380

邮编　100071

经销　新华书店

印刷　北京市松源印刷有限公司

尺寸　169毫米×239毫米

印张　18.75

字数　265千

版次　2021年3月第1版

印次　2021年3月第1次印刷

定价　58.00元

ISBN 978 - 7 - 5220 - 1059 - 5

如出现印装错误本社负责调换　联系电话（010）63263947

前言 *Preface*

习近平总书记在 2017 年 7 月召开的第五次全国金融工作会议上指出，防止发生系统性金融风险，是金融工作的根本性任务，也是金融工作的永恒主题。要把主动防范化解系统性金融风险放在更加重要的位置，科学防范，早识别、早预警、早发现、早处置，着力防范化解重点领域风险，着力整治各种金融乱象，着力加强风险源头管控，着力完善金融安全防线和风险应急处置机制。在党的十九大报告中，习近平总书记明确提出了"健全金融监管体系，守住不发生系统性金融风险的底线"的要求。2017 年 12 月召开的中央经济工作会议指出，后 3 年要重点抓好决胜全面建成小康社会的防范化解重大风险、精准脱贫、污染防治三大攻坚战。打好防范化解重大风险攻坚战，重点是防控金融风险。在 2019 年 1 月召开的省部级主要领导干部坚持底线思维着力防范化解重大风险专题研讨班上，习近平总书记就防范化解政治、意识形态、经济、科技、社会、外部环境、党的建设等领域重大风险作出深刻分析，提出明确要求。就经济领域的风险来看，习近平总书记指出，"当前我国经济形势总体是好的，但经济发展面临的国际环境和国内条件都在发生深刻而复杂的变化"，并要求我们做到"未雨绸缪、精准研判、妥善应对经济领域可能出现的重大风险"。2019 年 2 月，习近平总书记在主持中央政治局集体学习时强调："金融活，经济活；金融稳，经济稳。经济兴，金融兴；经济强，金融强。经济是肌体，金融是血脉，两者共生共荣。"由此可见，国家经济稳定与金融稳定是密不可分的。完善国家经济稳定防线，必须做到不发生系统性金融风险。维护国家经济金融稳定，需要坚持底线思维，需要问题导向，更需要全面深化经济金融领域的各项改革。经济建设是党的中心工作，近年来我国经济发展处于增长速度换挡期、结构调整阵痛期、前期刺激政策消化期"三期叠加"阶段，实体经济边际利润率和平均利润率下滑，大量资金流向虚拟经济，使资产泡沫膨胀，金融风险逐步显现，加之国际环境复杂多变，由美方挑起的中美贸易摩擦变数依旧较大。2020年，新冠肺炎疫情"黑天鹅"突然来袭，对全球经济金融体系带来较大冲击，我国同样难以独善其身。金融风险有的是长期潜伏的病灶，隐藏得很深，但可能暴发在一瞬之间，需要高度警惕。

一、我国主要金融风险点剖析

我国要积极稳妥防范处置突出风险点，严密防范化解房地产泡沫、股票市场、外汇市场、债券市场及互联网金融引发的金融风险，不忽视一个风险，不放过一个隐患，防患于未然，确保金融安全高效稳健地运行。

（一）房地产泡沫风险

房地产泡沫是事关我国经济金融和社会发展全局的重大问题。放任房地产泡沫发展，后果不堪设想。过去200年的历次金融危机告诉我们，十次危机九次是祸起于房地产上。当前，我国最大的潜在资产泡沫是房地产。一段时期内，北京、上海、杭州、深圳等多地房价在短短半年至一年的时间内翻倍，甚至连翻数倍，引发更多购房者恐慌入市，房价进一步被推升，楼市深陷房价泡沫陷阱。让过热的房地产软着陆，我国经济才有未来。如果任由房价过快上涨，必将带来一系列风险。一是杠杆过大的风险。一些地方为了完成房地产去库存的任务，通过加杠杆的方式，降低住房按揭贷款利率及首付比例，吸引民众买房。一些购房者使用首付贷、消费贷等形式加杠杆，导致债务风险上升。在一、二线城市，住房供不应求，居民全部财产外加借债全部押在房子上。未来，如果房价大幅下跌，消费者个人会面临信用违约风险，银行的不良资产率会大幅上升。二是通货膨胀的风险。近年来，我国楼市一路高歌，相当一部分实体企业老板把钱转投到楼市中，因为做实体远不如投资房地产的收益率高，这导致劣币驱逐良币现象出现。大量资金进了楼市的口袋，结果是实体经济发展资金不足，而背负巨额房贷的"房奴"也没有钱去拉动内需消费。实体经济资金和原本可用于消费的资金都被楼市挤占，中央银行为了支持实体经济的发展并拉动消费，需要更加宽松的货币政策，这就为通货膨胀埋下了隐患。三是国内外流动性波动带来的风险。国内外多年积累的流动性和当前宽松的货币环境，推动我国大量资金流向房地产。然而，如果美联储采取加息政策导致全球流动性紧缩，房地产泡沫会引发部分资金外流，楼市继续上涨的预期就会改变，增加了我国的金融风险。一段时期内我国房地产市场已经脱离了民生轨迹，这不单与国家的政策相背离，而且对楼市调控也增加了很多困难。我国房地产市场的健康发展方向就是坚持"房住不炒"的根本原则。

（二）股票市场风险

我国股票市场的主要风险体现为杠杆化、期现联动及金融行业联动特征明显。第一，以场内融资及场外融资为支撑的融资杠杆化带来的风险。融资杠杆对金融市场具有双重的放大效应，场内融资及场外配资跨市场、跨行业、杠杆化的风险格局极有可能触发系统性金融风险。场外配资其实就是民间版的融资融券，其运作方式主要有互联网平台线上配资和线下实体公司配资两种。投资者从这些平台或公司借钱炒股，支付较高利息，账户亏损到一定限度就会被强行平仓，属于典型的零门槛、高杠杆、高风险。第二，做空机制放大了市场的波动性和脆弱性。配资资金与股指期货存在高度相关性，成为引发2015年股市剧烈波动的导火索。正常情况下，在配资参与的个股中，一般除非有重大利空，不然很少出现大面积跌停的局面。但是随着规模的不断做大，配资公司承担的风险也越来越大，为了最大限度地保证自己的利益不受损，很多配资公司专门聘请了专业的股指期货团队为它们运作股指期货对冲。因此，一旦场外有机构大举做空股指期货，很多弱势股就会迎来大跌，而配资公司此时往往会借势通过强制客户减仓或平仓的方式进一步做空股市，从而在股指期货上牟取暴利，这股力量完全超出了股市的承受能力，不容小觑。第三，资产管理行业的不断创新使各金融机构之间的经营壁垒逐渐被打破，证券市场交易也开始形成跨市场关联、全行业联动的特征。这种联动关系主要体现在三个方面：一是证券业务的跨市场关联；二是产品的内生性全行业关联；三是金融机构经营的全行业关联。这种跨市场、产品关联和机构关联使金融风险的传递呈现网状扩散的态势，极易形成金融风险的空间传染机制，引发系统性风险。

（三）外汇市场风险

美联储货币政策的变动会对全球外汇市场资金流向带来较大影响，各国股票市场、房地产市场、外汇市场、债券市场及大宗商品的价格都会受到波及。以美联储加息为例，能够导致其他国家资金大量外逃流向美元资产。美联储加息对我国经济同样造成较大影响，中美利差缩小有可能诱发资本外流。自 2015 年 8 月人民币汇率制度改革以来，人民币处于缓慢的贬值趋势中。如果美联储加息导致美元更为强势，人民币作为非美元货币，即使我国中央银行采取人民币汇率双锚定价机制，人民币与其他非美元货币比较贬值幅度不大，甚至还在升值，但外汇储备减少、资金外流等因素都会增加人民币汇率下行的压力。而且美元越是强势，人民币汇率贬值的压力越大，因此，人民币的贬值预期成为我国经济金融领域的风险源之一，这将对我国股票市场、房地产市场及其他资产都造成较大影响。如何实现汇率的基本稳定将考验中央银行的决策能力。

（四）债券市场风险

我国债券市场的风险主要包括企业债务风险和政府债务风险。一方面，经济增长放缓加剧企业债务问题。随着我国经济增长的放缓，不少企业面临着利润减少甚至亏损的困境，进一步增加了企业偿债的压力。可以预期，今后将会出现更多的企业信用债违约的案例，企业与政府融资平台的债务出现违约或违约预期，或是我国债券市场的常态。从 2014 年以来债券市场发生的兑付风险事件来看，违约风险已经从民营企业扩大到国有企业，从私募债蔓延至公募债，国有企业已经不再绝对安全，债券市场违约的常态化迹象越来越明显。虽然发生违约的案例不算太多，但发行主体评级下调的现象逐渐增多，且国有企业所占比例逐渐增加。另一方面，地方政府债务是我国的一个金融风险隐患点。地方政府债务置换只是推迟了存量债务兑付的时间，并没有解决大量地方政府债务的存量问题，还要下大力气寻找化解存量债务的办法。继 2016 年 1 月财政部出台《关于对地方政府债务实行限额管理的实施意见》(财预〔2015〕225 号)，将地方政府债务的限额分为一般债务限额和专项债务限额之后，2016 年的地方债务置换工作也随即启动，发行专项债券作为缓释地方政府债务的重要举措，力度空前。银行作为地方政府债务置换的重要利益攸关方，在债务置换风险缓释的同时，利润、资产结构的调整及客户的结构都受到直接冲击，转型的压力更加显现。对于中央政府来说，需要警惕的是，地方政府的财政收支压力较大，债务负担有增无减。尽管有关部门出台了拿时间换空间的债务置换措施，但在地方支出刚性压力之下，部分地方政府的财政危机的风险在迅速加剧，不排除少数地方财政风险、金融风险和社会风险等多重风险同时暴发的可能。

（五）互联网金融风险

近几年，我国互联网金融发展迅速，同时也暴露出一些问题和风险隐患，主要包括客户资金安全存在隐患，出现了多起经营者卷款跑路事件；信用体系和金融消费者保护机制不健全等；行业发展处在无门槛、无规则、无监管的状态，容易出现劣币驱逐良币的现象，严重阻碍了互联网金融的健康发展，积累了大量风险。一方面，信息中介冒进信用中介，监管底线屡被突破。自 2014 年 4 月我国针对 P2P 网贷行业发出监管声音以来，坚持信息中介而非信用中介、不得搞资金池的监管底线便已出现在"四条红线"之中。不过这条监管底线始终没有为行业所重视，资产错配、期限错配背后的资金池问题普遍存在。"资金池现象"藏匿着巨大的风险漏洞。另一方面，互联网金融风险跨区域、跨市场、跨业态特征明显。在股权众筹领域，以股权众筹名义从事股权融资业务、未经批准擅自公开或者变相公开发行股票；在互联网保险领域不具备金融资质的机构，以非保险名号从事着和保险相同的业务，以金融创新之名从事着非法集资之实。

二、房地产市场、股票市场、外汇市场三大金融风险点关联性剖析

近年来，我国金融市场经历了众多考验，其中最重要的三个事件是我国股市大幅震荡、人民币贬值和一、二线城市房价泡沫继续扩大。在我国经济增长下行、杠杆率居高不下及偿债压力上升的大背景下出现这三个事件，再加上三个事件之间的相互关联性，大大增加了防范金融风险的难度。一是房地产市场对于我国经济和金融稳定的意义不言而喻。从经济增长来看，房地产及其上下游产业链对我国经济增长的贡献度举足轻重；从金融稳定来看，房地产吸收了大量金融资源，房地产投资和销售的数量、房价的高低，直接影响银行资产质量，影响股票市场和外汇市场，关乎系统性金融风险。二是2015年6月中旬至8月下旬，我国股票市场出现了自1990年建立以来第一次真正意义上的市场波动。房地产价格和股票价格交互上涨，银行贷款随之循环增加，为市场不断地提供巨额流动性。这种基于投机、缺乏实体经济支撑的资产价格泡沫化的内循环效应终会走到尽头。虽然目前我国股票市场已趋于正常，但2015年6月中旬至8月下旬的市场波动，带给我们的教训是深刻的。认真分析这次股票市场异常波动与我国房地产市场和外汇市场的相互关系，对正在走向更加开放的我国资本市场、房地产市场和外汇市场来说，其意义不言而喻。三是2015年和2016年我国的资本外流增多，导致外汇储备下降和人民币贬值压力上升。2015年8月11日汇率贬值后，人民币更多地由市场力量主导并对美元持续贬值，外汇储备也从2015年年中开始下降。我国现在正从经常项目和资本项目双顺差的旧常态进入"经常项目顺差、资本项目逆差"的新常态。市场上的贬

值预期，造成了集中购付汇的局面。反过来，外汇储备下降、跨境资本流动管理加强，又进一步加剧了贬值预期，刺激了更多的恐慌性购汇，影响了市场对人民币资产乃至国内经济的信心。四是用风险关联的理论和经验考察我国的现状，我们非常忧虑地看到，在当前情况下，房地产市场、股票市场、外汇市场三大金融风险积累的程度已经较为严重，而且呈现出关联特征。在这些特征背后，蕴藏着极为复杂的风险关联机理。广泛而复杂的资产负债表关联已经为房地产市场、股票市场、外汇市场的风险关联创造了条件。因此，当前我国处于风险关联敏感的时间窗口，对此进行解析并思考可能的对策是当前我国宏观经济管理的重大课题。

（一）房地产市场与股票市场表现出非线性负相关关系

房地产市场与股票市场都容易滋生泡沫，原因在于这两个市场都存在价值的预期性及投机资金过度炒作的问题。尤其是房地产泡沫与股市泡沫往往存在高度的相关性，泡沫的破裂具有连锁反应，经常相继破裂，因而会产生叠加效应，导致严重的金融危机与经济危机。从经济增长来看，房地产及其上下游产业链对我国经济增长的贡献度举足轻重；从金融稳定来看，房地产吸收了大量金融资源，房地产投资和销售的数量、房价的高低，直接影响银行资产质量，影响股票市场，关乎系统性金融风险。1929—1933年的大危机、日本20世纪80年代资产泡沫破裂之后的经济危机、东南亚金融危机、2007年美国次贷危机及欧债危机等都表现出了风险联动的特征。在这些特征背后，蕴藏着极为复杂的风险联动机制。尤其是房地产市场和股票市场的联动性及两个市场泡沫破灭的连续性极大地增加了金融危机的冲击力，两种泡沫相继破裂会产生使金融体系不堪重负的叠加效应。在房价持续上涨的预期之下，大量资金流入房地产市场，价格进一步上升。房地产领域的投机性较强，一旦房价过快上涨引发的虚假繁荣破灭，就会对经济造成极大冲击，极易引发泡沫经济。股市泡沫的原理与房市类似，其价格同样取决于买者和卖者对于未来价格的预期。价格的上涨形成上涨的预期，上涨的预期导致价格的飙升，形成螺旋式上涨的态势。一旦泡沫破灭，股市很快就会出现下滑的症状，导致市场崩溃。房地产市场和股票市场都具有较强的投机性，都容易滋生泡沫，加之二者之间的关联性，房地产市场的风险和股票市场的风险往往相继产生。本书研究了房地产价格和股票价格之间的关系，得出的结论是房地产价格和股票价格之间表现出一种非线性负相关关系。

（二）房地产市场与外汇市场相互助推、螺旋式上升

在开放的经济体中，汇率的重要性不言而喻。汇率的波动会从外部到内部、从宏观到微观影响经济体系的各个方面、各个层次。房价与汇率的关系，既有正相关，也有负相关。从经济增长对房价和汇率的影响的角度分析，二者呈现正相关的关系。当经济增长强劲且预期较好的时候，国内投资信心增加，国外资本流入增多，房价和汇率都会上升；反之，当经济增长低迷的时候，房价和汇率都会下降。从货币政策对房价和汇率的影响的角度分析，二者呈现负相关关系。在宽松的货币政策下，随着货币投放量的增加，包括房地产价格在内的资产价格会普遍上涨，同时本币贬值；在紧缩的货币政策下，资产价格下降，本币升值。从国际资本流动对房价和汇率影响的角度分析，二者呈现正相关关系。当资本流出大于资本流入时，本国房地产价格会下降，同时本币贬值；当资本流入大于流出时，本国房地产价格会上涨，同时本币升值。本币的升值预期和房价上涨预期会增强国际资本流入的动力，增强国际投资者持有该国资产的信心，同时还会发生"羊群效应"，形成从汇率到国际资本再到房地产价格的传递机制。自 2005 年汇率改革以来，人民币汇率和房地产价格都有不断上升的趋势，经常账户和资本账户的双顺差又导致外汇占款增加和基础货币投放增多。因此，汇率和房价上涨背后的关联就是人民币升值伴随着国际资本流入和广义货币供应量（M_2）的增加，二者相互助推、螺旋式上升。2014 年之后，由于美联储加息等外部因素，人民币对美元的汇率下跌。不仅是人民币，甚至全球各主要货币的汇率相对于美元都是贬值的，其中人民币的贬值幅度还是比较小的，即人民币只有相对于美元贬值，相对于其他货币还是升

值的。即便如此，仍有部分国际资本选择流出，以赚取最大额的汇差收入和房价收入，房地产价格受到了影响。本书对房地产价格与汇率关系的实证研究结果表明，两者之间存在相互影响的关系。人民币汇率对房地产价格的影响具有长期效应，人民币升值会促进房地产价格上升。房地产价格对人民币汇率的影响主要在短期，房地产价格上涨增加了房地产市场对国际资本的吸引力，导致资本流入增加，增加人民币升值预期。

（三）股票市场与外汇市场"携手共退"

经过多年的发展，我国的股票市场和外汇市场已经比较成熟，在完善资源配置体制机制方面发挥着越来越重要的作用。股票市场和外汇市场是金融市场的重要组成部分，两个市场之间的关联性一直是学界和业界研究关注的重点，这种关联性集中体现在股票价格波动和汇率波动之间的相互影响上。由于股票市场和外汇市场都会受到宏观经济、货币政策和资本流动的影响，加之金融市场间信息传播和市场运作等方面的联系不断增强，一个市场价格的波动会迅速传导给另一个市场，一个市场的风险也会传染给另一个市场，表现出协同变化趋势，各子市场之间的关系变得更加紧密，并且极易引发金融风险的扩散。防范化解重大金融风险既要防范股票市场和外汇市场各自领域的风险，更要防范风险在两个市场之间扩散和传导，尤其是当一个市场受到风险冲击而出现波动时，其他市场也会出现变动，表现出极强的"溢出效应"。本书的研究结果表明，2018年以来的中美贸易摩擦对股票市场和外汇市场的影响是显著的，同时两个市场之间存在关联性，互为因果关系。自2018年以来，我国股票市场和外汇市场的波动主要是受到外部冲击的影响，尤其是美元和美国因素的影响。一方面，美元的特殊地位决定了它的一举一动会影响全球外汇市场，美联储加息因素使包括我国在内的世界各国面临资本外流的压力；另一方面，中美贸易摩擦愈演愈烈给投资者信心带来了不利影响，造成避险情绪上升。这直接导致我国的股票市场和外汇市场"携手共退"：在股票价格下跌的同时，人民币出现贬值。

（四）新冠肺炎疫情"黑天鹅"冲击我国房地产市场、股票市场和外汇市场

2020 年，新冠肺炎疫情"黑天鹅"（小概率风险事件）突然来袭，给全球带来了极大的恐慌情绪。疫情造成的恐慌在第一时间传导给国际金融市场，全球金融机构面临的风险不断加大。在新冠肺炎疫情"黑天鹅"到来之前，我国金融体系已经面临着全球经济下行压力加大、房地产信贷占比过高、地方政府债务雪球越滚越大、金融监管漏洞、个别银行不良贷款率上升等"灰犀牛"（大概率风险事件）风险。疫情之后，企业复工复产的难度让受打击的产业链雪上加霜，实体经济的风险会以最快的速度传导到金融市场，增加防范系统性金融风险的压力。首先，疫情对楼市既有直接影响，又有间接影响。直接影响是导致购房需求延后，房地产企业面临流动性压力；间接影响是疫情最终对经济、就业、居民收入及收入预期、消费信心等的影响。其次，新冠肺炎疫情在全球蔓延之后，欧美股票市场大幅震荡，我国股票市场表现虽然相对稳定，没有出现剧烈波动，显示出了韧性，但这并不意味着我国资本市场可以高枕无忧。在全球大规模抛售资产的影响下，我国股票市场难免受到波及。全球经济前景非常不乐观，我国经济虽然表现不错，但难免会受到全球经济整体下滑的影响。反映到微观企业，出口订单会受影响，盈利能力下降，最终会影响股票价格。最后，外汇市场风险隐患同样值得关注。我国外汇市场的弹性在增加，美元的不稳定会导致我国外汇市场波动幅度加大，进而使人民币汇率不稳定，而且人民币汇率波动是被动式调整，原因是美联储货币政策导致人民币升值的压力和贬值的压力共同存在。

三、维护我国金融稳定的对策建议

提高防范化解金融风险能力，要以强化金融监管为重点，以防范系统性金融风险为底线，加快相关法律法规建设，完善金融机构法人治理结构，加强宏观审慎管理制度建设，加强功能监管，更加重视行为监管。房

地产市场、股票市场、外汇市场三大领域具有较强的关联性，防范三大领域暴发金融风险，既需要维持三个市场的健康平稳发展，也需要防范风险在三个市场之间相互传染，更需要大力推进金融供给侧结构性改革，搭建起防范系统性金融风险的"四梁八柱"。

（一）推动经济去杠杆

去杠杆既是供给侧结构性改革的重要任务之一，也是防范系统性金融风险的关键所在。过度和不当运用金融杠杆会产生巨大的风险，使金融机构内在脆弱性更高，进一步放大系统性风险。要真正解决好我国杠杆率的问题，不能简单地就事论事或笼统地谈杠杆率，大框架上还是要结合深化金融改革实现经济的去杠杆。降低企业杠杆率，要同推动国有企业混合所有制改革结合起来，盘活存量资产，优化增量资产。降低地方政府杠杆率，就要加快转变发展理念，不走高负债拉动经济增长的老路，刹住无序举债搞建设的风气，防止融资平台变相替地方政府融资，加快编制和公布地方政府资产负债表，强化地方政府债务的市场约束。降低金融领域杠杆率，就要大力发展资本市场，提高直接融资的比重，用好资本市场分散风险的功能。

（二）整治金融乱象

金融市场乱象丛生是引发系统性风险的重大隐患。金融乱象特别是违法乱纪的金融活动，牵涉到巨大经济利益和诸多关系纽带。我国需要重点整治的金融乱象包括乱办金融、非法集资、乱搞同业、乱加杠杆、乱做表外业务、违法违规套利等。整治这些金融乱象，需要强化金融风险源头管控，严把市场准入关，强化金融机构防范风险主体责任，坚决取缔非法金融机构，禁止非法金融活动，打击非法集资活动。金融领域的风险具有较强的传染性和危害性，更不能"无照驾驶"，不允许一般工商登记注册企业从事或变相从事法定金融业务。既要对非法集资和地下钱庄加大惩处力度，又要对违法犯罪金融活动敢于亮剑，更要对操纵市场和幕后交易的监管人员形成威慑。金融乱象频发，说明我们在金融风险防控上存在短板，下一步要建立健全符合我国国情的金融法规，对各种金融乱象依法依规处置。

（三）坚持"房住不炒"总基调

房地产的形式是产业，本质却是金融，二者的关系错综复杂。房地产行业是高杠杆行业，房地产泡沫经常是金融危机的诱导因素。从全球历次金融危机的教训来看，都与房地产泡沫的破裂密切相关，甚至可以说十次危机九次源于房地产。房地产风险与金融风险相伴而生，房地产泡沫的不断扩大终将引发经济金融危机。房地产安全与金融安全息息相关，从我国房地产金融形势来看，房地产金融风险依旧是监管的重点，其中的风险点需要充分关注。只有房地产市场平稳健康发展，才能从根本上防范房地产领域引发的金融风险。促进房地产市场平稳健康发展的根本原则就是要坚持"房住不炒"的总基调，积极推动房地产领域的供给侧结构性改革，解决住房供需失衡的问题。坚持"房住不炒"的总基调，就是要让住房信贷政策既能够防范风险、抑制投机泡沫，防止房地产市场过热，又能够满足居民的合理购房需求，满足房地产行业合理的发展需求，让房地产回归实体经济和居住属性。中央反复强调"房住不炒"，意味着无论在什么情况下都不会出台大规模的房地产刺激措施，不会过分依靠房地产来拉动经济增长。

（四）发挥好资本市场牵一发而动全身的作用

2018年底召开的中央经济工作会议明确指出："资本市场在金融运行中具有牵一发而动全身的作用，要通过深化改革，打造一个规范、透明、开放、有活力、有韧性的资本市场。"这次会议将资本市场的作用定位为牵一发而动全身，这是一种前所未有的高规格定位。我国资本市场发展虽然取得了显著成就，但仍是我国金融市场体系的短板，具有明显的发展不平衡和不充分等特点，不能有效满足国家战略和经济转型升级需要，且波动性大，中长期稳定性差。投资者结构不合理、监管不成熟、上市公司质量不高等问题还没有得到很好解决。我国需要一个既能推动经济增长、有效配置资源，又能缓解经济波动、合理分散风险，同时还能使居民分享经济增长的财富效应的资本市场。建立这样一个结构合理、功能强大的资本市场意义重大，关系到全面建成小康社会的实现，也关系到社会主义现代化强国的建设。推动资本市场制度改革，目的就是完善资本市场的功能，有效发挥资本市场的资源配置和防范金融风险等作用。

（五）防范资本非正常流出对我国外汇市场的冲击

自 2018 年以来，由美方挑起的中美贸易摩擦持续升级，世界经济受全球贸易摩擦和金融环境变化等影响，下行风险有所增加，同步性有所减弱，主要发达经济体和新兴市场经济体货币政策继续分化，外部环境的不稳定、不确定因素明显增多。我国经济运行稳中有变、变中有忧，外部环境复杂严峻，国内投资信心在一定程度上受到影响，人民币汇率双向浮动弹性增强。中美贸易摩擦的发酵虽然没有导致我国出现大规模的资本非正常流出现象，也没有对我国经济造成灾难性、不可挽回的后果，但这绝不意味着资本非正常流出就是无足轻重的，绝不意味着我国可以放松警惕，绝不意味着中央银行可以没有忧患意识。资本非正常流出是一种政府无法直接控制的特殊经济现象，违背了政府的意愿，是个人利益同国家利益冲突的产物，当然会对一国的经济运行产生影响。在金融资源全球配置的今天，一国政府不可能完全消除资本的非正常流出，但至少可以通过正确有效的措施减少资本的非正常流出，减轻资本非正常流出带来的不良效应，防范暴发金融危机和经济危机的可能性。首先，充分发挥我国作为世界第一大消费市场的谈判力。"家有梧桐树，自有凤来栖。"我国的"梧桐树"就是我国仍处于发展上升期，拥有 14 亿人口的消费市场，蕴含着巨大的内需潜力，因此可以利用巨大的市场机遇吸引外资。其次，进一步优化营商环境，向全球投资者证明我国是一个法治稳定的投资场所，有理由成为外国企业投资的首选之地。最后，建立资本非正常流出的预警机制，对资本非正常流出的规模、动向、影响进行全面了解和控制。

（六）发挥人民币国际化防范外部冲击风险的积极作用

2017 年底召开的中央经济工作会议明确将防范化解金融风险列为全

面建成小康社会的三大攻坚战之一，这里的金融风险就包括外部冲击的风险，特别是美国作为国际金融规则制定者和美元作为核心国际储备货币带来的风险，谨防美国金融制裁。我国需要运用全方位的战略思维，维护自身的金融稳定。我国在2010年成为世界第二大经济体，为人民币国际化奠定了经济基础。稳步推动人民币国际化，必将增强我国应对外部冲击风险的能力。推动人民币国际化，既要做到积极作为，又要做到顺其自然，尊重市场规律，更要防范人民币国际化带来的新的风险，要在保障经济和金融平稳运行中推动人民币国际化。在实践中，人民银行已经与相当一部分中央银行达成了额度互换协议，以确保在新的市场动荡中有备用的人民币流动性可供使用。人民币需求增加，这不仅有助于分散各国外汇储备的风险，而且从长期看，将减弱对美元的系统性依赖。下一步，"一带一路"沿线投资将成为推动人民币国际化的重要动力。"一带一路"建设所追求的设施联通需要大量资金投入，这个过程激发了国际社会对人民币的资金需求。"一带一路"建设所追求的贸易畅通需要投资和贸易的便利化，更需要有效规避汇率波动风险的机制，加大人民币在贸易结算中使用的比例能够满足贸易各方的需求。"一带一路"建设所追求的资金融通既有助于推动人民币跨境支付系统的使用，更好地发挥人民币支付和结算的功能，还有助于加大"一带一路"沿线国家货币互换的规模。

（七）积极推动国际货币体系改革

2020年新冠肺炎疫情在全球暴发之后，对全球经济金融体系造成巨大冲击，暴露出现行的经济金融体系中存在的不合理问题，也带来全球金融体系在危机和动荡中重塑的新趋势。疫情冲击美国金融市场之后，美联储紧急宣布降息100个基点至0~0.25%的水平，并宣布启动一项规模达7000亿美元的宽松计划。几天之后，美联储又推出无限量化宽松政策。美国不断扩张的政府债务规模和无限量化宽松政策，利用美元的支配地位让全球为其分担成本的做法，破坏了美元体系的正常运转，必将影响美元的权威性和美元资产的吸引力，导致美元信用的衰退。国际货币体系合理与否关乎全球经济金融稳定。历史上的银本位、金本位、金汇兑本位和布雷顿森林体系都是为建立国际货币体系而形成的不同制度安排。本次新冠肺炎疫情暴发之后，美国的货币政策再一次反映出当前国际货币体系存在的缺陷，尤其是主权信用货币作为储备货币的内在缺陷。美国采取无限量的量化宽松政策应对金融市场波动，短期来看是有效的，但长期来看就是在透支美元的信用。2020年新冠肺炎疫情警示各国，现行国际货币体系需要进一步改革和完善，基本的方向就是供应有序、总量可控、币值稳定，为维护全球的经济金融稳定担负责任。实现这个目标的基本思路就是建立超主权储备货币发行机制。超主权储备货币由全球性机构来管理，不作为任何一个国家的主权货币。

（八）加强对系统性风险的分析和监管

金融监管机构应密切关注金融风险，其中的关键就是需要一套完善的评估系统来分析金融风险的关联性。一是金融市场的流动性风险很可能成为信贷风险。二是一家金融机构风险的上升会传染给其他的金融机构。三是企业部门的财务困境可以传递给金融部门。四是家庭和企业部门的资产价值下降和高风险的债务会导致银行资产质量下降，银行业信用风险增加。因此，我国的金融监管部门应收集更详细的信息，并对各种风险进行深入的分析，尤其是加强各种风险的关联性分析。压力测试可以被用来作为早期预警机制，网络分析可以用来模拟金融系统之间的关联性。信息的收集和共享已被许多国家证明是防范系统性风险的重要一步，尤其是在美国。就我国目前的监管协调情况来看，人民银行需要在数据共享上作出更多的努力，信息收集与共享需要从法律层面消除障碍。为了避免金融监管机构在收集信息过程中的重复收集，各监管机构应共享信息，不应存在障碍。企业和家庭债务规模、金融机构之间的交叉风险、更精细及时的统计监测数据、各类交易数据等信息应当在各监管部门之间实现共享。同时，在防范系统性风险的过程中，需要更加有效的政策协调，建立财政政策、货币政策和金融监管政策之间的协调机制。这种协调机制能够确保各个监管机构的目标一致，有效降低风险，使协同效应得以实现，避免内部冲突。有效解决系统性风险链关键在于多个监管机构的合作，合理的制度安排能够加强政策协调，消除监管空白，尤其是在表外业务和影子银行领域。一个有效的金融监管框架，能够较早地发现金融风险点，并且共享这一风险点的相关信息，最后共同制定一个有效的方法来遏制风险。我国的方案是成立金融稳定委员会，召集所有相关机构共同解决系统性风险。委员会要求各监管机构共同参与，以避免彼此矛盾的监管政策。

（九）以金融供给侧结构性改革有效维护金融稳定

"黑天鹅"事件是无法预知的事件，任何人都不要奢望会预测到下一个"黑天鹅"事件。"黑天鹅"事件虽然很难预测，但脆弱性是可以衡量和判断的，没有"灰犀牛"的"配合"，"黑天鹅"扇不起大的风浪。目前，全球之所以承受经济金融体系崩溃的压力，新冠肺炎疫情仅仅是导火索，根源是长期以来积累的经济金融脆弱性。新冠肺炎疫情入侵了很多国家，但金融体系稳健、金融脆弱性程度较低的国家暴发金融危机的概率要小得多。我国要应对"黑天鹅"事件的冲击，关键就是以金融供给侧结构性改革降低金融脆弱性，消除金融风险隐患点。防范化解重大金融风险是金融工作的重要任务，但又不能因噎废食。防范化解金融风险，坚决不能躲进小楼成一统，而是要扬帆大海经风浪，坚定不移地推进金融供给侧结构性改革，在深化改革和高水平开放中提高防控风险的能力。改革必然海阔天空，守旧未必风平浪静。深化金融供给侧结构性改革，就是要紧紧围绕服务实体经济这一根本目标，守住不发生系统性金融风险这一基本底线，用好政府与市场这"两只手"。以资本市场改革、利率市场化改革、普惠金融战略、加强金融监管和推进人民币国际化等为抓手，推进金融供给侧结构性改革，搭建金融服务实体经济和有效防控金融风险的"四梁八柱"。

目录 *contents*

第一章

经济高杠杆与金融风险

2016 年底，我国宏观杠杆率达到 247%，同 2008 年相比上升 104 个百分点。如此之高的宏观杠杆率，容易带来宏观经济不稳定性和脆弱性，助长投机行为，扩大资不抵债的规模和压力，干扰社会预期，加大政策调控和市场调节难度。因此，去杠杆既是供给侧结构性改革的重要任务之一，也是防范系统性金融风险的关键所在。

分析我国的金融风险问题有两个基本的背景：一个是我国经济增长速度放缓，另一个是我国正在大力推进金融市场化改革。经济增长速度放缓会导致不良贷款率提升，增加银行的信贷风险、市场风险和流动性风险，推动银行开发新的资产类别和业务模式。金融危机往往发生在技术革命和所谓的经济奇迹之后，因为投资者和政策制定者开始高估潜在的经济增长率。政策制定者可能会把潜在增长率的结构性下滑误解为周期性下滑，并采用扩张性政策来刺激经济增长，导致实际 GDP 增速进一步偏离潜在水平，从而为经济过热和最终的痛苦调整播下恶种。潜在增长率下滑是一个很好地衡量金融危机的先行指标。古典经济学理论认为，潜在经济增长率主要由三大因素决定：劳动力、资本和全要素生产率。在很多情况下，潜在增长率放缓主要是因为生产率增长乏力。由于劳动力和生产率增速下滑，我国也出现了潜在增长率放缓的迹象。与此同时，金融市场化改革允许更多的银行超越之前简单的存贷款业务，促使各种非银行金融机构和金融市场业务快速增长，混业经营的趋势已经非常明显。而当前的金融监管现状还跟不上金融机构的混业经营的步伐，导致监管的空白和重叠，这就需要监管机构之间更加密切地合作和协调，解决不断变化和增加的系统性金融风险，从战略协调的层面来进行监管制度的设计。

一、我国经济高杠杆风险隐患

所谓的杠杆指的是借入资金以扩大经营，通俗地讲，是以小（少量资本金）博大（更大的总资产）。计算杠杠率主要有两个维度：第一，债务总量 / GDP（国民经济部门）；第二，总资产 / 净资产（部门、行业、公司）。从实证角度看，学术界已将杠杆水平抬升确定为一个预测金融危机的简单有效的先行指标。关于如何预测金融危机这个问题目前有大量的学术文献，而且最近几年危机频现带动了对有用的预警指标的需求，因此这方面的学术研究成果还在不断增加。直观地说，杠杆水平作为金融危机的先行指标是有道理的。纵观世界经济发展史，经济泡沫之前通常都会经历经济奇迹，有的真实，有的虚幻。20 世纪 70 年代初至今，大宗商品价格、货币汇率、资产价格的波动超过以往任何时期，金融危机发生频率之高、影响程度之大、涉及范围之广，为以往所未见。短短 40 多年时间，已出现四轮银行危机，每轮危机都导致大量银行破产。危机过后，经济萧条尾随而至。基于经济学角度对这些危机的研究规律的一般性。

第一轮信贷泡沫。20 世纪 70 年代，墨西哥、巴西、阿根廷等国家经济发展较快，与之伴随的是政府和国有企业贷款年增长率达到 30%，外债规模年均增长 20%。加拿大、日本和一些欧洲国家的银行利用其巨额美元资产为墨西哥等国家提供信贷支持。但 1979 年美联储货币政策转向，开始直接控制信贷投放。美元升值，美元资产回流美国。墨西哥等国的经济遭到本币贬值和"断贷"的双重打击，金融危机暴发。

第二轮信贷泡沫。20 世纪 80 年代中后期，日本金融管制的放松大大增加了日本商业银行的房地产抵押贷款投放。由于房地产长期供不应求，日本的地价、房价均不断上涨。1989 年底，新上任的日本银行行长宣布控制房地产信贷规模的增长，这一政策刺破了日本的资产价格泡沫。1990 年，日本的房价下跌了 30%，1991 年又下跌了 25%。

第三轮信贷泡沫。20 世纪 90 年代初，热钱由东京流向泰国、印度尼西亚及其他亚洲国家，导致这些国家房地产和股票价格上涨。这些国家大量从国际信贷市场贷入资金，国外企业对东南亚国家的投资带动了这些国家银行的对外投资，导致信贷规模大幅增长。1996 年冬，泰国很多银行出现了巨额坏账损失，国内外放款人开始关注其信贷资产的安全性，泰国的资金流入不断减少，泰国中央银行维持泰铢币值的努力很快就被消耗殆尽，1997 年 7 月初，泰铢出现了严重的贬值。泰铢的贬值引发了严重的传染效应，在接下来的 6 个月，除人民币和港元之外的其他亚洲国家和地区的货币都出现了 30% 以上的贬值。这既由于外资纷纷变卖资金出逃，又由于房地产价格大幅下降。东南亚金融危机仿佛是日本 10 年前危机的翻版。

第四轮信贷泡沫。这一轮泡沫出现于 2002—2007 年，其间，美国的房价经历了一轮暴涨。房价上涨的背后是信贷的膨胀。2007 年初，美国房价见顶开始下跌，金融机构出现巨额信贷损失。2008 年中期，占全美抵押贷款市场半壁江山的房利美和房地美，因信贷损失被财政部接管，抵押贷款支持证券暴跌。

这四轮危机有一个共同特点，就是都伴随着信贷供给的快速上涨。某些危机的发生似乎为下一轮的不同国家的信贷供给快速上涨奠定了基础。20 世纪 80 年代早期，墨西哥等发展中国家的债务危机将泡沫推向日本，推升了 80 年代中后期日本房地产市场和股票市场的价格。20 世纪 90 年代初，日本资产价格泡沫破灭，大量游资撤离日本后，涌向泰国等东南亚国家，导致其房地产价格和证券价格上涨。东南亚国家泡沫破灭后，资金又涌入美国，接着是美国资产价格上涨。总之，信贷的快速上涨几乎一定会推高该国资产价格。这是因为投资者能够以很高的价格从原持有人手中收购资产，又以更高的价格出售给下一个投资者。资产像烫手的山芋在投资者间传递，在此过程中，信贷不断膨胀，资产价格不断上涨，泡沫逐渐累积，直至危机暴发。

虽然导致信贷膨胀的外部冲击背景各不相同①，但金融危机的暴发主要源于信贷膨胀。正如一句法国谚语所说，"某一事物变幻越多，其本质就越难改变"。现象变幻无穷，本质却始终如一。绝大多数危机暴发前都伴随信贷泡沫，这正是危机的共性。明斯基的银行危机模型可以解释这四轮危机的成因。明斯基认为，在经济景气时扩大银行信贷投放、在经济衰退时收缩信贷规模的顺周期行为会加剧金融体系的脆弱性，加大发生金融危机的风险，即信贷行为的顺周期性是金融体系脆弱的主因。在明斯基危机模型中，投机狂热主要由银行信贷推动。由此可见，过度和不当运用金融杠杆会产生巨大的风险，高杠杆率使金融机构内在脆弱性更高，金融衍生工具的杠杆效应使金融体制脱离物质基础，金融机构过度杠杆加深金融领域关联度，进一步放大系统性风险，导致风险传染链条深入全球经济的各个方面，使危机从金融领域蔓延到整个经济领域进而造成经济危机。

那么，我国当前是否存在由于经济增速放缓而可能引发的银行信贷风险、债券市场违约风险、政府债务风险和房地产泡沫风险？这四种风险归结为一点，就是信贷膨胀引发的高杠杆风险。一般来讲，衡量杠杆率的指标分为两种：一种称为总指标，以国内信贷占 GDP 的比重来衡量，高的经济杠杆率存在风险隐患，是金融危机的先行指标；另一种称为分部门指标，即政府部门杠杆率、非金融企业杠杆率和金融机构杠杆率。首先从总指标来看，国际上普遍存在一个"5-30"规则——主要经济体在金融危机暴发前杠杆率急剧上升，通常危机暴发前的五年时间内信贷占 GDP 的比重会上升约 30 个百分点。我国国内信贷占 GDP 的比重从 2011 年的 111.99% 迅速上升至 2016 年的 143.26%，上升 31.27 个百分点。31.27% 确实意味着信贷过度扩张，应当引起监管机构的警惕。下面分别从分部门指标来分析，即政府部门杠杆率、非金融企业杠杆率和金融机构杠杆率。

---

① 20 世纪 70 年代，墨西哥的信贷膨胀源于其经济高速增长；80 年代日本经济膨胀源于金融自由化改革和日元持续升值；90 年代东南亚国家信贷膨胀源于金融自由化改革和对新兴市场国家资产的追捧；21 世纪美国信贷膨胀源于资产证券化的支持。

（一）政府部门债务风险不容小觑

政府部门杠杆率用政府债务占 GDP 比重来衡量。截至 2016 年底，我国地方政府债务余额为 15.32 万亿元，地方政府债务率为 80.5%；纳入预算管理的中央国债余额为 12.01 万亿元。两项合计，我国政府债务为 27.33 万亿元，负债率为 36.7%。我国政府整体负债率不仅低于欧盟 60% 的警戒线，也低于主要市场经济国家和新兴市场国家水平。但这里的地方政府债务仅仅是显性债务，没有包括大量的隐性债务。同时，局部地区债务高企需要引起足够重视。2015 年已有 8 个省份债务率超警戒线。再加上现在的经济增长趋势下行，房地产市场调整，地方财政来自土地收入的比例在下降或者不稳定。不排除地方政府不能够兑付到期债券本息的情况。融资平台存量债务仍有后遗症，需高度警惕隐性债务蔓延。43 号文实施以后[①]，有部分地方政府负债被"隐蔽"：一种是地方政府融资平台通过企业形式来借钱，算入国有企业的负债，政府债变成了企业债；还有一种是通过 PPP 模式，企业应该以股权形式投入，但现实操作中，"股"实际上是"债"，企业怕有风险，地方政府便给企业提供债务和利息的保障偿还水平，"明股实债"情况很多。

（二）企业债务风险需高度警惕

标普的研究数据显示，我国企业债务规模在 2013 年底已超过美国，达到 14.2 万亿美元，高居世界首位。由此测算，近几年我国企业部门杠杆率（企业负债与 GDP 的比值）都在 150% 以上。根据经济合作与发展组织（OECD）提出的企业部门杠杆率安全阈值为 90% 的标准，我国企业负债已经处在危险状态。与世界主要经济体对比，我国企业部门杠杆率也处在极突出的位置，如同高位"堰塞湖"，处理不当，或有全溃之危。

---

① 2014 年 9 月国务院发布《关于加强地方政府性债务管理的意见》（国发〔2014〕43 号，以下简称 43 号文），我国开始加强对地方债的管理。5 年来，管理举措主要如下：一是将各类地方债务纳入预算管理，二是实施债务限额和余额管理，三是置换存量债务，四是切割各类融资平台，五是大力推广 PPP。

企业债务问题实质上是企业资本结构问题。根据诺贝尔奖获得者 Modigliani 和 Miller 提出的 MM 定理：企业资本结构与企业的价值无关，企业负债根本不存在过高的问题，但 MM 定理是在无所得税、无破产风险、资本市场充分有效、交易成本为零等苛刻条件下形成的。从实际经验来看，负债率提高在增加企业价值的同时，企业破产风险和成本也会随之增加。因此，企业负债率绝非越高越好。超过平衡状态负债，会对企业长期持续经营产生不可低估的负面影响。企业在资产负债表失衡的情况下，其经营目标可能从利润最大化转为负债最小化，即所有现金流都用于还债，从而形成一种不事生产、专门还债的信用紧缩局面。高负债还可能使企业丧失融资能力，发生债务紧缩。企业偿债能力衰降，则会生成金融体系的巨额不良资产，引发债务性的金融危机。

40 多年来，在以高投入和高负债维持高增长的大背景下，企业不断加大举债投资规模，扩大产能占领更多市场份额，以致多数行业产能过剩。国际金融危机以来，在欧美艰难去杠杆的情况下，我国不少区域和行业却实施了更大的产能扩张，进一步加剧了产能过剩矛盾，并导致全要素生产率降低、投资回报下降、偿债能力进一步降低。对生产性企业而言，产能过剩加剧与偿债能力降低，可能形成去杠杆的双向"负螺旋"。其中，国有企业的去杠杆任务更是重中之重。

"僵尸企业"一词最早用于 20 世纪 90 年代初的日本，指那些无法继续正常经营、应该破产却又靠借债或政府资助而没有破产的企业。90 年代初的日本经济进入了衰退期，股票市场和房地产市场暴跌导致银行不良债权激增，日本政府实施了各种保护措施，银行努力通过追加贷款暂时缓解不良债权问题，使欠债公司免于被迫裁员，结果使本应退出市场的大量"僵尸企业"存活下来。"僵尸企业"缺乏创新活力，生产效率得不到提高，导致经济增长速度放缓，拖累了日本经济 20 年。根据财政部有关数据，自 2011 年以来，我国国有企业利润直线下降，而同期债务利息支出却大幅飙升。地方国有企业负债率大多超过 70%，有的甚至超过 100%，已经资不抵债，排除那些非营利性的公共服务企业，理应破产关闭。"僵尸企业"对经济的危害是十分巨大的：第一，"僵尸企业"需要金融机构或财政资金不断输血，浪费了宝贵的金融资源；第二，"僵尸企业"掩盖银行等金融机构坏账率，危及金融稳定，可能最终引发更大的金融危机；第三，"僵尸企业"扭曲了市场激励机制，导致低效驱逐高效（劣币驱逐良币），使企业失去了提高效率、寻找有效出路、主动进行破坏性创新的动力。"僵尸企业"一般都是产能过剩企业，处于生产力水平较低的夕阳或落后行业，为其输血阻碍了发展方式转变，妨碍了产业结构的优化调整。

（三）金融杠杆及其背后的房地产泡沫破裂风险

金融杠杆，顾名思义，是指金融机构的杠杆。与宏观经济的杠杆率计算方法类似，金融杠杆考虑的是整体金融体系的负债与 GDP 的比值。而从微观的角度出发，金融各部门的杠杆则可以用杠杆倍数来表示，杠杆倍数的计算方法则是各金融部门总资产 / 各金融部门总净资产，衡量的是 1 元的净资产能够撬动多少的资产价值。根据麦肯锡全球研究院公布的数据，2014 年 6 月底全球金融债务水平为 45 万亿美元，占全球 GDP 的 64.67%。在它们的研究中，金融部门的债务水平仅包括"对其他存款性公司债权"和"对其他金融机构债权"两项，因此，我们采用同样的方法计算得到我国金融杠杆率水平在 2014 年底为 60.86%，略低于全球水平。然而，随着金融杠杆的攀升，我国麦肯锡口径计算的金融杠杆率在 2015 年和 2016 年分别提高到 71.22% 和 78.10%。值得注意的是，我国金融体系还存在较多的表外负债并未纳入表内计算。

根据中国银监会统计的数据，我国银行业资产规模从 2010 年底的 94.26 万亿元增长至 2017 年 4 月底的 231.95 万亿元，后者是 2010 年底的 2.46 倍。其中，大型商业银行、股份制商业银行、城市商业银行的资产规模分别从 45.88 万亿元、14.86 万亿元、7.85 万亿元增长至 83.28 万亿元、43.36 万亿元、29.26 万亿元，分别是 2010 年底的 1.82 倍、2.92 倍、3.73 倍。

虽然银行业的资产规模急剧扩张，但由于受到监管，银行业的杠杆率水平并未大幅攀升。相反，整体银行业的杠杆率水平在近年来反而有所下降。2017 年 4 月底，银行业整体的杠杆倍数为 12.82 倍，而 2010 年底则是为 16.19 倍。值得注意的是，虽然大型商业银行和股份制商业银行的杠杆率水平在近年来有所下降，但城市商业银行的杠杆率水平在 2015 年以来却是处于上升趋势的。城市商业银行 2014 年底的杠杆倍数为 14.50 倍，而 2017 年 4 月底则上升至 15.26 倍。由此可见，银行业的杠杆率目前存在内部分化，大型商业银行和股份制银行等大行降杠杆的同时，城市商业银行等小行则在加杠杆。

虽然银行杠杆率总体不高，但房地产贷款在贷款余额中占比非常高。房地产泡沫是事关我国经济金融和社会发展全局的重大问题。放任房地产泡沫发展，后果不堪设想。过去 200 年的历次金融危机告诉我们，十次危机九次是祸起在房地产上。当前，我国最大的潜在资产泡沫是房地产。现阶段，北京、上海、杭州、深圳等多地房价在短短半年至一年的时间内翻倍，甚至连翻数倍，引发更多购房者恐慌入市，房价进一步被推升，楼市深陷房价泡沫陷阱。让过热的房地产软着陆，我国经济才有未来。如果任由房价过快上涨，必将带来一系列风险。

一些地方为了完成房地产去库存的任务，通过加杠杆的方式，降低住房按揭贷款利率及首付比例，吸引民众买房。一些购房者使用首付贷、消费贷等形式加杠杆，导致债务风险上升。在一、二线城市，住房供不应求，居民全部财产外加借债全部压在房子上。未来，如果房价大幅下跌，消费者个人会面临信用违约风险，银行的不良率会大幅上升。对于开发商来说，成交量的下滑，会影响他们的现金流，进而影响偿债能力，危及银行信贷资产质量。

在泡沫膨胀期，利好的市场前景吸引着更多的购房者进入市场，并产生"羊群效应"，同时引发金融机构对房地产信贷的非理想扩张，房地产泡沫就此形成。随着房地产价格的持续走高，政府开始出台相关管制措施，银行收缩信贷，内部人撤资，房价出现快速持续下跌，不断吹胀的泡沫开始破裂。就像"庞式骗局"不可能无限制地骗下去一样，房地产泡沫也不可能一直吹下去。房地产与金融业的关系紧密，金融支持过度将会导致房地产风险的产生，不恰当的金融政策和制度安排是引发房地产金融风险的深层次原因。房地产业与金融业如果相互适度支撑，可以促进相互的发展，也可以促进国民经济快速发展，反之则会引发房地产风险，造成金融危机，使整个国民经济陷入困境。

二、降低杠杆率以维护国家金融稳定

针对出人意料的"黑天鹅"和熟视无睹的"灰犀牛"概率风险事件，维护金融稳定要把主动防范化解系统性金融风险放在更加重要的位置，科学防范，早识别、早预警、早发现、早处置。

适度用好杠杆，保持一定的投资总量，既有利于促进国内投资与储蓄平衡，又有利于保持一定的经济增长速度。稳定投资要充分发挥金融的作用，合理运用杠杆效应，实现储蓄向投资的转化。这要求我国加快金融体制改革，搞活金融，搞活信贷，鼓励金融创新，充分发挥各种金融主体的积极性，运用多元化的融资渠道和各种高效的金融工具，把储蓄供给与投资需求有效地匹配起来，把握好金融杠杆的节奏和效率，使之更好地为促进经济发展和结构优化服务。金融改革的节奏把握得越好，金融杠杆的效率越高，经济发展的速度就会越快，经济发展的质量就会越高。

正如治疗糖尿病的唯一方式是预防糖尿病，去杠杆的最好药方是预防杠杆率过高，而预防杠杆率过高的"牛鼻子"就在金融领域。作为现代经济的核心要素，金融在经济发展中扮演着杠杆和助推器的作用，有效利用好金融的杠杆作用，能够高效组织和配置各类资金，极大地促进经济社会的发展。但是，过度使用高杠杆，则是引发金融危机的重要原因。要真正解决好我国杠杆率的问题，不能简单地就事论事或笼统地谈杠杆率，大框架上还是要结合深化金融改革实现经济的去杠杆。

观察美国本轮去杠杆，成功经验在于：企业部门去杠杆的同时很快去除了无效产能，允许并推动企业破产、重组；结构性减税政策有利于居民消费和企业投资；推动了企业创新和产业升级，服务业吸纳大量就业；资本市场和股权融资发达是去杠杆成功的重要原因。日本的教训则是严重依

赖银行体系，去产能不畅，存在大量"僵尸企业"占用大量金融资源。国际经验表明，成功的去杠杆都伴随着成功的产业升级。目前，我国已进入结构调整和产业升级来提升劳动生产率和推动经济增长的时代，要正确认识去杠杆问题，一方面要警惕高杠杆带来的风险，另一方面也不可盲目采取去杠杆措施。在调节杠杆过程中，应该把握好各类经济主体之间的联动性。

第一，高度重视保持经济稳定增长的重要性，避免经济增速下滑引发的偿债危机。要防止经济出现大起大落，为企业和金融机构的经营创造良好的环境，提高金融体系稳健性，促进企业盈利增长，逐步降低企业杠杆率。同时，通过经济增长促进政府财政收入和城乡居民收入增加，提高其偿债能力，夯实循序渐进去杠杆的经济基础。

第二，防止房地产市场泡沫破裂可能引发的连锁危机。确保房地产业平稳、健康运行，有利于各类经济主体循序渐进地去杠杆。关键在于如何"确保"，这里做一个对比更有说服力。我国很多地方，当房地产商卖不动房子、发生流动性困难后，政府往往要求银行将贷款展期，维持表面上的高房价，但实际上这只是把风险后移。相比之下，韩国的做法值得借鉴：当房地产泡沫破裂的时候，韩国政府鼓励银行去催贷，商业银行一催贷，房地产商就不得不把房子降价出售，房价不断下调，等房价下降到合适的价位以后，政府把商品房买过来作为保障性住房。因此，去杠杆要强化预算约束，强化银行和企业的合同意识。所谓展期，其实就是违约，这样做其实是在用展期把不良率给掩盖了，不利于去杠杆。

第三，继续优化融资结构，提高直接融资比重。当前，我国社会融资中依然以银行贷款这一间接融资渠道为主，融资结构的不完善在一定程度上影响了供给端的管理。我国以银行为主导的间接金融体制具有以下结构性缺陷：一是对创新支持不足，对传统产业和大企业支持过度；二是对新常态的适应力不足，倾向于同业融资以控制信用风险；三是杠杆率不断推升，潜藏系统性金融风险。在融资结构有待优化的情况下，要提高供给体系的质量和效率，增强经济持续增长动力，既要优化银行贷款结构，促进经济结构调整，化解产能过剩，更要加强多层次资本市场建设，提升股权融资比重，发挥好资本市场促进经济创新发展的作用。资本市场作为优化资源配置的重要平台，对于引导社会资金转化为长期投资，促进企业资本形成具有重要作用。发展多层次资本市场就要丰富资本市场产品种类，完善资本市场产品结构，兼顾场内场外市场。

第四，金融杠杆的运用关键是创造稳定的货币环境。去杠杆，千招万招，管不住货币都是无用之招。因此，要坚定执行稳健的货币政策，保持中性，坚决管住货币信贷、防止宏观杠杆率继续快速上升。去杠杆化是超周期调整中货币政策的主基调。中央银行需要继续创新调控思路和政策工具，统筹进行区间调控、定向调控、相机调控，尤其是要加大定向调控力度。就目前的情况来看，我国的货币总量为全球最大，而近些年货币总量的扩张速度也远超欧洲、美国和日本。要实现总体去杠杆化，货币政策必须向紧缩倾斜，同时弱化数量管制策略。应更多利用利率工具调节融资需求和规模，引导社会融资规模和广义货币增速保持在合理区间，最终降低债务杠杆。

第五，通过政府债务方式规范举债，推动地方政府融资公开透明化。推动地方政府融资公开透明化，就是要做到"堵后门＋修围墙＋开正门"。"堵后门"就是要整顿地方政府债务乱象。"修围墙"就是要规范政府债务的形成机制。"开正门"就是要赋予地方政府举债权，以规范透明的举债方式替代隐性负债。"十三五"时期，应以更透明、更市场化的市政债券融资逐步取代融资平台融资。修订与完善相关法律法规，为市政债券打开法律通道。当然，地方政府发行地方债也需要一定的配套条件，其中一个主要的配套条件就是编制地方政府的资产负债表，另一个配套条件是建立市政债券信用"双评级"制度。可借鉴当前国际流行的资产支持证券等复杂产品的"双评级"信用评级方法。通过聘请不同收费模式的信用评级机构同时对市政债券展开评级，为债券投资者提供更多元化的投资决策依据，并通过竞争机制提高评级机构的业务水平。

第六，把国有企业降杠杆作为重中之重。第五次全国金融工作会议指出，要把国有企业降杠杆作为重中之重，抓好处置"僵尸企业"工作。我国国有企业运营缺乏完善的责任体系，国企容易产生更多的融资冲动，破产概率很低。国有企业考核制度缺乏对杠杆率的约束，导致国有企业有扩大资产负债表的强烈冲动。因此，国有企业降杠杆应与整个国企改革结合起来，把国有企业市场化债转股和国有企业兼并重组作为企业去杠杆的重点攻坚方向。通过兼并重组，支持大企业按供应链的不同环节对中小企业进行重组，有利于提高国企的资源整合和使用效率，完善现代企业制度和公司治理结构，提升企业盈利能力和核心竞争力，进而化解部分债务风险，实现降杠杆的任务。

三、去杠杆的资产证券化路径

供给侧结构性改革是提高全要素生产率、应对我国经济新常态的有力举措。在这一背景下，创新供给的各种手段迎来了发展的契机。我国资产证券化业务尽管早在 2005 年就已启动试点，但多年来进展较为缓慢。自 2016 年起，连续两年的政府工作报告提到了资产证券化，并从 2016 年的"探索基础设施等资产证券化"升格为 2017 年的"推进资产证券化"，功能寄托也从单纯的基础设施融资转变为盘活存量资产去杠杆的方法之一。在政策的持续鼓励下，我国资产证券化市场在 2017 年得到了进一步的发展，发行总额超过 13790 亿元，较 2016 年增长 64%。与此同时，项目结构和资产类别创新如雨后春笋般涌现。资产证券化业务作为一种创新业务，一种打通资本市场和资金市场的跨市场工具，在我国现阶段新旧动能转换、供给侧为主的结构性改革大背景下，具有独特的地位和作用。

（一）资产证券化的本质

资产证券化就是将具有可预期收入的资产或者权益作为基础资产，并以其未来所产生的现金流作为偿付支持，通过结构化设计进行信用增级，并在此基础上发行资产支持证券以获得融资，其主要功能在于盘活存量资产、增强资产流动性。简单地说，资产证券化是一个将资产转化为证券的过程。这里的资产可以是一个或一组资产，也可以是这些资产所产生的现金流权益；这里的证券则是以资产的现金流为支持的拥有各种不同风险和收益特点的证券。资产证券化是金融发展的重要趋势，金融的本质就是通过资金的转移，把最低成本的资本投向效益最好的项目，提高资源配置的效率，以此服务实体经济。资产证券化的突破在于它使资本流动不受传统市场主体的限制[①]，从而实现从宏观市场主体层面的金融到微观资产层面的金融的转化。因此，从融资的角度来讲，判断资产证券化和传统的企业证券化[②]的区别需要区分企业与资产这两个不同的概念。企业的一般定义是"把人的要素和物的要素结合起来的、自主地从事经济活动的、具有营利性的经济组织"[③]。与企业相比，资产一般只有特定的经济行为与之对应，有固定的使用期限，价值比较容易确定。同时，资产证券化中运用的结构金融技术使被证券化的资产和证券化后的产品，在时间和空间上的转化更为精细和丰富，从而更有效地体现了金融跨时间和空间配置资源的功能。

从发起人的角度讲，资产证券化以放弃资产的现金流权益来换取资金，因此其本质是一种融资行为，这也是对传统金融融资功能的一种创新。资产证券化的结构灵活多变，技术不断推陈出新，所以不能以不变的眼光来理解资产证券化。资产证券化有两大重要创新：一是风险隔离，二是分层和增信。通过利用特殊目的载体把资产的风险转移出来并实现和发起人本身风险的隔离，以此发行的证券仅依赖资产的信用，与发起人的信用和资金状况没有关系。然后通过分层和增信，资产的信用可以得到进一步提升，背后发行人的信用同样得到极大的提升，能够降低其融资成本。

（二）以资产证券化实现去杠杆的基本逻辑

我国非金融企业杠杆率较高，这与储蓄率高、以信贷为主的融资结构有

---

① 在资产证券化之前，资金的流通是建立在市场参与主体的总体质量和效益之上的，但好的市场参与主体拥有的资产或项目不一定都是最有效的，差的市场参与主体也可能拥有一些优质的资产或项目。

② 企业用股权或债权融资。

③ 非营利性组织和机构及政府都可以成为资产证券化的发起人。

关。要在控制总杠杆率的前提下，把降低企业杠杆率作为重中之重。在国内资产类融资占较大比重的情况下，资产证券化在给企业去杠杆上应有更广阔的发展空间。企业通过资产证券化的方式降杠杆的关键在于基础资产是否真实销售，同时还受到融资用途（是否用于偿还存量负债）的影响。仅实现真实销售，企业的证券化融资只是在资产项目之间进行结构调整，并没有减少负债和降低负债率。只有实现真实销售且将融入资金用于偿债，企业才能通过资产证券化这一路径达到降杠杆的效果。推进资产证券化的背景之一，是我国经济近几年运行中出现的杠杆率居高不下的现状。高杠杆率不仅体现在我国的企业，同时也体现在金融机构和政府债务方面，因此以资产证券化去杠杆的路径也应包含企业、金融机构和政府债务等方面。

第一，从间接融资向直接融资转变。我国人民币贷款余额从 2008 年的 30.34 万亿元暴涨至 2017 年的 120.13 万亿元，年均复合增长率为 16.52%。但当前我国经济增速下滑的压力依然较大，实体经济对金融市场资金的需求也居高不下，解决"融资难、融资贵"的问题依然迫在眉睫。推进直接融资，大力培育和发展多层次资本市场体系已经成为一种共识。关于直接融资，市场更多关注的是股票市场，但是贷款从银行所持有的一种债权资产通过证券化形式发行给其他投资者之后，就由间接融资形式转换成了一种直接融资形式。从美国案例来看，美国经济增长也需要巨量资金投入，如果美国信贷资产证券化率不高，其信贷增长率也不可能维系在 3.4% 左右。美国除了发达的股票市场和债券市场，银行的信贷功能也发生了重大转换，其银行贷款通过证券化的形式进入了资本市场，从而导致信贷余额表面上看增长并不大，而实际上资金只是从间接融资转向了直接融资。在我国当前致力于提升直接融资比例、倡导金融服务实体经济的大背景下，通过信贷资产证券化的方式从间接融资向直接融资转变可能会成为一个方向。

第二，从资金中介向信息中介角色的转变。在金融严监管背景下，银行业开始回归本源，聚焦服务实体经济，金融去杠杆成效显著，理财业务、同业业务和通道业务受到诸多限制，表外业务回标需求旺盛，对商业银行资本金带来一定压力，这也是近段时间以来各家银行通过上市、发债等多种方式补充资本的重要原因。将表内资产通过证券化的方式也可以实现资产出表，但应当注意的是，不能将信贷资产证券化仅仅看作商业银行的一种融资行为，因为信贷资产证券化本身额度不大。2017年，包括商业银行、汽车金融公司、金融租赁公司、消费金融公司等在内的所有信贷资产证券化总额占人民币贷款余额的比重仅为0.5%，信贷资产证券化带来的融资对商业银行的业务扩张影响有限。商业银行通过资产证券化形式实现资产出表是商业银行进行轻资产转型的主要手段和经营模式的再造，其资产出表是从资金中介向信息中介角色的转变，从融资向融智模式的转变。这并不是金融脱媒，无论金融市场发展到何种阶段，中介的存在都是有意义且必要的，只不过中介的存在形式和内容可能会发生变化。在这个理念指引下，商业银行从重资产经营适度向轻资产经营转变，这对于提高商业银行经营活力，适应新的金融格局具有重要意义。

第三，从风险集中向风险分散转变。信贷资产证券化基础资产的真实转让不仅转移了资产的收益权，对商业银行的风险控制也产生了巨大影响。首先，资产证券化为商业银行提供了有效的风险控制手段，使商业银行的风险管理能力大大增强，降低了因资产负债表期限错配带来的流动性风险、利率风险等。其次，商业银行信贷资产证券化的过程实质上是促使其主动增强业务的规范化和透明度的过程，有利于企业风控合规。最后，信贷资产证券化有利于化解不良资产带来的坏账风险，释放商业银行信贷风险。总之，信贷资产证券化使集中在银行体系内的风险向各类投资者进行了分散转移，避免了风险的集中暴发，这与当前牢牢守住不发生系统性金融风险的底线要求是一致的。

（三）去杠杆背景下我国资产证券化业务的推进路径

对于我国当前现状而言，资产证券化可能是一条化解地方债务高企、银行信贷资产风险累积和提高资本运作效率、盘活存量的可行渠道。但过去的经验表明，看似已经在西方成熟的相关业务模式，事实上在我国并不能快速有效推行，这就需要研究我国推进资产证券化业务的特色化路径。

1. 我国资产证券化概况

我国资产证券化市场的起步较晚，发育状况尚未成熟，相关市场基础设施尚处于完善之中，目前已经形成了三类产品。一是信贷资产证券化。2017年，资产支持证券（ABS）产品共发行133单，发行规模为5972.29亿元，同比增长52.80%，占发行总规模的42.16%，存量金额为4652.05亿元，占存量总规模的37.50%。从当年发展速度来看，信贷资产证券化远远不如企业资产证券化发展势头迅猛，但由于其起步较早，目前发展已经进入相对稳定阶段。二是企业资产证券化，即企业通过证券公司专项资产管理计划为特殊目的载体发行资产证券化类产品。2017年，企业ABS产品共发行470单，发行规模为7609.60亿元，同比增长68.90%，占发行总规模的53.75%，存量金额为7220.28亿元，占存量总规模的58.19%。三是资产支持票据。资产支持票据是由非金融企业在银行间债券市场发行的融资工具，其发行在银行间交易商协会注册。2017年，资产支持票据产品共发行34单，发行规模为574.95亿元，同比增长245.17%，占发行总规模的4.06%，存量金额为534.78亿元，占存量总规模的4.31%。

2. 我国资产证券化业务的推进难点

我国资产证券化在推进过程中，还存在一些没有能够很好解决的问题。第一，需要明确哪些资产可以证券化，这是资产证券化业务需要解决的第一个难点。一方面，原理上符合开展资产证券化业务条件的基础资产，未必能够进行证券化；另一方面，其他国家能够开展的业务，在我国也需要具体问题具体分析。以地方债资产证券化为例，就需要明确哪些地方债务可以进行证券化，证券化中可能会面临哪些基础条件的约束。第二，被证券化资产的定价问题。目前我国资产证券化业务需要相对成熟的二级市场来支持市场价格形成，因为证券化后的资产如果缺乏流动性，那么一级市场上的定价就缺乏二级市场上通过交易来发现价格的支撑。二级市场不活跃、不成熟，也会影响一级市场发行的积极性。第三，资产证券化相关法律体系及监管体系的问题。目前，我国资产证券化业务的相关法规，绝大多数是各部委下发的部门规章，属于试点办法的范畴，与成熟的法规相去甚远。同时，对资产证券化的基础资产交割缺乏统一的抵押变更登记系统，这就会导致真实出售存在法律障碍。在业务监管层面，存在"多龙治水"的现象，中国银保监会、中国证监会和交易商协会对资产证券化业务分别监管，造成市场分割，在一定程度上对该业务的市场发展形成阻碍。第四，刚性兑付的问题。目前，我国仅有股票市场是真正不存在刚性兑付的资本市场，刚性兑付会导致资产证券化业务的定价、交易及不良资产证券化等业务的发展遇到阻碍。第五，投资者参与方面的问题。目前，我国资产证券化业务的主要投资者依然是银行类机构，保险机构及社保基金参与量相对较少。

3. 我国资产证券化的路径选择

我国发展资产证券化业务应当本着先易后难、先一般后特殊、大胆迅速而不失审慎的原则。第一步，重点推进信贷不良资产证券化试点。从规模来看，信贷资产证券化是我国最重要的可证券化基础资产，当前银行业面临不良资产快速攀升的现实，推动不良资产证券化能够真正触及资产证券化业务中的一些关键难点，对未来其他基础资产证券化业务具有重要参考价值。第二步，适时推动资产证券化立法。第三步，继续推动政策性金融机构资产证券化业务。以国家开发银行为代表的政策性金融机构的资产证券化业务实践实际上走在了一般商业资产证券化的前面。第四步，探索地方债资产证券化的模式。以资产证券化业务辅助消化存量地方债，为地方筹措发展所需的流动性。第五步，推动地方设立固定收益类产品交易中心。这样做，一方面有助于资产证券化产品的发行与定价，另一方面能够提升发行产品的流动性。第六步，探索 PPP 模式下的项目资产证券化。PPP模式不断推开，势必形成对资产证券化业务的需求。

（四）去杠杆背景下我国推进资产证券化业务的配套机制建设

资产证券化业务与发展资本市场、利率市场化及互联网金融等问题都有紧密的联系，需要配合和组合发力才能够形成系统而全面的战略。

1. 发展多层次资本市场

加快资本市场基础板块建设，推进股票发行体制改革，使资本市场实现结构性翻转、由"倒三角"的逆态分布转换成"正三角"的正态分布格局。一方面，有利于提高资产证券化在二级市场上的流动性；另一方面，有利于使数以千万计的各类企业由市场决定入市机会、价格形成，将高杠杆泡沫转化为实体经济的直接投资，将市场上的流动性、高杠杆转化成实体资本、产业资本，或以直接融资的方式为其输入足够的资金，从根本上化解高杠杆与紧缩化的两难困境。同时，向社会资本开放准入，促进整个国民经济体制完善、优胜劣汰、结构调整、转型升级和可持续发展。发展多层次的股票市场，进一步拓宽企业直接融资比例，从而降低企业债务，完成去杠杆化。具体来看，首先要进一步加快资本市场改革步伐，改进和完善股票发行机制，增强主板、中小企业板、创业板市场的融资功能。其次要进一步加快新三板建设步伐，大力发展股权融资市场，增强市场活跃程度，充分发挥其作用。最后要加快完善全国中小企业股份转让系统，在清理整顿的基础上将区域性股权市场纳入多层次资本市场体系，从而加快多层次股权市场建设。

2. 进一步推进利率市场化为资产证券化创造条件

从 2015 年 10 月开始，我国中央银行不再对存款利率设定上限，标志着利率市场化改革的初步完成，为资产证券化业务提供了相应的条件。但接下来要真正实现利率完全市场化，还需要落实完善相关市场供求决定的利率价格机制，打破刚性兑付、转变监管调控方式等一系列工作和任务，否则就无法形成真正有效的市场利率及相关的资金和资产定价体系。一方面，利率市场化为资产证券化业务提供条件。资产证券化产品的定价由于期限短于长期贷款，因此优先级利率也应低于对应基础信贷资产的利率，而劣后级则需要负担较高的利率。这些产品定价和交易的过程，实际上需要市场化的定价机制来确定合理的价格。同时，利率市场化为资产证券化注入了动力，银行更需要"精打细算"来确定负债方的成本。另一方面，资产证券化也对利率市场化有极大的促进作用。信贷资产证券化能够形成即期的信贷资产价格，这个价格能够直接影响市场利率。如果资产证券化产品释放资金的成本低于高息吸储的成本，就能够减轻银行对传统负债业务的依赖。

3. 寻找资产证券化与互联网金融的契合点

互联网金融在倒逼利率市场化改革过程中发挥了重要作用，同时互联网金融与资产证券化之间也存在着一些契合点，这些契合点有可能成为我国推进两者发展的有特色的新突破点。在当前的政策限制下，互联网金融企业无法像银行那样进行吸储、放贷业务，因此其放贷业务受到自有资金规模的限制，这就为资产证券化业务提供了契机。根据统计[①]，截至 2017 年 2 月，已有 10 家互联网金融公司发行了 88 期资产证券化产品。互联网金融类资产证券化主要是通过证券公司作为渠道发行。共有国内 12 家券商、4 家资管公司和 1 家信托公司参与到互联网金融平台的资产证券化发行业务中。尽管目前由于相关法规限制，即便是通过券商发行的专项资管计划产品也只能向有限范围发售，但通过业务模式创新，在有效分散风险的基础上，能够让非特定用户通过互联网平台参与到资产证券化中。当然，资产证券化业务也存在边界，尤其是互联网金融模式自身可能存在的与非法集资相关的红线。以 P2P 放贷平台为主的打着互联网金融幌子的金融诈骗案件层出不穷，凸显守住不发生系统性金融风险底线的压力。

---

① 资料来源：http://finance.cnr.cn。

第二章
房地产市场与股票市场的风险关联性

　　房地产市场与股票市场都容易滋生泡沫，原因在于这两个市场都存在价值的预期性及投机资金过度炒作的问题。而且房地产泡沫与股市泡沫往往存在高度的相关性，泡沫的破裂具有连锁反应，经常相继破裂，因而会产生叠加效应，导致严重的金融危机与经济危机。当前，金融机构内部不同部门之间、金融控股公司内部不同组成部分之间、金融机构之间表现出复杂的风险联动特征。同时，风险跨越市场边界甚至国界的联动更是增加了监管的难度。在金融创新日益活跃的背景下，由于交易对象、交易主体、交易结构等日趋复杂，金融系统内的风险联动机制更加难以把握。1929—1933年的大危机、日本20世纪80年代资产泡沫破裂之后的经济危机、东南亚金融危机、2007年美国次贷危机及欧债危机等都表现出了风险联动的特征。在这些特征背后，蕴藏着极为复杂的风险联动机制。尤其是房地产市场和股票市场的联动性及两个市场泡沫破灭的连续性，极大地增加了国际金融危机的冲击力，两种泡沫相继破裂会产生使金融体系不堪重负的叠加效应。在房价持续上涨的预期之下，大量资金流入房地产市场，使房地产价格进一步上升。房地产领域的投机性较强，一旦房价过快上涨引发的虚假繁荣破灭，就会对经济造成极大冲击，极易引发泡沫经济。股市泡沫的原理与房市类似，其价格同样取决于买者和卖者对于未来价格的预期。价格的上涨形成上涨的预期，上涨的预期导致价格的飙升，形成螺旋式上涨的态势。一旦泡沫破灭，很快就会出现股市下滑的症状，导致市场崩溃。房地产市场和股票市场都具有较强的投机性，都容易滋生泡沫，加之二者之间的关联性，房地产市场的风险和股票市场的风险往往相继产生。

近年来，我国金融稳定经历了众多考验，其中包括一、二线城市房价泡沫继续扩大和我国股市大幅震荡。在我国经济增长下行、杠杆率居高不下及偿债压力上升的大背景下出现这两个事件，再加上两个事件之间的相互关联性，大大增加了防范金融风险的难度。一是房地产市场对于我国经济和金融稳定的意义不言而喻。从经济增长来看，房地产及其上下游产业链对我国经济增长的贡献度举足轻重；从金融稳定来看，房地产吸收了大量金融资源，房地产投资和销售的数量、房价的高低，直接影响到银行资产质量，影响到股票市场和外汇市场，关乎系统性金融风险。人民银行统计，2019 年底，金融机构人民币各项贷款余额为 159 万亿元，其中房地产贷款余额为 45 万亿元，占比达 28%。房地产市场的波动直接关乎我国金融稳定。二是 2015 年 6 月中旬至 8 月下旬，我国股票市场出现了两次断崖式下跌。2008 年至 2014 年，我国股市处于低位徘徊期，自 2014 年下半年以来迅速上涨。从上证综指来看，2015 年 5 月比 2014 年 7 月上涨了近 1 倍。随后，我国股市又大幅下跌，形成了全年股市大幅震荡的局面，成为全球关注的焦点之一。银行信贷为房地产市场和股票市场不断地提供巨额流动性，导致房价和股价交互上涨，这种缺乏实体经济支撑、基于投机的资产价格泡沫化的内循环效应必将走到尽头。虽然目前我国股票市场已趋于正常，但 2015 年 6 月中旬至 8 月下旬的这轮股票市场危机带给我国资本市场的教训非常深刻。认真分析这次股票市场异常波动对我国房地产市场的影响，对资本市场制度的完善和房地产价格调控体系的建立都非常重要。三是用风险关联的理论和经验考察我国的现状，可以看到，在当前情况下，房地产市场、股票市场风险积累的程度已经较为严重，而且呈现出关联特征。在这些特征背后，蕴藏着极为复杂的风险关联机理。广泛而复杂的资产负债表关联已经为房地产市场、股票市场的风险关联创造了条件。

学界一直都在密切关注房价和股价之间的联动性关系。一种观点认为，不论是房地产市场，还是股票市场，其价格都取决于经济周期。当经济处于上行期时，资产价格就会上涨；当经济处于下行期时，资产价格就会下跌。这其中一个重要的原因就是经济周期与信贷周期往往是高度一致的。但我国的房地产市场和股票市场并不总是具有正相关的关系。2014 年至 2015 年，股票价格在低位徘徊了长达七年之后开始悄无声息地上涨。也就是在这个时期，房地产价格停止了连续多年高速上涨的行情，表现出稳中有降的现象。在 2015 年 6 月股票价格出现多次断崖式下跌之后，房地产价格从 2016 年初开始了新一轮的上涨。由此可见，与上一轮股票市场和房地产市场齐涨齐跌的现象不同，本轮两者呈现出了跷跷板式的负相关关系。对此，一种解释认为，由于股票价格的下跌，大量资金从股票市场转到了房地产市场，导致房价的上涨，房地产市场与股票市场的关联性来自投机资金的流动。投机资金的存在，让房地产市场和股票市场之间存在着一种微妙的关系。投机资金根据市场行情的变动随时改变流动方向，为市场埋下隐患。房地产市场和股票市场都存在着大量投机资金，当房地产市场泡沫过大时，敏感性极高的投机资金就会迅速撤离，由房地产市场转到股票市场，吹大股票市场的泡沫，最终结果是两个泡沫相继破裂。因此，无论是房地产市场泡沫率先破灭，还是股票市场泡沫率先破灭，都会恶化整体金融环境，都会以最快的速度传染给对方，都会影响另一种市场的运行。由此可见，当前我国处于风险关联敏感的时间窗口，对房地产市场与股票市场的关联性进行解析并思考可能的对策是当前我国宏观经济管理的重大课题。

一、房地产市场与股票市场关联性的理论分析

总体来看，对房价与股价之间关系的研究有三个切入角度。第一，是宏观经济环境效应和信贷效应，认为股价和房价具有正相关关系。由于影响股票市场和房地产市场的宏观经济环境相同，经济周期对两个市场均具

有传导效应，因此两个市场的变动会趋于同向。当经济处于繁荣期，房地产与股票两个市场需求增加，房价与股价会出现同时上升的现象；当经济处于衰退期，房地产与股票两个市场供大于求，会导致价格下降。进一步从宏观经济变量对房地产价格和股票价格的影响来看，宽松的货币政策（包括信贷扩张和利率降低）会增加货币供给量和金融市场的流动性，导致股票市场与房地产市场交易价格都大幅上涨；反之，信贷紧缩和利率上升会减少货币供应量和金融市场的流动性，导致两个市场交易价格的下降。第二，是从财富效应和收入效应的角度来考察，股票价格的上涨，会引起投资者或企业总财富的变化，进而会对居民的消费和投资产生影响。而房地产作为投资者资产的重要组成部分，必然会受到股票市场的影响。同理，房地产价格的上涨同样会增加投资者的财富水平和信心，进而会增加其对股票资产的配置，推高股票价格。由此可见，财富效应下的股票市场和房地产市场之间是相互依附、相互促进的同向关系。第三，是资金流动效应和资产组合效应。市场资金不断寻求高收益，在股票市场大幅震荡的背景下，房地产市场就成为保值增值的主要途径；在房地产市场持续低迷的背景下，股票市场就成为吸引投资的主要场所。从资产组合效应看，马克维茨（Markowitz）在1952年发表的《投资组合选择》中提出了"均值—方差"资产组合模型[①]，认为投资者在投资组合的选择上必然会寻找收益最大化和风险最小化之间的平衡点。股票市场和房地产市场作为投资组合的两种选择，投资者同样会根据两个市场的收益率和风险的变化而作出改变。国内的个人投资者由于投资渠道有限，可选择的领域基本只有房地产市场和股票市场。按照马克维茨理论，我国的房地产市场和股票市场应该是一种互相牵制、此消彼长的负相关关系。这样，两个市场的关系就像跷跷板。部分学者的研究结论证明了房地产市场和股票市场之间的这种负相关关系，如Ibbotson和Siegel（1984）、Eichholtz和Hartzell（1996）等。

---

① Markowitz的主要贡献是发展了一个概念明确的可操作的在不确定条件下选择投资组合的理论，这个理论进一步演变成为现代金融投资理论的基础。

国外历次危机经验表明，房地产市场和股票市场一直以来就是风险积聚的重要载体。房地产价格泡沫和股市的剧烈震荡之间具有紧密的关联性，并且这种联系达到一定程度时就会加速两个市场泡沫的破灭。因此，国外关于房地产市场与股票市场之间关系的研究成果较多。Worzala 和 Vandell（1993）的研究表明，英国的房地产市场和股票市场之间存在一个正相关的关系。Newell 和 Chau（1996）同样发现了二者之间的正相关关系。Quan 和 Titman（1999）收集了 17 个国家连续 14 年的数据，证明了股票收益率和商品房价格之间存在显著的正相关关系。大量的计量经济学方法（如协整检验和格兰杰因果检验等）被用到了对这个问题的研究中。Okunev 和 Wilson（2000）用 1979 年 1 月至 1993 年 12 月之间的数据证明了 REIT 指数（房地产投资信托基金指数）和标准普尔指数之间存在协整关系，尽管很微弱。Tse（2001）也证明了股票价格变化是引起房地产价格变化的原因。Fu 和 Ng（2001）计算出房地产收益率和股票价格指数之间的相关系数达 0.44。Sim 和 Chang（2006）用 VAR 模型和韩国的数据验证了这种相关性。2007 年美国次贷危机的暴发及随后引发的国际金融危机与资本市场有较大关系。美国资本市场在推动房地产市场繁荣方面发挥了重要作用，尤其是广泛的资产证券化。大量的资产证券化产品（尤其是资产池质量较差的证券化产品）助推了美国房地产市场的泡沫的形成，最终导致了一场严重的金融危机。Gennaioli、Shleifer 和 Vishny（2013）的研究认为，资产证券化推动了金融创新，使房价随着信贷扩张而上涨，随后引发了危机。Benabou（2013）在此基础上分析得更明确，认为资本市场中介机构和银行对房价上涨的一厢情愿的想法和"群体思维"导致投资者过度乐观和"集体故意失明"，增加了危机的传染性。

影响房地产市场与股票市场价格波动的根本因素源于投机资金或流动资金，这就使两种市场泡沫具有较强的关联性。投机资金不同于投资资金，它的流动性很强，随时会根据市场行情的变化而改变资金流动的方向，是导致市场不稳定的主要因素。这类投机资金由于其逐利的本性及流动的灵活性，普遍存在于房地产市场和股票市场，在两个市场之间来回流动。近年来，我国房价出现了快速、大幅度的上升，股价不断大起大落。因此，国内关于房地产市场风险与股票市场风险联动性的研究也逐渐增多。易纲（2002）指出了扩张性货币政策的长期结果是引起各类资产价格的上升。盛松成（2005）采用回归分析，选取1991—2005年上海房地产综合指数与上海证券交易所股票成交增长率的数据进行实证分析，发现二者之间相关系数较小，得出了房地产市场与股票市场之间相关性不强的结论。周京奎（2006）的研究结果表明，房地产价格的变动将导致股票价格产生波动。温军（2007）的研究认为，我国房市价格和股市价格之间存在微弱的负相关关系。沈悦和卢文兵（2008）的研究结果表明，房地产价格的上升与股票价格的上升存在两季左右的间隔，且两者呈现出螺旋式变化的趋势。况伟大（2010）的理论模型显示，本期股价与本期房价呈正相关关系，与下期房价呈负相关关系。王晓明（2010）的研究结果认为，银行信贷过度介入是导致股市和房市价格大幅上涨和下跌的原因。本章基于非线性模型分析我国房市和股市的关联性，研究数据包括2015年和2016年两个市场的变动情况。

国内外对房地产市场和股票市场的关系研究得出三个结论：正相关、负相关和不相关。在研究过程中所用的方法包括相关性检验、协整分析、格兰杰因果关系检验等。本章聚焦于我国房地产市场和股票市场之间的关系，采用非线性模型，试图寻找二者之间的均衡关系，尤其是房价和股价相互影响的关系。

二、基于房地产市场与股票市场关联性构建非线性理论模型

对股票价格的研究可以基于一种均值回归过程（Campbell 和 Kyle，1993）。为了建立均值回归模型，首先假设股票价格指数的变动符合布朗运动[①]：

---

① 假设股票收益率满足随机游走的条件。

$$\frac{dP_t}{P_t} = \mu dt + \sigma dw_t \qquad \text{（式1）}$$

其中，dP_t/P_t 是股票收益率；μ 是预期收益；σ 是股票收益的标准差；dw_t 是均值为 0、方差为 1 的布朗运动。股市对房地产的影响用下面的方程来描述：

$$dS_t = \lambda[P_t - S_t] dt + \phi\, d(q_t) \qquad \text{（式2）}$$

其中，dS_t 是房地产价格指数的变化；P_t 是在 T 时期的股票价格指数，S_t 是在 T 时期的房地产价格指数，λ 是（$P_t - S_t$）的系数，ϕ 是 dS_t 的标准差，$d(q_t)$ 是均值为 0、方差为 1 的布朗运动。（式2）描述了同期房地产价格指数和股票价格指数的关系，但现实的情况并不是这样的，股票市场的信息不会及时传导给房地产市场，λ 就反映了这种传导速度。λ 越大，这种传导的力量就越强，如果 $\lambda=0$，说明房市和股市之间不存在相关性，股票市场的信息不会传到房地产市场。（式2）的设立基于两个假设：第一，房地产价格系数可以是负的；第二，λ 是常数。但很多实证结果表明 λ 并不是常数[①]。因此，（式2）并不能合理地描述房地产价格指数与股票价格指数之间的关系。为了克服这个缺陷，我们引入了下边的方程来反映房市和股市之间的关系：

$$S_t = P_t^{\beta} e^{(\alpha_t - k)} \qquad \text{（式3）}$$

该式同样需要假设房地产和股票两个市场具有均值回归的属性。β 是影响系数，α_t 是一个函数，随后会定义。K 是常数项。（式3）对数变换之后，

$$\log S_t = k + \beta \log P_t + \alpha_t \qquad \text{（式4）}$$

（式4）是一个线性对数模型。如果 α_t 是一个稳定的过程，那么（式4）描述的就是一个线性协整关系。下面探讨 α_t 的基本属性，α_t 要求房地产价格是稳定且均值回归的，所以要进行协整检验。这里可以参考利率的均值回归过程：

$$dR_t = \lambda\,(\mu - R_t)\, d_t + \delta R_t^{\gamma} dz_t \qquad \text{（式5）}$$

其中，R_t 是 t 时期的利率；λ 是均值回归过程中调整的速度；μ 是利率均值；

---

① Abraham&Hendershott（1994）的研究表明了房地产价格的波动是不稳定的。

λ 反映了 dR_t 的波动属性；δ 是布朗运动过程 dz_t 的标准差。（式5）要求 $\lambda > 0$ 且稳定。α_t 的基本属性就是 Ornstein–Uhlenbeck 过程：

$$d\alpha_t = \lambda \ (\mu - \alpha_t) \ dt + \delta dz_t \qquad （式6）$$

对（式6）进行变形之后，可由下式表示：

$$\alpha_t = \mu \ (1 - e^{-\lambda t}) + e^{-\lambda t} \int_0^t \delta e^{-\lambda S} dz_t(s) \qquad （式7）$$

Ornstein–Uhlenbeck 过程是均值回归的，且均值 μ 和方差 $\delta^2/2\lambda$ 是稳定的。这意味着如果 $\lambda > 0$，（式4）就是一个协整过程。如果 $\lambda = 0$，那么 S_t 和 P_t 之间就不存在协整过程，α_t 由下式表示：

$$\alpha_t = \alpha_0 + \int_0^t \delta dz_t(s) \qquad （式8）$$

由此可见，在假设 α_t 满足 Ornstein–Uhlenbeck 过程的前提下，（式3）能够描述 S_t 和 P_t 之间的关系，即（式3）在满足 $d\alpha_t = -\lambda \alpha_t dt + \delta dz_t$ 的前提下可变换为

$$S_t = P_t^{\beta} e^{\{\alpha_t - [\delta^2 + 2\rho\sigma\delta\beta - \sigma^2\beta(\beta-1)]/2\lambda\}} \qquad （式9）$$

其中，ρ 是 dz_t 和 dw_t 之间的相关系数[①]。

（式9）的合理性在于 S_t 是非负的，而且房地产价格指数的方差是指数函数，这就弥补了（式2）的缺陷，同时还符合均值回归过程。均值回归过程由 α_t 来决定，保证了房地产市场向股票市场的均值回归过程。β 保证了房地产市场向股票市场的非线性均值回归。（式9）是一个连续模型，为了使用离散数据，有必要对（式9）进行转换，具体的方法就是用 $t + \Delta t$ 来代替（式9）中的 t，如此就变成：

$$\log \frac{S(t + \Delta t)}{S(t)} = (e^{-\lambda\Delta t} - 1)\left[\frac{\delta^2 + 2\rho\sigma\delta\beta + \sigma^2\beta(\beta-1)}{2\lambda}\right] + \beta\log\frac{p_{t+\Delta t}}{p_t}$$
$$+ (e^{-\lambda\Delta t} - 1)\left[\log S_t - \beta\log P_t\right] + e^{-\lambda(t+\Delta t)}\int_t^{t+\Delta t} e^{\lambda s}\delta dz(s) \qquad （式10）$$

在（式10）中可以看出，影响房地产市场的因素不仅包括股票市场的

---

① 两个布朗运动分别是 dz_t 和 dw_t，dw_t 代表对股票收益率的随机冲击，dz_t 代表对均值回归过程 $d\alpha_t$ 的随机冲击。

收益，还包括 S_t 和 P_t 之间的差异，系数为 $e^{-\lambda(t+\Delta t)}$。这意味着房地产市场不仅存在向股票市场的均值回归过程，同样依赖于股票市场的收益。λ 需满足 $2>\lambda>0^{①}$。（式9）和（式10）被经常用于检验房地产市场和股票市场的关系。（式9）代表着房地产和股票的长期均衡关系。如果 $\beta=0$，意味着两个市场之间是分割的。如果 $\beta=1$，意味着两个市场之间是线性关系。如果 $1>\beta>0$，意味着两个市场之间存在协整关系。所以，在分析房市和股市关系时，（式9）具有较强的灵活性。一般来看，无法判断二者的关系究竟是线性还是非线性，但（式9）可以做到。因此，对（式9）进行变形后得出的（式10）能够以非线性关系来描述房市和股市的关系。

三、基于非线性模型检验我国房地产市场与股票市场的关联性

本章的实证检验是基于（式10）进行的，利用2001年至2017年的数据对我国房地产价格和股票价格的关联性进行实证研究。

（一）数据的选取与处理

本章用上证综指（SHZZ）与深圳综指（SZZZ）来衡量股票价格的变动，用百城住宅价格（BCJG）、70个大中城市二手住宅价格同比指数（DZESJG）、一线城市二手住宅价格同比指数（YXESJG）、70个大中城市新建住宅价格同比指数（DZXJJG）和一线城市新建住宅价格同比指数（YXXJJG）来衡量房地产价格的变动。样本区间为2011年1月至2017年12月。

（二）描述性统计分析

对数据进行初步的统计分析，得到表2-1、图2-1和图2-2。

---

① 如果 λ 超出这个范围，就会变得不稳定。如果 $\lambda=0$，（式10）就变为 Gyourko 和 Keim（1992）使用的用来检验房地产市场价格和股票收益率关系的模型。

表 2-1　　　　　　　　　　　数据统计特征

项目	BCJG	DZESJG	DZXJJG	YXESJG	YXXJJG	SHZZ	SZZZ
均　值	10528.97	101.65	103.21	108.71	109.48	2753.81	1464.72
中位数	10547	101.80	102.65	105.45	104.40	2598.77	1219.09
最大值	13265	108.10	110.98	136.23	1312.26	4798.02	2891.00
最小值	9445	94.80	93.70	97.70	96.00	2013.65	810.46
标准差	866.49	3.41	4.59	11.46	10.65	616.26	493.25
观察值数	84	84	84	84	84	84	84

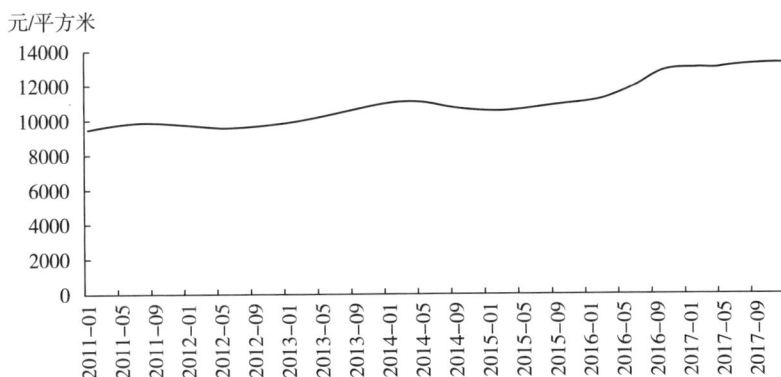

图 2-1　百城住宅价格（BCJG）走势

（资料来源：Wind 资讯）

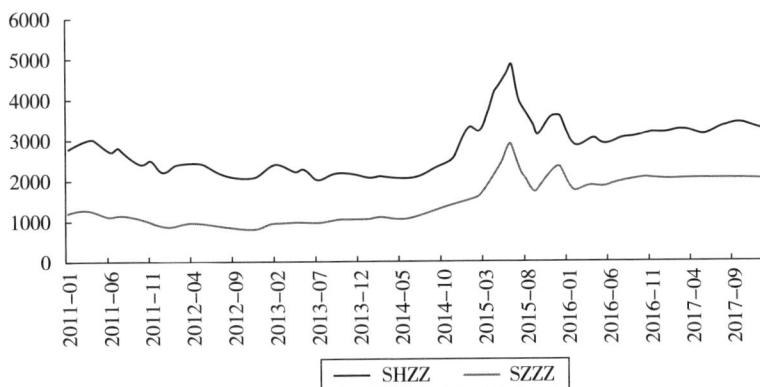

图 2-2　上证综指（SHZZ）与深圳综指（SZZZ）走势

（资料来源：Wind 资讯）

（三）平稳性检验与协整检验

在协整分析之前，需要进行单位根检验。其中，最常用的是 ADF 检验和 PP 检验。表 2-2 给出了 ADF 检验和 PP 检验的结果，都是一阶单整，即一阶差分后都是平稳的。

表 2-2 　　　　　　　　　　　　平稳性检验

变量	I（0）		I（1）	
	ADF 检验	PP 检验	ADF 检验	PP 检验
LNBCJG	−2.47	−0.51	−9.07	−9.16
LNDZESJG	−1.95	−1.39	−3.59	−3.89
LNDZXJJG	−2.29	−1.34	−4.46	−3.74
LNYXESJG	−3.29	−1.75	−4.87	−3.59
LNYXXJJG	−2.77	−1.87	−5.19	−6.12
LNSHZZ	−2.33	−1.86	−6.23	−6.13
LNSZZZ	−2.13	−2.12	−7.02	−6.91
10%：−3.16；5%：−3.48；1%：−4.10				

表 2-3 是协整分析的结果，从表中看出，房地产各个指标与股票市场都是分割的，不存在协整关系。协整分析有一个前提假设，就是要求两个变量之间线性相关。如果两个变量是非线性相关，进行协整分析就没有意义。本章首先要验证房地产市场和股票市场之间是否存在非线性关系。

表 2-3 　　　　　　　　　　　　协整检验

原假设	Johansen 检验迹统计量	5% 显著性水平	结论
LNBCJG 与 LNSHZZ 之间是否存在协整关系	9.86	15.49	不存在
LNDZESJG 与 LNSHZZ 之间是否存在协整关系	9.82	15.49	不存在
LNDZXJJG 与 LNSHZZ 之间是否存在协整关系	11.95	15.49	不存在
LNYXESJG 与 LNSHZZ 之间是否存在协整关系	10.39	15.49	不存在
LNYXXJJG 与 LNSHZZ 之间是否存在协整关系	9.56	15.49	不存在

原假设	Johansen 检验迹统计量	5% 显著性水平	结论
LNBCJG 与 LNSZZZ 之间是否存在协整关系	7.67	15.49	不存在
LNDZESJG 与 LNSZZZ 之间是否存在协整关系	8.17	15.49	不存在
LNDZXJJG 与 LNSZZZ 之间是否存在协整关系	10.99	15.49	不存在
LNYXESJG 与 LNSZZZ 之间是否存在协整关系	7.18	15.49	不存在
LNYXXJJG 与 LNSZZZ 之间是否存在协整关系	7.79	15.49	不存在

回归模型是基于（式10）上的一种变形。其中，$\log \frac{S_{t+1}}{S_t}$ 代表房地产价格的变化，在模型中分别用 LNCBCJG、LNCDZESJG、LNCDZXJJG、LNCYXESJG 和 LNCYXXJJG 来表示。$\log \frac{P_{t+1}}{P_t}$ 代表股票价格的变化，分别用 LNCSHZZ 和 LNCSZZZ 来表示。

$$\log \frac{S_{t+1}}{S_t} = \gamma_0 + \gamma_1 \log \frac{P_{t+1}}{P_t} + \gamma_2 \log P_t + \gamma_3 \log S_t + e_t \qquad （模型 1）$$

在（模型1）中，γ_1 反映的是房地产价格和股票价格之间均值回归的非线性属性，γ_2 反映的是股票价格的均值回归属性，γ_3 反映的是房地产价格自身的均值回归属性。从（式6）中可以看出，γ_3 和房地产价格均值回归的速度 λ 之间的关系可以表示：$\gamma_3 = (e^{-\lambda \Delta t} - 1)$。

表2-4用上证综指（SHZZ）代表股票价格的变化，从实证结果来看，当因变量选取70个大中城市二手住宅价格同比指数、一线城市二手住宅价格同比指数、70个大中城市新建住宅价格同比指数和一线城市新建住宅价格同比指数时，LNCSHZZ 的系数（模型中的 γ_1，是对非线性均值回归属性的估计）在5%的水平下都是显著的，这一结果证明了房地产价格变化和股票价格变化之间的非线性相关关系，而且呈现出负相关关系。LNSHZZ 的系数（模型中的 γ_2，是股票价格对房地产市场价格变化的影响）在5%的水平下同样都是显著的，股票价格本身对房地产价格变化会产生影响。从 γ_3 的系数来看，五个模型中有三个在5%的水平下显著，有两个不显著，这意味着股票市场和房地产市场之间存在弱的均值回归。根据 γ_3 计算出的房地产

价格均值回归的速度 λ，三个显著的模型中每月房地产价格均值回归速度分别为 3.92%、4.88% 和 5.83%，房地产向均值靠拢的速度非常慢，股票和房地产两个市场之间的差异非常大。

表 2—4　　　上证综指（SHZZ）与房地产价格之间的非线性回归估计

自变量	因变量				
	LNCBCJG	LNCDZESJG	LNCDZXJJG	LNCYXESJG	LNCYXXJJG
LNCSHZZ	−0.02	−0.03	−0.04	−0.06	−0.07
t 值	（−2.36）**	（−2.67）***	（−2.64）**	（−2.39）**	（−2.47）**
LNSHZZ	0.01	0.01	0.02	0.04	0.04
t 值	（4.86）***	（4.09）***	（4.14）***	（4.26）***	（4.41）***
LNBCJG	0.04				
t 值	（4.26）***				
LNDZESJG		0.05			
t 值		（2.26）**			
LNDZXJJG			0.06		
t 值			（2.76）***		
LNYXESJG				0.01	
t 值				（0.07）	
LNYXXJJG					0.01
t 值					（0.46）
C	−0.42	−0.32	−0.41	−0.28	−0.31
t 值	（−4.77）***	（−3.08）***	（−3.59）***	（−3.19）***	（−3.26）***
λ	0.0392	0.0488	0.0583	0.0099	0.0099
R^2	0.27	0.27	0.27	0.26	0.27
F−statistic	8.39	8.26	8.26	7.76	8.15
AIC	−7.25	−7.48	−6.97	−5.67	−5.71
SC	−7.19	−7.35	−6.84	−5.54	−5.58

注：** 表示在 5% 的水平下显著；*** 表示在 1% 的水平下显著。

表 2—5 用深证综指（SZZZ）代表股票价格的变化，从实证结果来看，当因变量选取不同的指标时，五个模型中有四个的 LNCSZZZ 系数在 5% 的水平下都是显著的，这一结果再一次证明了房地产价格变化和股票价格变化之间的非线性负相关关系。LNSZZZ 的系数在 5% 的水平下同样都是显著

的，股票价格本身对房地产价格变化会产生影响。从 γ_3 的系数来看，五个模型中有一个在5%的水平下显著，有四个不显著，意味着股票市场和房地产市场之间存在弱的均值回归。由此计算出的房地产价格均值回归的速度 λ 为3.92%。本章实证分析的结果证明了我国股票市场的价格与房地产市场的价格之间存在非线性反向相关关系，同时证明了房地产市场和股票市场之间存在微弱的均值回归关系，房地产价格均值回归的速度较慢。这说明了股票市场价格的变化只会对房地产价格的变化带来较小的影响，房地产价格均值回归的速度在6%以下。本章实证分析的结果解释了为什么房地产市场和股票市场之间不存在协整关系。协整检验的结果之所以是不显著的，就在于两个市场之间的价格实际上是一种非线性关系。因此，本章用一个非线性模型来分析房地产市场价格和股票价格之间的关系，结果证明了两个市场之间的非线性关系是显著的，但两个市场之间价格的均值回归速度是缓慢的，价格的差异性短期很难消除。

表2-5　　深证综指（SZZZ）与房地产价格之间的非线性回归估计

自变量	因变量				
	LNCBCJG	LNCDZESJG	LNCDZXJJG	LNCYXESJG	LNCYXXJJG
LNCSZZZ	−0.01	−0.02	−0.02	−0.03	−0.03
t 值	（−2.62）**	（−2.64）**	（−2.47）**	（−2.41）**	（−1.25）
LNSZZZ	0.01	0.01	0.01	0.02	0.02
t 值	（2.42）**	（3.42）***	（3.47）***	（2.61）**	（2.45）**
LNBCJG	0.04				
t 值	（3.18）***				
LNDZESIG		0.03			
t 值		（1.47）			
LNDZXJJG			0.04		
t 值			（1.94）		
LNYXESJG				0.01	
t 值				（0.38）	
LNYXXJJG					0.01
t 值					（0.01）
C	−0.39	−0.19	−0.25	−0.08	−0.11

续表

自变量	因变量				
	LNCBCJG	LNCDZESJG	LNCDZXJJG	LNCYXESJG	LNCYXXJJG
t 值	（−3.63）***	（−1.98）*	（−2.52）**	（−0.96）	（−1.18）
λ	0.0392	0.0296	0.0392	0.0099	0.0099
R2	0.26	0.19	0.19	0.13	0.11
F−statistic	7.66	5.31	5.19	3.28	2.79
AIC	−7.22	−7.38	−6.87	−5.51	−5.52
SC	−7.09	−7.25	−6.74	−5.38	−5.39

注：* 表示在 10% 的水平下显著；** 表示在 5% 的水平下显著；*** 表示在 1% 的水平下显著。

四、结论与建议

本章研究了房地产价格和股票价格之间的关系，得出的结论是房地产价格和股票价格之间表现出一种非线性负相关关系。在前面的理论分析中，本章从信贷扩张效应、财富效应和资产替代效应来分析房地产市场与股票市场之间的相互作用。在这三个效应中，财富效应和信贷扩张效应会导致房价和股价表现出正相关的关系，呈现螺旋式上升的趋势。在资产价格剧烈波动的时候，资产替代效应更为显著：股价从高点断崖式下跌会使投资者出现心理恐慌，进而会在短时间集中大量卖出，导致资金流向房地产市场，推动房地产价格的上涨，而房价的上涨会吸引更多的投机性资金进入房地产市场，导致股价进一步下跌。而当房地产价格上涨到一定程度，泡沫风险就会随之上升。根据投资组合理论，房地产市场的投资者为规避风险，会降低房地产投资品的持有比例，而相应增加股票的投资。总之，在替代效应和资产组合理论机制下，为实现收益最大化与风险最小化之间的均衡，理性投资者会在房地产和股票两大资产之间不断权衡取舍。因此，房地产和股票作为两种重要的风险资产就呈现出负相关的关系。

鉴于以上结论，本章提出如下对策建议：第一，防止房地产市场和股票市场联动破坏实体经济。金融的本质是服务实体经济，由金融和货币因素所导致的房地产价格和股票价格的大幅波动会对经济体系造成巨大的影响，而在经济衰退的过程中，金融风险的加大会导致金融危机的暴发。

因此，政府的宏观调控政策应维持两个市场的稳定。要把防控房地产市场和股票市场可能引发的金融风险放到更加重要的位置，下决心处置一批风险点，着力防控房地产价格和股票价格出现泡沫，提高和改进监管能力，确保不发生系统性金融风险。第二，房地产市场和股票市场在我国呈现出显著的非线性负相关关系，背后的推动力量是资金在两个市场之间来回流动，反映出两个市场存在严重的投机性和风险的传递性。政府的宏观调控政策应充分考虑两个市场的关联性和溢出效应，避免顾此失彼。近年来的房地产市场和股票市场的大幅波动，很重要的原因是影子银行的快速发展使金融机构有机会规避监管，采取不同渠道使资金绕道进入房地产市场和股票市场，今后需要把防控房价和股价波动可能导致的金融风险放到更加重要的位置。第三，以"房子是用来住的，不是用来炒的"为目标，建立多层次房地产市场结构。房地产具有双重属性，即居住与投资，这两种属性一般同时存在。这两种属性中，居住是第一位的，投资是第二位的。维持房地产价格的稳定，首先要强调房地产的居住属性。因此，一方面，加大保障房的供给，加快保障房、廉租房建设，推进购租并举，满足多层次需求，加快发展住房租赁市场，旨在强调房地产的居住属性。另一方面，增加土地供给，减少对土地财政的依赖，从源头上切断国内外游资对房地产市场的投机炒作。同时，要打击投机、热炒房地产市场价格的违法行为，抑制房地产市场泡沫。第四，以注册制改革、强制分红制度和限制大股东套现为抓手，使股市成为一个投资而非投机的场所。注册制是真正反映市场供求的一种股票发行制度，强制分红能够有效维护投资者的权益，限制大股东减持套现能让资本市场回归到实体企业的正道上。第五，稳健的货币政策要做到松紧适度，坚决不搞大水漫灌。广义货币（M_2）的增速应大体上与名义 GDP 的增速保持一致，更加注重信贷结构的优化，让市场在金融资源的配置中起决定性作用，通过金融供给侧结构性改革实现金融服务实体经济和降低金融风险的目的。

第三章

房地产市场与外汇市场的
风险关联性

在开放经济体中，汇率的重要性不言而喻。汇率的波动会从外部到内部、从宏观到微观影响经济体系的各个方面、各个层次。从影响汇率的因素来看，一是国际收支状况。顺差时，外汇供给大于需求，本币升值，外币贬值；逆差时，外汇需求大于供给，本币贬值，外币升值。二是通货膨胀因素。通货膨胀率的相对上升会导致本币贬值。较高的通货膨胀率表明该国的经济状况欠佳，货币购买力下降，影响国际国内投资者对持有该货币的信心，导致资本外流。三是利率的因素。利率的高低代表了该国金融资产对国际资本的吸引力，引起国际上套利资本的流动，最终导致汇率的波动。四是预期因素。对汇率的预期直接影响投资者是否愿意持有该货币，投资者买进或抛出的决定影响汇率的波动。当然，市场上的这种预期具有分散性，预期的变化会导致汇率的动荡。

房地产业是国民经济的重要组成部分，关系到一大批上下游相关产业和行业的发展。房地产价格既关系到老百姓的生产生活，也关系到国家的经济稳定。如果房地产价格上涨过快，容易形成房地产泡沫经济，给国民经济各部门带来严重后果。从影响房地产价格波动的因素来看，最主要的就是供给与需求，其他因素都是围绕供求关系来发挥作用的。从供给端来看，房地产的供给在很大程度上取决于土地的供应。我国一线城市房地产价格的快速上涨很大程度上是由房地产的有效供给满足不了城市化迅速发展所带来的需求所导致的。从需求端来看，分为居住需求和投资需求。居住需求增加不大可能导致房地产价格快速上涨，但投资需求容易发展成为投机需求，导致房地产价格剧烈波动。从金融信贷因素来看，当房贷利率提高时，居民会倾向于银行存款而非投资房地产，房贷成本会增加，投资房地产的风险也会变大，从而会降低房地产需求；货币的供给增加会影响到一国包括房地产在内的资产价格上升；汇率的升值会导致国际资本流入本国从而进入房地产领域，通过影响需求推高房地产价格。从预期影响因素来看，市场和投资者会根据房地产过去的价格变动情况和未来的供需状况来预测房地产价格的走势，房价的不断上涨会更加坚定购房者对房地产价格上涨的预期。

房价与汇率的关系既有正相关，也有负相关。从经济增长对房价和汇率影响的角度分析，二者呈现正相关的关系。当经济增长强劲且预期较好的时候，国内投资信心增加，国外资本流入增多，房价和汇率都会上升；反之，当经济增长低迷的时候，房价和汇率都会下降。从货币政策对房价和汇率影响的角度分析，二者呈现负相关关系。在宽松的货币政策下，随着货币投放量的增加，包括房地产价格在内的资产价格会普遍上涨，同时本币贬值；在紧缩的货币政策下，资产价格下降，本币升值。从国际资本流动对房价和汇率影响的角度分析，二者呈现正相关关系。当资本流出大于资本流入时，本国房地产价格会下降，同时本币贬值；当资本流入大于流出时，本国房地产价格会上涨，同时本币升值。本币的升值预期和房价上涨预期会增强国际资本流入的动力，增强国际投资者持有该国资产的信心，还会发生"羊群效应"，形成从汇率到国际资本再到房地产价格的传递机制（见图3-1）。总之，影响房价和汇率的因素非常多，最终房价和汇率究竟是正相关还是负相关取决于各种因素共同作用后的结果。

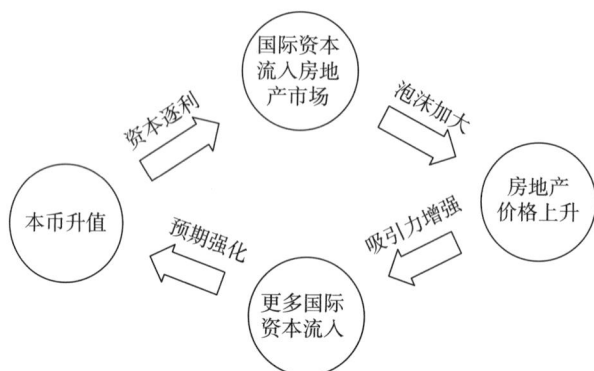

图 3-1 汇率—国际资本—房价传递机制

　　我国自 1998 年住房制度改革以来，房地产市场有了较大发展，房地产业成为拉动经济增长的重要行业。但房地产价格的过快上涨，导致家庭部门的杠杆率过高，给经济转型带来较大难度。导致我国房地产价格过快上涨的因素有哪些呢？在当前经济金融全球化的背景下，汇率成为影响各国经济发展和经济波动的重要变量，尤其会影响作为我国经济支柱产业的房地产业。2005 年 7 月 21 日，我国开始实行以市场供求为基础，参考一篮子货币进行调节、有管理的浮动汇率制度。这次汇率改革之后，人民币进入升值通道，10 年升值接近 30%。这 10 年的时间，也是我国房地产价格不断上涨的时期。人民币升值和房地产价格上涨之间是否有关联？汇率是通过什么途径影响房地产价格呢？

　　汇率的变动会影响国际资本的流动，汇率的升值预期会引起境外资本通过各种渠道流入境内，汇率的贬值预期会引起境内资本流出。房地产的特殊性在于其既可作为消费品，又可作为投资性产品。大量的外资进入国内，会对作为投资品的房地产市场带来明显影响，推动房价上涨。2005—2011 年，人民币对美元升值 22%，这期间全国房地产开发资金中外商直接投资增长 300%，这说明外资能够对房地产市场和房价造成冲击。按照汇率的资产组合理论，当一国货币升值时，投资者为了获取收益会纷纷持有该货币和该国资产，这种货币的需求量就会增加，投资者可同时获得资产价格上涨和货币升值的收益。

一、房地产市场与外汇市场关联性的理论分析

对汇率和房地产价格关系的分析，目前的研究主要从三个传导机制展开：国际资本流动、国内货币供给和财富效应。

（一）基于国际资本流动角度的分析

当一国货币有较强的升值预期时，国际资本就会流入该国；当一国的房地产市场繁荣且房价有上涨预期时，国际资本就会纷纷流入该国房地产市场进行投资。如此一来，国际资本就有了双重激励，既可获得货币升值带来的收益，又可获得房价上涨带来的收益。但是一旦预期发生扭转，该国货币进入贬值预期，房价进入下跌预期，国际资本就会从该国撤离。资本的逃离会加剧货币贬值和房价的进一步下跌，给该国的金融市场和房地产市场带来更大的震荡。尤其是热钱对房地产市场有较大的影响，一定数量的热钱流入会增加房地产行业的资金总量，造成房价不断上涨，导致房地产市场产生泡沫。境外资金的流入还会产生"羊群效应"，引起国内金融机构信贷膨胀和大量民间资金跟风入市，推动房地产泡沫进一步增大。Thomas 和 Lee（2006）的研究表明，本币升值会吸引大量国外资本进入国内，而房地产市场普遍对资本有较强的吸引力，进而导致大量国外资本投资于房地产市场，由此带来的需求拉动房价上涨。Martin 和 Morrison（2008）研究了流入我国的热钱对我国房地产市场领域的影响，结论是这些热钱增加了房地产需求，导致房价上涨。从国内研究来看，周京奎（2006）的研究表明汇率和房地产价格之间有相同的变化趋势。王爱俭等（2007）从供给和需求两个角度探讨汇率和房价的关系，认为当前的高房价现象是汇率管制下经济增长的应力释放点。朱孟楠等（2011）采用非线性 Markov 区制转换 VAR 模型研究了 2005 年汇率改革以来我国汇率和房价之间的动态关系，结果表明我国房价上涨导致人民币升值，人民币升值同样能够导致房价上涨。

（二）基于国内货币供给角度的分析

如果一国采取固定汇率制度，或者所能承受的汇率波动幅度过窄，就会导致国内货币供给量成为一个完全由外汇储备决定的外生变量，在一定程度上影响货币政策的独立性。DeRosa（2005）的研究表明，我国采取的固定汇率制度是导致其货币供应量增加进而形成房地产泡沫的主要原因。崔光灿（2006）的研究认为，本币升值导致大量国际资本流入本国，如果采取固定汇率制，就需要投放大量基础货币进而增加货币供应量，最终推高房价。熊伟（2007）认为，我国采取的盯住美元的政策迫使我国发行大量基础货币，如此规模的货币流入房地产市场推高了房价。周其仁（2011）认为，中央银行为了对冲本币升值压力，在外汇市场上以基础货币购入大量外汇，是我国货币供应量快速增加的根本原因，货币的大量投放必然引起房价的上涨。

（三）基于财富效应角度的分析

财富效应由美国经济学家戈特弗里德·冯·哈伯勒提出，是指金融资产的价格会影响居民手中的财富，进而影响消费欲望和投资欲望，并对宏观经济增长产生影响。汇率的变动既会影响进口产品的相对价格，又会影响国内商品的价格，最终反映在影响居民的实际购买力上。房地产市场成为居民投资的首选，导致房地产市场需求增加，影响房地产市场价格。部分学者从结构性效应角度分析汇率和房价之间的关联性。刘建江和匡树岑（2011）分析了由人民币升值可能产生的物价变动效应、投资变动效应、居民资产选择效应、收入预期效应和资产重估效应五种效应，这五种效应都会对房地产投资产生影响。谭小芬和林木材（2013）将财富效应和巴拉萨—萨缪尔森效应归为结构性效应，通过财富效应分析了汇率对房价的促进作用，通过巴拉萨—萨缪尔森效应分析了汇率和房价之间的关联性。

二、房地产价格与汇率关联性的国际考察

从国际经验来看，汇率波动导致房地产市场崩盘，直至国内经济衰退的案例比比皆是，最具代表性的是日本、泰国和俄罗斯。

（一）日本：《广场协议》后日元升值与房地产价格的上涨

1985 年日本被迫签订的《广场协议》导致日元快速升值，短短两年升值近 100%，直接导致日本出口额大幅度下降，企业纷纷投资海外，产业空心化趋势严重。面对巨大的经济下行压力，日本采取宽松的货币政策，不断调低利率。大量的货币投放出来之后，在房价只涨不跌的预期下，银行信贷资金纷纷涌向房地产行业，导致房地产价格大幅上涨，出现了严重的房地产泡沫。同时，由于日元有较强的升值预期，大量外资进入日本，尤其是日本的房地产市场，推动日本房价一路飙升，形成严重的房地产泡沫。日本的经验说明日元升值是日本出现房地产泡沫的诱导性因素。日元升值后国际资本流入量大幅增加，既进一步加剧了日元升值的压力，又推动了日本房地产价格的上涨，还增加了日本的货币供应量。国际资本的流动导致汇率与房价存在较强的相关性，汇率的波动和预期能够对房地产价格形成强烈的冲击，最终将风险传递到金融市场和整个经济体系。房地产泡沫破灭的一个直接后果是给银行带来大量的违约和不良贷款，失业率不断上升，消费水平下降，日本经济进入一个长期的低迷状态。

（二）泰铢贬值与泰国房地产崩盘

20 世纪 90 年代初，泰国在短时间内实行了金融自由化改革，于 1991 年接受国际货币基金组织第八条款，加速放开资本市场、取消资本账户管制，外资进入和流出泰国都变得更加容易。这种激进式的改革为国际资本的炒作创造了机会，大量外资进入泰国，推高了泰国的房地产价格。房地产价格的高速上涨，不仅进一步吸引了国际资本的流入，也吸引了大量国内资金进入房地产市场，从 1989 年到 1996 年短短的七年时间，泰国银行发放的住房贷款总额增加了 5 倍多。国际资本在泰国获取超高利润之后，纷纷撤离泰国，泰铢汇率彻底崩盘，泰铢贬值近 100%。同时，泰国的房地产价格大幅下跌，半年的时间下降幅度为 30%，房地产泡沫就此破灭。泰国的惨痛教训说明，在资本账户放开的过程中，如果缺乏对大量国际资本流进流出的管理和控制，就会对国内的房地产市场造成冲击。

（三）俄罗斯的弃汇率与保房价

俄罗斯的经济结构以能源工业为主，2000年之后随着国际油价的上涨，俄罗斯的经济发展也进入一个快速发展的繁荣期。经济的发展与居民收入的提高增加了房地产的投资和需求，房地产领域的市场化改革也成为助推房价上涨的重要因素，宽松的货币政策成为房价上涨的重要推手。与此同时，俄罗斯实行了浮动汇率制度，卢布实现了完全可自由兑换，汇率波动的风险进一步从中央银行传导给外贸企业。由于俄罗斯经济对能源的依赖性较高，油价的震荡容易造成汇率的波动。2014年，原油价格的下跌及地缘政治事件的升级，导致大量资本从俄罗斯撤离，贸易环境不断恶化，卢布面临持续贬值压力。面对困境，俄罗斯一方面放弃对卢布汇率的自动干预机制，另一方面逐步下调基准利率，来稳定房地产市场，房地产价格回归平稳。

从国际经验可见，汇率波动与房地产市场确实存在较强的相关性，汇率能够通过房地产市场对国家经济金融体系造成冲击。首先，稳房价与稳汇率之间的选择实际就是内部目标和外部目标之间的权衡。为了稳房价而降低利率就会增加货币贬值的压力，为了稳汇率而提高利率就会增加经济增长的压力。其次，金融自由化改革和资本账户的开放会增加金融危机暴发的概率。在国内经济结构单一及国际货币体系不合理的背景下，资本账户的放开具有较大风险，国际资本流动会冲击国内资产价格。最后，经济上升的预期才是支撑房地产价格和汇率稳定的根本因素。我国2005年汇率改革以来的10年时间，在人民币汇率有着强烈升值预期的背景下，房价一路高歌猛进。自2017年以来，美联储多次加息及中美贸易摩擦愈演愈烈，人民币贬值预期增强，房地产市场也进入平稳期，这其中的关系值得研究。

三、2005年汇率改革后人民币汇率波动对我国房地产价格影响研究

自2005年以来，人民币汇率和房地产价格都有不断上升的趋势，经

常账户和资本账户的双顺差又导致外汇占款增加和基础货币投放增多。因此，汇率和房价上涨背后的关联就是人民币升值伴随着国际资本流入和 M_2 的增加，二者相互助推、螺旋式上升。2014 年之后，由于美联储加息等外部因素，人民币对美元的汇率下跌。不只是人民币，全球各主要货币的汇率相对于美元都是贬值的，人民币的贬值幅度还是比较小的，即人民币只相对于美元贬值，相对于其他货币还是升值的。即便如此，仍有部分国际资本选择流出，以赚取最大额的汇差收入和房价收入，房地产价格受到了影响。分析人民币升值之后对房价的影响，需要从两个方面来分析。一方面，人民币升值导致大量国际资本流入我国房地产市场，推高房价。自 2005 年以来，在人民币升值预期的推动下，境外资本想方设法通过各种渠道进入我国：一是直接入股房地产开发企业；二是以包销的方式批量买入楼盘；三是外资银行向房地产开发企业和购房者发放贷款；四是个人投资者购房。另一方面，人民币升值导致货币供应量增加，使房地产泡沫增大。在人民币升值的强烈预期下，企业和个人的结汇量大幅增加。中央银行为了稳定汇率，只能被动投放人民币、买入美元，外汇占款一度占基础货币的比例高达 80%，使中央银行货币政策独立性受到极大挑战。

汇率能否决定房价的走势？对该问题的探讨还存在争议，但由汇率导致的国际资本流动会对房地产市场形成冲击。人民币进入双向波动，意味着人民币单向升值的预期改变了，可能会增加房地产市场和外汇市场的波动性。研究汇率波动与房价之间的关系，其中的一个关键变量就是货币供应量，因此需要综合分析汇率、货币供给和房地产价格之间的相互影响。

（一）变量选择及数据处理

本章用汇率（er）、货币供给（ms）和房地产价格（rep）来构建模型，选取上述三个变量 2005 年 7 月至 2019 年 12 月的月度数据来进行相关研究。原因在于我国是从 2005 年 7 月开始实行有管理的浮动汇率制。其中，汇率变量用国际清算银行公布的人民币有效汇率名义指数代表，货币供给用 M_2 的增速代表，房地产价格用香港环亚经济数据有限公司（CEIC）公布的房地产销售平均价格来表示。为了消除季节因素影响，本章运用 Census X12 法对数据进行调整，调整后用汇率（er_sa）、货币供给（ms_sa）和房地产价格（rep_sa）来构建模型。为了消除量纲影响，本章对所有数据进行对数化处理，变量分别为汇率（lner_sa）、货币供给（lnms_sa）和房地产价格（lnrep_sa）（见图 3-2 和图 3-3）。

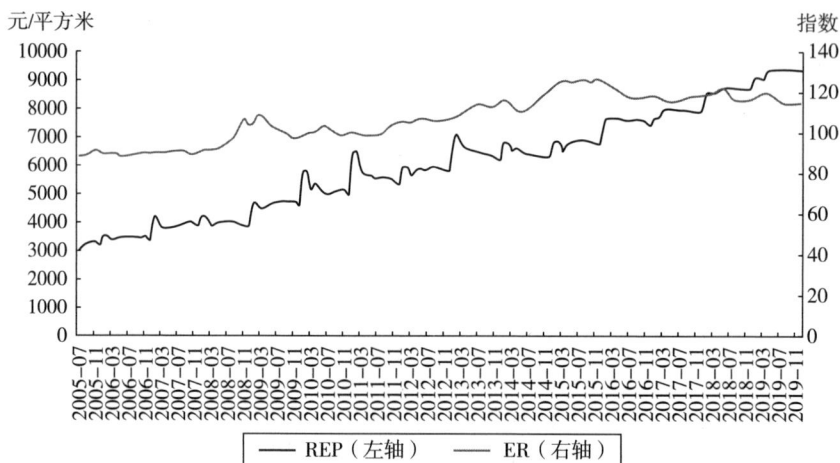

图 3-2 房地产价格与人民币汇率指数

（资料来源：国际清算银行、国家统计局）

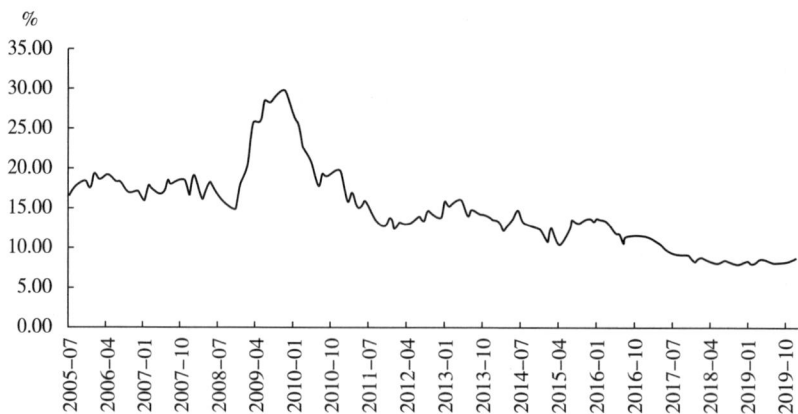

图 3-3 M₂ 同比增速

（资料来源：中国人民银行）

（二）实证检验

本章实证检验的主要目的是通过脉冲响应分析汇率指数和房价之间的相互影响关系。

1. 单位根检验

在进行建模之前，需要对所有变量进行平稳性检验。分别对汇率（lner_sa）、货币供给（lnms_sa）和房地产价格（lnrep_sa）进行 ADF 检验，检验结果如表 3–1 所示。

表 3–1　　　　　　　　　　　单位根检验结果汇总

序列	统计量	1% 临界值	5% 临界值	10% 临界值	概率值
lner_sa	1.069793	−2.578476	−1.942688	−1.615474	0.9255
lnms_sa	−0.878157	−2.578397	−1.942677	−1.615481	0.3343
lnrep_sa	4.001417	−2.578397	−1.942677	−1.615481	1.0000
D（LNER_SA）	−8.245091	−2.578476	−1.942688	−1.615474	0.0000
D（LNMS_SA）	−14.36710	−2.578476	−1.942688	−1.615474	0.0000
D（LNMS_SA）	−13.53557	−2.578476	−1.942688	−1.615474	0.0000

单位根检验的结果表明，lner_sa、lnms_sa、lnrep_sa 这三组时间序列均为非平稳的，但都是一阶单整，因此可建立 VAR 模型。

2. 滞后阶数选择

在建立 VAR 模型之前，需要确定序列的滞后阶数，分析结果如表 3–2 所示，在 5 个评价指标中，有 3 个认为应该建立 VAR（2）模型，可以确定最优滞后阶数为二阶。

表 3–2　　　　　　　　　　　滞后阶数验证

Lag	LogL	LR	FPE	AIC	SC	HQ
1	1156.747	NA	1.82e−10	−13.91209	−13.74267*	−13.84332*
2	1166.178	18.17499*	1.81e−10*	−13.91730*	−13.57847	−13.77976
3	1175.106	16.88267	1.82e−10	−13.91644	−13.40819	−13.71012

Lag	LogL	LR	FPE	AIC	SC	HQ
4	1182.691	14.06667	1.85e−10	−13.89928	−13.22162	−13.62420
5	1190.795	14.73397	1.87e−10	−13.88842	−13.04134	−13.54456
6	1192.718	3.427700	2.04e−10	−13.80265	−12.78615	−13.39002
7	1197.169	7.768363	2.16e−10	−13.74750	−12.56160	−13.26610
8	1203.366	10.59148	2.24e−10	−13.71353	−12.35821	−13.16336

注：*代表在10%的水平下显著。

3. VAR 模型平稳性检验

图 3-4 表明此 VAR 模型不存在大于 1 的根，是一个平稳性系统，可以建立 VAR 脉冲响应。

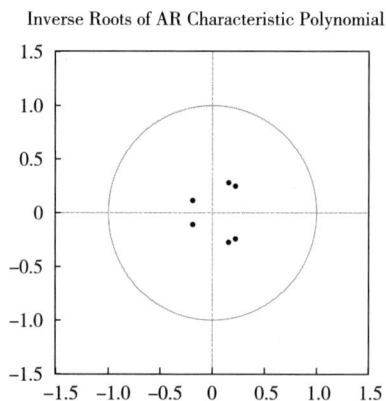

Inverse Roots of AR Characteristic Polynomial

图 3-4　VAR 模型平稳性检验

4. VAR 脉冲响应分析

为了更加形象地看出汇率与房地产价格的关系，首先构建房地产价格对人民币有效汇率指数的脉冲响应。图 3-5 表明，给定汇率一个正向冲击即使人民币有效汇率指数上升，汇率指数的上升冲击将会导致房地产价格在滞后半期以后，产生负面响应，在第 2 期中间受到的负面冲击最大。但之后的负面响应波动在不断减弱，直至第 3 期，房地产价格对正向汇率的冲击变为正向响应，在第 4 期中旬达到正面响应最大值，这一正向响应一直维持到第 6 期中旬。这验证了前面的判断，即在人民币升值的预期下，国际资本的流动增加了市场流动性，导致房价上涨。

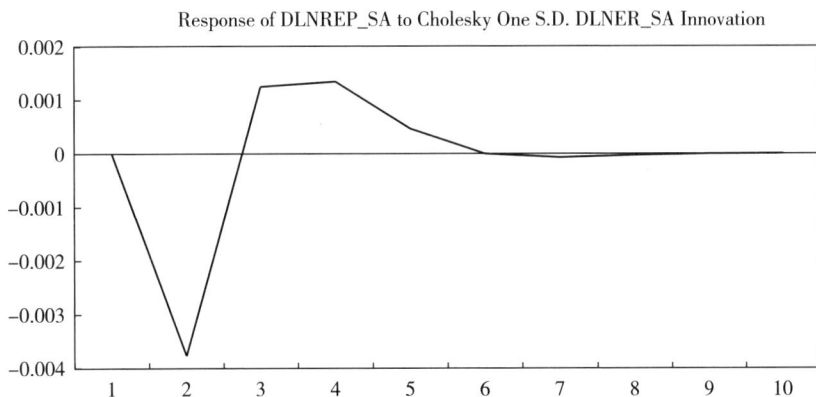

Response of DLNREP_SA to Cholesky One S.D. DLNER_SA Innovation

图 3-5　dlnrep_sa 对 dlner_sa 一个标准差新息的响应

图 3-6 是人民币有效汇率指数对房地产价格的脉冲响应。结果表明，给房地产价格变动一个正向冲击即使房价上涨，人民币汇率在滞后半期以后，对房地产价格波动的正向冲击表现为正向响应，即人民币升值，但此升值幅度在不断减小。这表明，房价上升会使国际资本对国内房市产生良好的预期，增加对人民币升值的预期。从第 4 期开始，该效应转负，之后逐渐趋于零。因此，从短期来看，房地产价格的提高，将会增强资本对国内房地产市场的预期，增强人民币升值预期，但长期来看，这种影响并不明显。

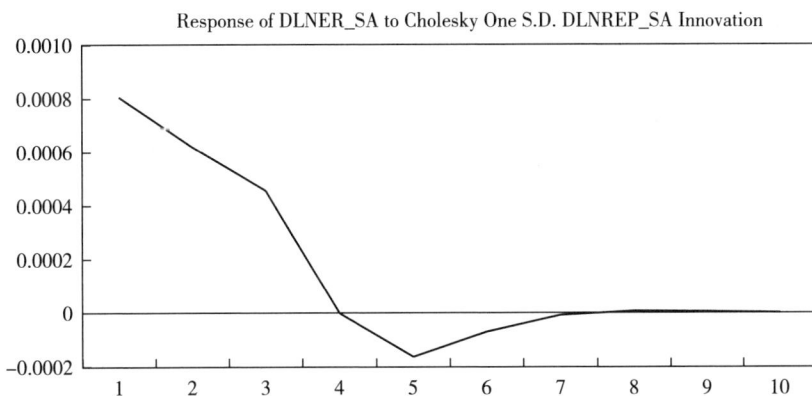

Response of DLNER_SA to Cholesky One S.D. DLNREP_SA Innovation

图 3-6　dlner_sa 对 dlnrep_sa 一个标准差新息的响应

四、结论与建议

房地产价格与汇率关系的实证研究结果表明，两者之间存在相互影响的关系。人民币汇率对房地产价格的影响具有长期效应，人民币升值会促进房地产价格上升。房地产价格对人民币汇率的影响主要在短期，房地产价格上涨增加了房地产市场对国际资本的吸引力，导致资本流入增加，增加人民币升值预期。在"8·11汇改"之后，未来人民币汇率双向波动将成为一种常态，人民币单向升值的预期改变了，可能会增加房地产市场和外汇市场的波动性。因此，稳定外汇市场与房地产市场至关重要。具体来看，需要从以下几个方面入手。

第一，加强资金监管，防止境外热钱大进大出。热钱作为一种国际游资，以短期投机炒作和追求高额利润为目标，具有高流动性、隐蔽性和敏感性等特征，亲短期投机炒作远制造业投资是其一贯属性。我国房地产市场的高收益率和上涨预期对国际资本有很大的吸引力，国际资本的大量进入会在短期内推高我国房地产价格，催生房地产泡沫，给房地产市场和金融市场带来巨大风险。防止热钱的投机性行为，需要严格管控热钱流进流出的渠道。

第二，建立房地产市场信息系统和预警体系，防止外资对我国房地产市场的炒作。依照资本逐利的本性，房地产市场会成为外资进入我国后主要的聚集场所，加强对房地产市场的预警和监测，重点要监控境外资本对国内房地产市场的投资，尤其要对流入房地产市场的国际资本的规模、结构等进行动态监测，以此完善房地产交易的风险防范机制。通过有效的监测，进一步区分居民和非居民的住房需求，"房住不炒"的定位不仅适用于约束国内居民投资行为，也适用于约束国际资本的投机炒作。

第三，稳步推进汇率制度改革。热钱流入流出的目的之一是获得套利的机会和投机性收益。套利是市场经济的一个逻辑，只要存在利率的差别和汇率之间的变动，就必然会有这种行为。制止这种行为的有效办法是稳步推进汇率市场化改革，在宏观经济上注意保持基本平衡。汇率作为总量政策，不论是上升还是下降都会有利有弊，关键是利弊比较。从历史上看，人民币汇率的浮动区间是在不断扩大的，外汇市场也逐渐趋于成熟，企业、居民和机构投资者更加重视汇率在配置市场资源中的作用，并采取措施积极防范汇率波动的风险。汇率市场化改革有助于使汇率水平趋于均衡，有利于优化资源配置。人民币升值预期的直接因素是国际收支顺差，中美贸易摩擦以来的一系列事实再次提醒我国，依靠出口来实现稳就业的目标是靠不住的，依靠货币贬值来刺激出口的方式更是靠不住的。

第四，坚持稳健的货币政策。价格稳定一直以来都是中央银行最重要的政策目标，这里的价格稳定当然包括资产价格的稳定。我国的中央银行一直坚持维护价格稳定、促进经济增长、促进就业和实现国际收支平衡四大目标，但最重要的还应该是维护价格稳定。因此，一方面，中央银行及其货币政策应保持相对的独立性，要管好货币流向房地产市场的总闸门；另一方面，随着金融市场、房地产市场的扩张，经济体系对货币的需求也有一个不断扩张的过程，货币需求量在不断增加，货币流动性对于稳定金融市场和房地产市场至关重要。由此可见，坚持稳健的货币政策是稳定房地产市场和房地产价格的关键一招。

第四章
股票市场与外汇市场的风险关联性

股票市场和外汇市场是金融市场的重要组成部分，两个市场之间的关联性一直是学界和业界研究关注的重点，这种关联性集中体现在股票价格波动和汇率波动之间的相互影响上。由于股票市场和外汇市场都会受到宏观经济、货币政策和资本流动的影响，加之金融市场间信息传播和市场运作等方面的联系不断增强，因此，一个市场价格的波动会迅速传导给另一个市场，一个市场的风险也会传染给另外一个市场，表现出协同变化趋势，各子市场之间的关系变得更加紧密，并且极易引发金融风险的扩散。防范化解重大金融风险，既要防范股票市场和外汇市场各自领域的风险，更要防范风险在两个市场之间扩散和传导，尤其是当一个市场受到风险冲击而出现波动时，其他市场也会出现变动，表现出极强的"溢出效应"。

一、股票市场与外汇市场关联性的理论分析

股票市场和外汇市场是金融市场的两个主要投资场所，两者之间是密不可分的。前者是一个国家经济的"晴雨表"，后者是极易受到国内外经济环境影响的市场。这两个市场的关联性，既要从股票市场对外汇市场的影响来研究，也要从外汇市场对股票市场的冲击来研究。一方面，是股票价格的变动导致汇率的波动，其逻辑为股票价格变动引起财富和货币需求的变化，进而导致利率和资本流动的变化，最终导致汇率的波动。当一个国

家股票市场表现好的时候，市场会对该国的宏观经济充满信心，国际投资者更愿意持有该国的股票，促进该国货币的需求量上升，导致该国货币升值。另一方面，是汇率的波动引起股票价格的变动，其逻辑为汇率变动引起产品需求和产出需求的变化，最终反映到股票市场，引起股价的变动。例如，当汇率贬值时，出口导向型企业能够获得更强的国际竞争力，从而出口更多，预计将获得更多利润和股价的上涨；而不以出口为导向的国内企业可能会面临着进口投入成本的增加，导致利润率的下降和股价的下跌。同时，作为经济发展的两大重要经济元素，股票和外汇能够反映经济基本状况。当一个国家货币升值的时候，意味着这个国家经济发展较好，资产价格有上涨预期，国际资本流入的积极性较高，股票市场也会相应上涨。而当货币贬值的时候，通常意味着经济增长潜力不足，国际资本流出压力大，股票市场相应会受到冲击。关于汇率与股票价格关联性的研究随着时间的推移在不断向前发展，尤其是在加入各国相互影响的因素之后。

国内外很多学者对这个问题进行了研究，研究主要集中在发达国家和新兴市场国家的汇率和股票价格之间的相互作用或因果关系上。尤其是近30多年来，较多的学者对股票价格与汇率之间的动态关系进行了实证分析，结果表明，汇率与股票价格之间具有显著的关联性和因果关系。Ajayi和Mougoue（1996）研究了8个国家的股票市场与汇率市场的关联性，结果表明股票价格与汇率之间是正相关关系。Morley和Pentecost（2000）调查了1982年至1994年加拿大、法国、德国、意大利、日本、英国和美国七国集团（G7）的股票价格与即期汇率，通过构建计量经济模型研究发现汇率和股票价格之间的相关性很小，因此他们得出如下结论：股票价格和汇率确实表现出共同的周期，但没有表现出共同的趋势。Nieh和Lee（2001）的研究发现，G7国家中股票市场和外汇市场的关系短期是显著的，但从长期看并不显著。Yang和Doong（2004）使用G7国家股票市场与外汇市场的周数据和EGARCH模型，探讨了二者之间的传导机制。他们的研究发现，股票价格变化将影响未来汇率的变动，但汇率变化对未来股票价格变动的直接影响较小。Apergis和Rezitis（2001）重点分析了汇率波动而不是汇率本身对股票价格的影响，发现从外汇市场到股票市场的波动溢出是不对称的。Diamandis 和 Drakos（2011）利用多元协整技术和格兰杰因果检验方法研究了阿根廷、巴西、智利和墨西哥 4 个国家股票价格和汇率之间的动态关联性，发现这些国家的股票市场和外汇市场之间的关联性并不显著。Shin 等（2014）利用不对称协整与误差修正模型，分别研究了汇率与股票价格的短期关联性和长期关联性。Bahmani-Oskooee&Saha（2015）借鉴了 Shin 等（2014）的方法进行研究，认为汇率变化对标普 500 指数有非对称影响。

亚洲金融危机之后，部分学者将研究视野转向亚洲国家。Abdalla 和 Murinde（1997）利用 1985 年至 1994 年印度、韩国、巴基斯坦和菲律宾等新兴经济体的数据，研究了这些国家汇率和股票价格之间的相互作用，发现汇率是导致韩国、巴基斯坦和印度股票价格变动的格兰杰原因，但在菲律宾，股票价格是导致汇率变动的格兰杰原因。Granger、Huang 和 Yang（2000）对亚洲国家股票市场和外汇市场关系的研究表明，马来西亚、新加坡、泰国等国的股市和汇市存在较强的关联性，但日本和印度尼西亚的汇率和股价并不存在显著的关联性。Smyth 和 Nandha（2003）使用 1995 年至 2001 年孟加拉国、印度、巴基斯坦和斯里兰卡的每日数据，利用 Engle-Granger 两步法和 Johansen 协整方法，发现这 4 个国家的汇率和股票价格之间不存在长期均衡关系。Yang、Kolari 和 Min（2003）分析了亚洲金融危机对日本等 10 个亚洲国家证券市场和外汇市场的短期影响和长期影响，并且对比了危机前和危机后的状况，结果发现在危机之后市场之间的关联性得到加强。Phylaktis 和 Ravazzolo（2005）对泰国、马来西亚、菲律宾和中国香港的股票价格和汇率之间的关系进行了研究，发现了股票价格和汇率之间存在协整关系。Hsu 等（2009）研究了日本汇率波动对 33 个行业股价指数的影响，发现只有医药、房地产和航空运输业与汇率表现出非对称的相关关系。Cuestas 和 Tang（2015）利用我国 31 个省（自治区、直辖市）的月度数据研究发现，从长期来看收益和汇率是影响工业企业股票价格的主要因素，而且即使是非出口企业，其股价同样由于进口因素受到汇率的影响，当然，影响程度跟滞后期相关。

近年来，国内关于股票市场与外汇市场关联性的研究也逐渐增多。张碧琼等（2002）的研究发现，上证综指与汇率存在长期的关联性。吕江林等（2007）分析了人民币升值对股票市场的影响，发现2005年汇率改革后，随着人民币的升值，股票收益率有所上涨。郭彦峰等（2008）的研究发现人民币汇率变动是上证综指变化的原因之一。丁剑平等（2009）采用了三元GARCH模型研究亚洲股票市场和外汇市场之间的关联性，结果表明两个市场之间的联动效应受到金融市场规模的不对称性的影响。周辰亮（2009）利用方差分解法，研究了在供给和需求的独立冲击下我国股票市场和外汇市场的关系，结果表明人民币升值能够拉动股票价格上涨，股票价格上涨又会增加市场对人民币的需求。刘莉和万解秋（2011）采用滚动时间窗口的技术，对数据进行了协整分析和格兰杰因果关系检验，表明我国股票价格和汇率之间的关系是随时间推移发生变化的，汇率对股票价格的影响大于股票价格对汇率的影响。曹广喜（2013）利用长记忆动态VAR模型，证明人民币汇率和我国股价收益率之间具有长记忆特征。

从已有研究来看，不同国家外汇市场和股票市场之间关联程度的差异较大，因果关系同样不同。一些学者认为二者之间的关系在不同时期表现出不同的特征，但都与经济基本面密切相关。本章将结合我国的实际进行研究，尤其是分析自2018年以来的中美贸易摩擦背景下我国股票市场和外汇市场之间的关联性和因果关系，为下一步稳定资本市场和外汇市场提出对策建议。

二、中美贸易摩擦以来我国的股票市场与外汇市场

自从在布雷顿森林会议上建立美元结算的国际货币体系以来，美元在贸易结算、金融交易和国际储备等领域都占据主导地位。尽管后来布雷顿森林体系瓦解，但美元的核心国际储备货币地位没有改变，美国能够通过手中的美元这一"尚方宝剑"打压其他国家，逼迫其他国家过快、过急、全面实施金融自由化改革，放开金融市场，为其制裁他国金融市场和金融机构创造机会，尤其是攻击他国外汇市场和股票市场。自2018年以来，我国

股票市场和外汇市场的波动主要是受到外部冲击的影响，尤其是美元和美国因素的影响，一方面是美元的特殊地位决定了它的一举一动会影响全球外汇市场，美联储加息因素使包括我国在内的世界各国面临资本外流的压力；另一方面是中美贸易摩擦愈演愈烈给投资者信心带来的不利影响，造成避险情绪上升。这直接导致我国的股票市场和外汇市场"携手共退"，在股票价格下跌的同时人民币出现贬值。2018 年底较年初人民币贬值幅度达10%，上证综指下跌幅度达 25%。即使在中美确定签署第一阶段贸易协议之后，人民币还在"7"上下波动，上证综指在"3000 点"左右摇摆，外汇市场和股票市场呈现出典型的共振格局。

本章从以下五个方面分析中美贸易摩擦以来我国股票市场与外汇市场的表现。第一，过快开放金融市场会冲击我国资本市场和外汇市场。2019年，我国实体经济杠杆率为 245.4%，处在比较高的水平，经济对金融地产的依赖度较强，金融脆弱性表现明显。在这种情况下迅速开放金融市场，特别是放开短期资本账户管制，极有可能引起资本大幅度流动，对我国的资本市场和外汇市场造成较大冲击。在中美贸易摩擦的背景下，美国要求我国过快、过急推动金融自由化改革，会加大股票市场和外汇市场波动的风险。第二，美国可能发起汇率战打压我国金融市场。美国在历史上多次对其他国家发起汇率战，主要手段就是贴上"汇率操纵国"的标签。美国于 2015 年颁布了认定汇率操纵国的三个条件：一是对美贸易顺差超过 200亿美元；二是经常账户盈余超过 GDP 的 3%；三是对外汇市场的持续单向干预，12 个月内净购买额超过 GDP 的 2%。我国并不符合这三项条件，但美国依旧在 2019 年下半年给我国贴上了"汇率操纵国"的标签。第三，我国股票市场存在被恶意做空的风险。我国资本市场制度不完善和投资者结构不合理等因素，导致市场"羊群效应"明显，股票市场受到单个事件冲击的可能性较大，容易出现大涨大跌的现象，影响股票市场投资功能、融资功能和财富管理功能的发挥，进而波及整个金融市场甚至宏观经济。2015 年，我国股票市场异常波动期间，多家国际资本机构做空 A 股市场，这虽不是导致多股跌停的唯一因素，但确实是不可忽视的因素之一。在中美贸易摩擦的背景下，美国可能通过舆情工具和其他做空工具，造成我国股票市场的大幅震荡和股票价格的大幅下跌。第四，我国企业面临的汇率波动风险加大。在中美贸易摩擦的背景下，人民币对美元汇率的不确定性增强，波动幅度增大，但我国外贸企业应对汇率风险能力有限，外贸环境的变化导致企业难以判断汇率走势，增加了与客户谈判时关于价格和付款方式的分歧，极有可能造成汇率风险。第五，中美贸易摩擦背景下我国股票市场和外汇市场存在联动风险。自 2018 年以来，受中美贸易摩擦的影响，我国出现了股价和人民币汇率双双下跌的局面。2019 年 5 月，人民币对美元一度下跌超过 3%，8 月 5 日，在岸市场和离岸市场人民币对美元汇率双双"破 7"，此次贬值完全是由于外部原因即中美贸易摩擦愈演愈烈引起的，是市场行为，不是我国中央银行有意为之。近年来，人民币对美元的波动幅度明显增大，与主要发达国家的汇率波动率相差无几。从人民币汇率波动的影响来看，并没有造成市场主体的恐慌，外汇风险可控，多数企业和金融机构对人民币汇率的波动习以为常。尽管如此，从中美贸易摩擦期间股票市场和外汇市场的表现来看，股票市场低迷和汇率贬值的压力也反映了股票市场风险与外汇市场风险的互相叠加，两个市场在一定程度上形成冲击放大机制。

三、中美贸易摩擦以来我国股票价格与汇率关联性的实证检验

在本章的实证检验中，采用 Toda 和 Yamamoto（1995）的格兰杰因果关系检验方法，来验证我国股票价格和汇率之间的关联性。

（一）理论模型

格兰杰因果关系检验是通过检验 VAR 模型中某些参数是否为零来进行的。Toda 和 Yamamoto（1995）在 VAR 模型中引入了修正 Wald（MWald）检验，这样就可以避免非平稳序列或非同阶单整序列导致检验结果不准确，大大降低判断错误的概率（Mavrotas 和 Kelly，2001）。修正 Wald（MWald）检验可以用来验证参数的线性约束性，可以假设在估计 VAR（k+dmax）时

具有渐近的 χ^2 分布。其中，k 为最优滞后期，$dmax$ 为最大单整值。Toda 和 Yamamoto（1995）指出，当 $d=1$ 时，滞后选择过程始终有效，因为 $k \geqslant 1=d$。当 $d=2$ 时，除非 $k=1$，否则该过程同样有效。另外，无论序列是 I（0）、I（1）、I（2）还是任意阶的协整，此过程都是有效的。此外，Zapata 和 Rambaldi（1997）证明如果能够确定滞后值 $k+dmax$，并且没有遗漏重要变量，同时样本数多于 50 个，那么 MWALD 检验就是高效准确的。

下面为了完成因果关系检验，需要先对广义 $VAR（p+d）$ 模型进行估计：

$$y_t=\alpha+A_1y_{t-1}+\cdots+A_py_{t-p}+A_{p+d}y_{t-p-d}+\varepsilon_t \tag{式1}$$

其中，y_t、α 和 ε_t 均为 n 维向量，A 是 $n \times n$ 的系数矩阵，P 和 d 是滞后期数，通过 AIC 准则来确定。就本章所探讨的汇率和股票价格关系来看，建立如下二元模型（假设最佳滞后期数为 1）：

$$SZ_t=\alpha_0+\sum_{i=1}^{k}\beta_{1i}SZ_{t-i}+\sum_{j=k+1}^{d\max}\beta_2SZ_{t-j}+\sum_{i=1}^{k}\lambda_{1i}WH_{t-i}+\sum_{j=k+1}^{d\max}\lambda_2WH_{t-j}+\varepsilon_{1t} \tag{式2}$$

$$WH_t=\bar{\alpha}_0+\sum_{i=1}^{k}\bar{\beta}_{1i}SZ_{t-i}+\sum_{j=k+1}^{d\max}\bar{\beta}_2SZ_{t-j}+\sum_{i=1}^{k}\bar{\lambda}_{1i}WH_{t-i}+\sum_{j=k+1}^{d\max}\bar{\lambda}_2WH_{t-j}+\varepsilon_{2t} \tag{式3}$$

还有多元模型：

$$SZ_t=\alpha_0+\sum_{i=1}^{k}\phi_{1i}SZ_{t-i}+\sum_{j=k+1}^{d\max}\phi_2SZ_{t-j}+\sum_{i=1}^{k}\delta_{1i}WH_{t-i}+\sum_{j=k+1}^{d\max}\delta_2WH_{t-j}$$
$$+\sum_{i=1}^{k}\phi_{1i}SPI_{t-i}+\sum_{j=k+1}^{d\max}\phi_2SPI_{t-j}+\varepsilon_{1t} \tag{式4}$$

$$WH_t=\bar{\alpha}_0+\sum_{i=1}^{k}\bar{\phi}_{1i}SZ_{t-i}+\sum_{j=k+1}^{d\max}\bar{\phi}_2SZ_{t-j}+\sum_{i=1}^{k}\bar{\delta}_{1i}WH_{t-i}+\sum_{j=k+1}^{d\max}\bar{\delta}_2WH_{t-j}$$
$$+\sum_{i=1}^{k}\bar{\phi}_{1i}SPI_{t-i}+\sum_{j=k+1}^{d\max}\bar{\phi}_2SPI_{t-j}+\varepsilon_{2t} \tag{式5}$$

其中，SZ 是股票价格，WH 是汇率，SPI 是标准普尔 500 指数。如果汇率是引起股票价格变化的格兰杰因果原因，则（式2）中 $\lambda_1 \neq 0$，（式4）中 $\delta_1 \neq 0$。

（二）数据选取与分析

模型中汇率变动指标选择人民币兑美元汇率，股票价格变动指标选取上证综指。在经济全球化的背景下，中美股票市场有着密切的联系，因此选择美国股票市场中标普 500 指数代表美国股票价格波动。样本区间为 2018 年 3 月 1 日至 2020 年 1 月 17 日 [①]，数据来源于 CEIC 数据库（见图 4-1）。

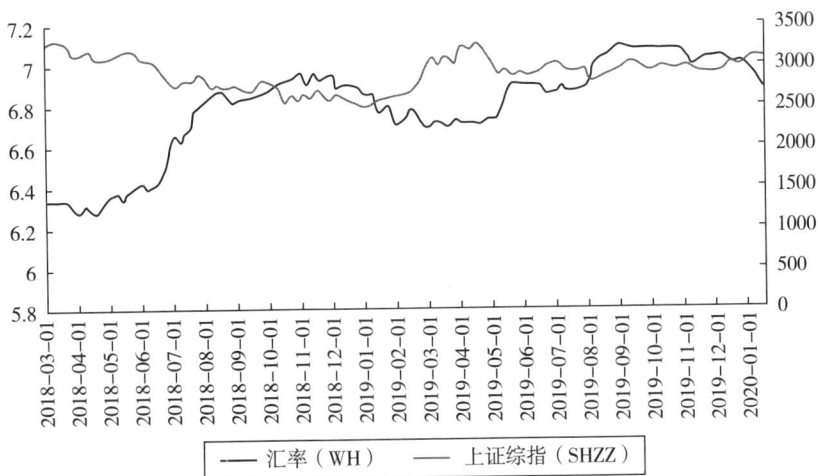

图 4-1　我国汇率（WH）与上证综指（SHZZ）变化趋势

（资料来源：中国外汇交易中心、上海证券交易所）

（三）实证分析

在进行因果关系检验之前，先对变量进行单位根检验，并对数据进行了去量纲的对数化处理，利用 ADF 检验和 PP 检验来确定变量的单整阶数。单位根检验结果表明，所有变量原序列都不是平稳的，在一阶差分后成为平稳序列，即所有变量均是一阶单整 I（1），可以用上述理论模型进行因果关系检验（见表 4-1）。

---

① 2020 年 1 月 15 日，中美签署第一阶段贸易协议。

表 4-1   单位根检验

变量	原序列		一阶差分	
	ADF	PP	ADF	PP
SZ	−1.632	−1.316	−7.243***	−33.976***
WH	−1.916	−1.714	−10.231***	−51.221***
SPI	−1.013	−1.115	−15.623***	−49.991***

注：*** 表示在 1% 的标准下显著。

表 4-2 是二元格兰杰因果关系检验结果。从中可以看到，股票价格是引起汇率变动的格兰杰原因，汇率变动也是引起股票价格波动的格兰杰原因。表 4-3 是加入控制变量标普 500 指数之后的多元格兰杰因果关系检验结果，结果同样显示股票价格和汇率互为格兰杰原因。

表 4-2   二元格兰杰因果关系检验

原假设	MWALD	结论
SZ=/=>WH	41.331***	上证综指变动是引起人民币汇率波动的原因
WH=/=>SZ	50.121***	人民币汇率变动是引起上证综指波动的原因

注：*** 表示在 1% 的标准下显著，最优滞后期由 AIC 准则确定。

表 4-3   多元格兰杰因果关系检验

原假设	MWALD	结论
SZ=/=>WH	26.387***	上证综指变动是引起人民币汇率波动的原因
WH=/=>SZ	13.135**	人民币汇率变动是引起上证综指波动的原因
SZ=/=>SPI	12.015**	上证综指变动是引起标普 500 指数波动的原因
SPI=/=>SZ	1.336	标普 500 指数变动不是引起上证综指波动的原因
WH=/=>SPI	0.992	人民币汇率变动不是引起标普 500 指数波动的原因
SPI=/=>WH	22.876***	标普 500 指数变动是引起人民币汇率波动的原因

注：*** 和 ** 分别表示在 1% 和 5% 的标准下显著，最优滞后期由 AIC 准则确定。

本章的实证分析检验了我国在 2018 年 3 月至 2020 年 1 月中美贸易摩擦期间股票价格波动和汇率波动之间的关联性，结果显示中美贸易摩擦期间我国股票价格和汇率之间存在较强相关性，二者互为因果。该结果说明股票市场和外汇市场之间是密切相关的，可以通过一个市场来预测另一个市场可能出现的波动。即使我国目前大量的资本账户尚在管制当中，但并不能阻断市场之间的关联性，一个可能的原因来自市场波动对投资信心的影响。人民币的升值会推动股票价格上涨，股票价格的上涨同样会导致人民币升值。反之，人民币的贬值会推动股票价格下跌，股票价格的下跌同样会导致人民币贬值。因此，政策制定者需要充分考虑到不同市场之间的关联性。

四、结论与建议

自 2018 年以来的中美贸易摩擦，对股票市场和外汇市场的影响是显著的，同时两个市场之间存在关联性，互为因果关系。鉴于实证分析结果及股票市场和外汇市场的相关性，中央银行和外汇管理局应极力保持汇率的稳定，因为稳定的汇率关乎股票市场和其他经济部门的增长。通过更加灵活的货币政策对吸引外国投资者、抑制资本外逃至关重要。

（一）推动资本市场和外汇市场制度完善

以金融供给侧结构性改革为契机，完善资本市场和外汇市场制度建设，实现股票市场和外汇市场的长期稳定。一方面，我国股票市场长期以来以散户为主，整个市场重融资功能轻投资和财富管理功能，发行和退市制度尚不健全。完善资本市场制度建设，应以市场化、法治化、透明度建设为方向，更加注重投资者保护，更加遵循市场规律，提高违法成本，以更加严格的监管规范市场。另一方面，大力推动汇率市场化改革，发挥外汇供求在汇率形成机制中的决定性作用。

（二）循序渐进、有节奏地放开资本账户管制

放开资本账户管制，推动金融自由化改革，一定要将主动权牢牢掌握在我们自己手里，坚持市场化开放的方向，保持自己的节奏和合理的顺序持续推进。从长期来看，坚持市场化、国际化的方向；从短期来看，加强

对跨境资本的管理，避免资本大幅流动对外汇市场和股票市场的影响。从1998年亚洲金融危机到2008年国际金融危机，我国股票市场和外汇市场受到的冲击较小，与我国资本项下的管制有关。如果放开资本账户管制的速度过快，一旦市场形成贬值预期，就会加速资本撤离，进而冲击股票市场，加剧资本外流、本币贬值，最终形成恶性循环。

（三）用好我国吸引外资的综合竞争优势以稳定外汇市场

中美贸易摩擦以来，不论是外资企业还是内资企业都受到一定程度的影响，包括政策预期不乐观、全球经济形势不明朗等。尽管有这些影响，但我国吸收外资的综合竞争优势依然存在，大多数跨国投资公司对我国的投资信心和投资战略没有改变。只要外资是稳的，外汇市场就一定会稳。接下来，要从以下三个方面做好稳外资的工作。一是进一步优化营商环境。坚持服务好存量和引进增量相结合，吸引更多世界级企业来华投资。二是要改进政府服务，加强投资者保护。想企业之所想，急企业之所急，加强政策供给和政策创新。三是进一步扩大外资准入领域，继续压减负面清单。

第五章
中美贸易摩擦背景下的资本非正常流出与金融风险隐患

2015 年 11 月，美元步入加息周期，到 2018 年底，美联储共加息 8 次。在美元走强的背景下，世界各国货币汇率出现波动，极有可能引发新兴市场国家资本大量回流美国。自 2018 年 4 月以来，受美债利率与美元走强的影响，部分新兴经济体外汇市场陷入动荡，继阿根廷比索崩盘之后，土耳其里拉也经历抛售潮，投资者对新兴市场国家前景的忧虑升温。未来美联储收紧政策是否引发新兴经济体的"多米诺骨牌"效应，成为学界普遍关心的问题。就人民币来看，在美联储进入加息周期之后，人民币结束了长达 10 年的升值预期，开始进入贬值通道，承受较大贬值压力和资本流出压力。回顾历次美元加息的历史，都伴随着强烈的市场预期，给各国资本流出形成巨大压力。而资本流出与金融危机的暴发紧密相关，从 20 世纪 70 年代的墨西哥金融危机，到 80 年代的日本金融危机，再到 90 年代的东南亚金融危机，都与资本短时期内突发性流出有密切关系：在这些国家经济高速增长的背景之下，大量国际资本流入，资产价格上涨；当美联储开始加息周期之后，这些资本又开始大量流出，进而导致资本流出国的资产价格出现大幅度下滑、国内不良贷款率攀升、金融机构破产倒闭，金融危机就此暴发。

不仅是美联储的加息周期，美国政府的减税政策、制造业回归等措施，一定程度上将吸引美资企业和资本回流美国。尤其是自 2018 年以来由美方挑起的中美贸易摩擦持续升级，影响国内投资信心，资本非正常流出现象值得警惕。

本章所探讨的是资本非正常流出问题，也可以称为资本外逃，往往是受到政治风险显现、债务违约风险上升及纳税负担加重等冲击导致的。正常的资本流出不是资本外逃，国际货币基金组织将资本外逃定义为非正常资产配置的所有资本外流。大多数实施资本管制的国家制度设计本身就是为了防止资本外逃。非正常资本流出会给一个国家的金融稳定带来巨大冲击，包括导致利率和汇率的不稳定、降低投资能力、提高融资成本等。尤其是对发展中国家来说，非正常资本流出的危害性更为严重。因为发展中国家的金融体系尚不健全，经济体系的防冲击能力非常脆弱，非正常资本流出极有可能破坏发展中国家经济的稳定和宏观经济政策的有效性。在中美贸易摩擦持续升级的背景下，虽然我国加大了对外开放力度，外资企业信心依然稳定，但贸易冲突升级会导致看空我国经济的预期走高，不利于短期国际资本流入。相比债务、杠杆率问题，资本非正常流出更有可能成为我国潜在系统性风险的最大来源。美国主动挑起贸易摩擦的目的就是减少我国的贸易顺差，使我国出现贸易逆差，贸易逆差会助推资本外流。总之，中美贸易摩擦的持续升温有极强的刺激我国资本非正常流出的作用。因此，研究中美贸易摩擦对我国资本流出的影响，具有重要的现实意义。

一、研究综述

综观国内外的研究文献，学界从不同理论视角来研究资本非正常流出这一特殊的经济现象，极大地推动了资本跨境流动理论的发展，比较全面、客观地分析了导致资本非正常流动的成因，以及资本非正常流动对经济金融安全带来的影响，为后来的研究奠定了理论基础，也为新形势下我国防范资本非正常流出提供了有意义的借鉴。

（一）关于资本流动影响因素的研究综述

早期的研究认为，利差是影响跨境资本流动的最重要因素，资本会从低利率国家流向高利率国家。后来的研究认为影响资本流动的因素是多元的，除了利差，国家的政治环境、经济环境及投资者的风险偏好都是影响资本流动的因素。Kindeberger（1937）强调资本流出的非正常性，是由于投机、恐惧、疑虑或偶然性事件的暴发导致的。Chennery 和 Bruno（1962）通过双缺口模型解释资本流动，认为发展中国家的出口无法支撑进口，因此需要发达国家资本的流入来弥补缺口。该模型为发展中国家依靠对外借款补充国内储蓄不足以实现经济增长的现实状况提供了理论依据，但难以解释20 世纪所发生的南美金融危机和东南亚金融危机中出现的严重的资本流出现象。当然，资本流出不是发展中国家独有的现象。近些年的研究将影响资本流动的因素分为推动力和拉动力，推动力主要是指全球经济金融环境变化对资本流动的影响，拉动力主要是指资本流入国自身的吸引力对资本流动的影响。至于哪种力量更显著，学界并未达成一致。一部分学者认为推动力因素更明显，Borio 和 Disyatat（2011）的研究认为美联储的利率政策是影响全球资本流动的最重要因素。Fratzscher（2012）的研究认为，在国际金融危机之前拉动力是主要因素，国际金融危机后推动力是主要因素，这也意味着全球经济一体性特征更加明显。Forbes 和 Warnock（2012）的研究认为，非正常的资本流动主要是受到投资者情绪的影响，这也算是外部推动力因素。Park 等（2016）同样认为，美联储的货币政策操作是影响全球资本流动的最主要因素。另外，一部分学者的研究认为拉动力的因素更为明显，Rodrik 和 Velasco（1999）的实证研究结果表明，某国 M_2/GDP 与资本流入规模之间有较大的关系。Gourinchas 和 Jeanne（2013）的研究认为，资本流动的目标很明确，就是经济状况良好且有发展潜力的国家。Ghosh 等（2014）研究了56 个新兴经济体资本流动的数据，发现美联储利率政策的调整和投资者规避风险的动机是影响资本非正常流动的最主要因素，同时也会受到资本账户管制程度、汇率制度等因素的影响。Aggarwal

等（2015）的研究认为影响资本流动的最重要因素是金融开放程度和资本账户管制程度。从实践来看，由于新兴经济体经济发展速度较快，其外汇储备占全球比重达70%，这也说明资本流入国的经济环境是决定资本流动的主要因素。

从20世纪90年代开始，国内学者也开始关注资本流出的问题。李扬（1998）的研究认为，资本的跨国流动对任何国家都不存在歧视性偏见，追逐利润是资本流动的唯一动力。宋文兵（1999）研究了我国在20世纪90年代的资本非正常流出问题，认为导致资本非正常流出的主要原因就是国内经济环境和制度性交易成本过高。杨海珍（2005）认为，我国非正常流出资本的主要来源是外商直接投资，而且在很大程度上属于"过渡性资本外逃"。从以上研究能够看出，影响资本流动的因素是多元的、复杂的，包括全球经济风险、经济增长潜力、美联储的利率政策等全球性因素，也包括国际贸易与收支等传染性因素，还包括国内金融市场开放程度、利率状况、财政及债务风险、经济形势和政治稳定安全等国内因素。资本流动（包括资本非正常流动）往往是上述因素综合影响的结果。

（二）关于资本流动影响金融安全的研究综述

资本非正常流出是金融危机暴发的助推器和导火索，会对一国的经济金融安全带来严重的冲击和影响。Cuddington（1986）的研究认为，资本非正常流出最显著的效应就是降低国内投资水平和经济增长率，大多数学者和政府官员都同意Cuddington的观点。Rodriques（1987）的研究认为，发展中国家资本非正常流出会降低储蓄，使投资项目难以获得资金支持，进而导致外汇储备大量减少，政府被迫降低进口以保持国际收支平衡，而这些政策又会进一步降低投资和产出水平。显而易见，在出现资本非正常流出的情形之后，外汇储备就会减少，经济增长所必需的关键进口设备和原材料就难以获得，经济增长就会受到影响。从国内学者的研究来看，胡逸闻和戴淑庚（2015）指出，随着开放的深入，资本账户管制政策的强度有所下降，同时借此不断扩大的国际资本流动规模对宏观经济稳定造成冲击。

陈卫东和王有鑫（2016）的研究认为，跨境资本流动可能引发投机性资本大进大出或急进急出，加剧国内宏观经济波动，威胁国家金融安全。余永定（2017）认为，近几年我国资本外逃的情况应该是相当严重的，绝不能对资本外逃现象掉以轻心，资本外逃问题的解决有赖于我国经济体制、金融体系和汇率体制改革的进一步深化。肖卫国和兰晓梅（2017）的研究认为，我国中央银行应从根本上实现人民币汇率预期的稳定，进而缓解汇率波动对跨境资本流动的冲击。绝大多数学者已经注意到了资本外逃对经济金融安全的负面影响，资本外逃极有可能在新兴市场国家形成一个巨大的安全隐患，尤其要防范它在某些时候恶化的可能性。本章研究的目的是在中美贸易摩擦这个大背景下如何维护我国经济金融安全。在这一背景下，全球投资者的避险情绪会上升，部分对我国持悲观态度的投资者就有可能追逐美国国债等更安全的资产，导致资本回流美国。基于此，中美贸易摩擦持续升温会增加资本流动的不确定性，出现资本非正常流出的问题。

二、中美贸易摩擦背景下我国资本流动状况分析

自 2018 年以来，世界经济受全球贸易摩擦和金融环境变化等的影响，下行风险有所增加，同步性有所减弱，主要发达经济体和新兴市场经济体货币政策继续分化，外部环境的不稳定不确定因素明显增多。就我国来看，经济运行稳中有变、变中有忧，外部环境复杂严峻，人民币汇率双向浮动弹性增强，跨境资金流动总体稳定但仍需提高警惕。

（一）基于人民币汇率角度的分析

2018 年上半年，美元指数走强，新兴市场经济体货币多数走弱，JP Morgan 新兴市场货币指数下跌 7.3%，以阿根廷、土耳其为代表的部分新兴经济体面临新一轮动荡。受美元指数走强和中美贸易摩擦的影响，人民币汇率有所贬值。为稳定市场预期，维护外汇市场平稳运行，中央银行采取了一系列有针对性的措施，包括加强与市场沟通、重启远期售汇风险准备金政策、重启中间价报价逆周期因子等。这些措施使市场预期基本平稳，

人民币汇率在合理均衡水平上保持基本稳定。2018 年 6 月底，人民币对美元汇率中间价为 6.6166 元 / 美元，较 2017 年底贬值 1.2%，人民币在全球范围仍属稳定货币。从短期来看，影响我国企业和居民结售汇行为的因素，主要是人民币兑美元汇率升贬值预期的变化。通过比较人民币兑美元升贬值预期与企业居民的结售汇差额的历史数据，我们发现，人民币贬值预期越强，结售汇逆差越大。就当前经济金融形势来看，人民币汇率对一篮子汇率将保持稳定，人民币单边大幅贬值的概率较低。一是从经济基本面来看，自 2015 年以来的人民币汇率贬值压力是我国经济结构失衡、资产泡沫风险与美元大幅走强等因素的集中反映，由此引发了资本外流与人民币贬值循环预期。随着我国供给侧改革的持续推进，我国经济韧性和可持续性会逐步增强，为人民币汇率稳定奠定坚实基础。二是从宏观经济风险来看，政府一系列防风险、强监管及"三去一降一补"的政策促使我国宏观经济风险下降，防风险攻坚战已经取得成效。同时，房地产泡沫风险得到有效遏制，影子银行受到有效监管，宏观经济杠杆率趋于稳定。三是从市场对人民币汇率预期来看，由于监管层加强预期引导和对跨境资本流动的审慎监管，市场预期总体稳定，跨境资本流动趋于平衡。因此，在可预期的未来，随着供给侧结构性改革的推进和产业结构的不断升级，我国经济迈向高质量发展的趋势将为人民币汇率的中长期稳定创造良好条件，进而会增强对国际资本的吸引力，有效抑制资本非正常流出。

（二）基于国际直接投资（FDI）角度的分析

按国际收支统计口径，2018 年上半年，我国直接投资顺差 798 亿美元，同比扩大 4.7 倍。其中，我国对外直接投资净流出 458 亿美元，同比增加 12%；境外对我国直接投资净流入 1256 亿美元，增加 1.3 倍。FDI 活动的相对活跃对于我国跨境资本流动形势的稳定起到了重要作用。虽然近几年来我国经济增速在平缓下行，尤其是自 2018 年以来中美贸易摩擦的不断升温为我国的出口及经济增长蒙上了一层阴影，但无论从新设立的外资企业数量还是从实际使用 FDI 金额的同比增速来看，2018 年外商直接投资情况仍比 2017 年出现了明显的改善。这与我国目前一直在推行的"将开放的大门越开越大"的政策有着密切的关系。我国自 2018 年以来直接投资项的结售汇差额维持了顺差的状态，对整体结售汇数据起到了正面的支撑作用。

（三）基于外汇储备角度的分析

截至 2018 年 6 月底，我国外汇储备余额为 31121 亿美元，较 2017 年同期余额上升 553 亿美元。主要原因是境外主体来华投资增长加快。2018 年上半年，外国来华直接投资、证券投资和其他投资等净流入 2940 亿美元，较上年同期增长 45%，为 2012 年以来同期最高水平。主要由于我国扩大对外开放相关措施连续推进，国内营商环境不断改善，金融市场开放程度进一步提高，所以境外主体更加积极地投资境内市场。自 2018 年以来，无论是第一季度经常账户、非储备性质金融账户"一逆一顺"的平衡状态，还是第二季度经常账户小幅顺差、非储备性质金融账户持续顺差的情形，我国外汇储备均保持基本稳定，说明我国国际收支交易实现了自我调节、自主平衡，体现了国内经济保持稳定、对外开放逐步深化、人民币汇率市场化形成机制进一步完善的积极效果。

（四）基于利率平价角度的分析

我国在新兴经济体的名义利差和超额利差[1]均处于中等水平，因此从整体上看，我国资金流出压力可能不会太大，但与以前的情况相比，在边际上资金流出压力可能有所增加。过去由于我国资本项目未完全开放，资金流动受限，导致我国利率平价的情况并不明显，人民币汇率对冲成本与中美利差的相关性较低。然而，自 2015 年以来，中美利差与人民币汇率对冲成本出现了走势吻合的情况，意味着利差变动对资金流动的影响加大。虽然我国的利率水平高于一般发达国家，但我国的存款利率一直受到严格的

---

[1] 这里的超额利差是在扣除汇率对冲成本之后的利差。

管制，处于较低的水平。在这种情形下，本轮美联储的加息政策会让美国成为全球最具吸引力的投资目的地。

（五）基于误差遗漏项角度的分析

从 2017 年第一季度至 2018 年第一季度，我国误差遗漏项保持在 2449 亿元至 4375 亿元的高位。我国现在实行较为严格的资本项目管制，一部分资金会绕开监管流向国外，这一部分很可能反映在国际收支平衡表中的误差与遗漏项下。由此可见，我国确实存在一定的资本非正常流出的风险。在我国的对外投资中，有一定量的投资处于官方管理之外，它们是资本非正常流出的一个重要渠道。一些企业在对外投资过程中改变投资方向和投资计划，隐瞒、截留境外投资收益和溢价收入，用于再投资，将资金滞留于境外。此外还存在一些"旁门左道"，如地下钱庄等。

总体来看，在这次中美贸易摩擦中，资本非正常流出尽管对我国的经济社会产生了一定的负面效应，但并未产生严重的灾难性后果。我国既没有出现外汇储备的大幅度减少，也没有产生金融危机；既没有出现外资大量撤离我国，也没有出现经济增长的停滞。究其原因，一是我国经济基本面良好的态势没有发生改变。尽管我国经济面临较大下行压力，中美贸易摩擦导致外部环境复杂严峻，但我国发展仍处于并将长期处于重要战略机遇期，我国仍然是世界上最具回报的投资热土。二是宏观调控政策准确到位。我国宏观政策更加强化逆周期调节，通过实施积极的财政政策和稳健的货币政策，实现了稳定总需求的目标。三是供给侧结构性改革已经初见成效。"三去一降一补"使更多产能过剩行业加快出清，各类营商成本大幅度降低，基础设施等领域补短板力度继续加大，培育和发展新的产业集群的目标吸引着大量资本的进入。四是国际收支没有出现严重失衡。相当比例的非正常流出资本又以 FDI 的形式流回我国，"过渡性资本非正常流出"并未从总体上对我国国际收支平衡构成较大影响。我国中央银行一直保持着一定数量的外汇储备，也保证了国际收支的平衡并维护了汇率的稳定。

三、我国资本非正常流出存在的风险隐患

中美贸易摩擦虽然没有导致我国出现大规模的资本非正常流出现象，也没有对我国经济造成灾难性、不可挽回的后果，但这绝不意味着资本非正常流出就是无足轻重的，绝不意味着我国可以放松警惕，绝不意味着中央银行可以没有忧患意识。资本非正常流出是一种政府无法直接控制的特殊经济现象，违背了政府的意愿，是个人利益同国家利益冲突的产物，当然会对一国的经济运行产生影响。当前中美贸易摩擦前景不明，持续升温的可能性依旧存在，个别投资者想方设法（包括采用非法的手段）将资本转移到国外，这对我国经济的长期稳定发展是非常不利的。如何创造一个更大更稳定的投资环境，让更多的国外资本进来，同时让国内资本更好地发挥作用，是学界当前亟须研究的一个重要问题。

经济发展需要大量的资本积累，非正常资本流出是一种反常的国内储蓄及外汇的输出，对经济增长、收入分配、财政及本国金融机构的发展都会产生极大的负面影响。在投资者有限理性的假定下，资本非正常流出这种行为会尽可能地达到投资者效用最大化的目标，但它会给流出国宏观经济带来巨大的负面效应。对宏观经济的决策者来说，资本非正常流出者是一个"非合作的"博弈者。中美贸易摩擦背景下的资本非正常流出是微观主体应对我国经济转型的一种理性选择，对于"经济人"来说能够达到规避风险、增加收益的目的。但是如果从政府角度考察资本非正常流出，就会发现它对宏观经济带来的不良经济效应。一般而言，微观利益主体同宏观经济导向的冲突越大，资本非正常流出的规模也就越大。本章的一个重要目的就是分析中美贸易摩擦中资本非正常流出带来的风险隐患，做到防患于未然。

（一）资本非正常流出对我国经济和金融安全构成潜在的威胁

资本非正常流出会降低经济潜在增长率和实际增长率。一方面，非正常资本流出在降低一国的储蓄水平之后，进而影响的就是投资能力，最终

传递到经济增长和就业水平。另一方面，非正常资本流出会使外汇出现缺口，如此只能通过减少进口、削减支出来恢复外部平衡，最终结果就是降低经济增长率。同时，资本非正常流出会增加金融市场的波动性，甚至导致金融危机的暴发。在许多情况下，非正常流出的资本又会形成短期逐利的游资"游"回来，从事高风险投资活动，严重干扰金融市场和外汇市场，干扰包括货币政策在内的宏观经济政策的稳定性，助长国内通货膨胀，并且增加中央银行稳定汇率的压力。如果这些"游资"不再返回国内，资本非正常流出对我国经济的负面影响可能会更大，如投资者信心出现危机、国内投资不足、金融市场动荡、人民币贬值、外汇资源流失等。墨西哥、阿根廷、巴西等国资本非正常流出的实践证明，大规模的资本非正常流出足以导致一国出现金融危机甚至经济危机。

（二）资本非正常流出严重扰乱利率和汇率市场化改革及资本项目开放的进程

资本的非正常流出直接导致的就是汇率的剧烈波动，此时如果中央银行为了稳定汇率，就必须动用外汇储备，导致外汇储备规模减小，进一步影响投资者信心，陷入恶性循环当中。因此，在中美贸易摩擦日趋激烈的背景下，如果我国不能采取有效的措施抑制资本非正常流出，利率市场化改革、汇率市场化改革和资本项目开放就无法取得实质性进展。一方面，在资本大规模流出的隐患下，贸然进行汇率市场化改革和开放资本项目会导致汇率的急剧贬值和资本的大量抽逃，显然不是一种稳妥的举措。只有有效控制资本非正常流出的各种因素之后，汇率市场化改革和资本账户的放开才能取得实质性进展。另一方面，利率市场化改革同样需要一个稳定的金融市场。否则，大规模的资本非正常流出将影响金融市场中资金价格的稳定。

（三）资本非正常流出增加了我国宏观经济政策调控的难度

资本非正常流出是以一种潜在的、隐蔽的形式进行的，这就使政府难以准确把握其流出的规模大小、去向、方式甚至存在的形式，为政府制定宏观经济政策带来了困难。资本非正常流出也是地下经济的一种重要形式，使经济管理部门可能对宏观经济产生错误的判断，从而将宏观经济带入更加不利的局面。一是影响货币政策的制定和实施。我国基础货币的发行很大比例来源于外汇占款，资本非正常流出导致货币发行制度受到破坏。二是影响外汇政策的制定和实施。在国际收支出现失衡时[1]，如果货币当局没能发现其原因是由于资本非正常流出导致的，就会采取贬值的措施。但这一措施的实施会导致该国货币进一步贬值，最终形成"资本外逃—贸易失衡—货币贬值—更大规模的资本外逃"的恶性循环。在这种情形下，认清失衡背后的本质是解决问题的关键。三是大大增强了我国面临"米德冲突"的可能性。货币政策为了维持汇率的稳定就要被动地在外汇市场上储备外汇投放人民币，再顾及资本非正常流出的问题，使货币政策和财政政策陷于左右为难的境地，增加国内外均衡目标实现的难度。

四、防范资本非正常流出的对策建议

趋利性是资本的天然特征，资本流动的基本动因是追求风险最小化和利润最大化。在金融资源全球配置的今天，一国政府不可能完全消除资本的非正常流出，但至少可以通过正确有效的措施减少资本的非正常流出，减轻资本非正常流出带来的不良效应，防范金融危机和经济危机暴发的可能性。因此本章对防范资本非正常流出的研究主要是从"稳外资"的视角进行的。

（一）进一步优化营商环境

优化营商环境是防范资本非正常流出的核心问题。在过去几年，我国的营商环境有了较大改善，但还有巨大的进步空间。在建立公开、开放、透明的市场规则方面，需要更大力度地降低制度性交易成本，深化"放管服"改革，最大限度地激发市场活力和创造性。在保护外资企业合法权益方

---

① 这里的贸易失衡是指由于采用进口高报价和出口低报价导致的经常项目失衡。

面，要给外资企业提供更好的法律权益保护，同时以较为宽松的政策让其实现更为稳定的经营业绩和更高的生产效率，提升外资企业进一步增资的信心。尤其是在中美贸易摩擦的冲击下，更要向全球投资者证明我国是一个法治稳定的投资场所，有理由成为外国企业投资的首选之地。在保护外资企业知识产权方面，要进一步加大知识产权保护力度，强化行政执法的监管，实现知识产权的严保护、大保护，做到不护短、讲公平，为外资企业创新发展、公平竞争提供更好的保障。营商环境是防范资本非正常流出的牛鼻子，优化营商环境就是解放生产力。

（二）要继续大幅减少外商投资准入限制

我国政府最近几年一直大幅度减少外商投资的准入限制，给外商投资提供了更广阔的市场空间，提供了更多投资机会。2018 年 7 月生效的外商投资负面清单，对比之前的负面清单，减少的比重在一半以上。在制造业领域，我国市场已高度开放，但金融、保险、医疗、教育及高技术研发服务业、公共服务等领域的开放仍有巨大空间。要通过修改相关法律，深入正确地推进负面清单管理制改革，将开放政策红利释放出来。当前负面清单管理制的正面影响尚未得到有效释放，原因主要在于负面清单相关规定与之前存在的涉及外商投资的法律法规无法衔接，或存在不一致，从而导致部分负面清单的对外开放承诺不能切实落地。因此，要将已经作出的放松市场准入的承诺落到实处。同时，对与推进负面清单管理制不一致的行政法规与规章及时进行清理，以加强法律法规的一致性，提高我国外资监管环境的透明度、可预测性和公平性。

（三）以我国巨大的市场机遇吸引外资

"家有梧桐树，自有凤来栖。"我国的"梧桐树"就是仍处于发展上升期，拥有 14 亿人口的消费市场，蕴含巨大的内需潜力，因此可以利用巨大的市场机遇吸引外资，充分发挥我国作为世界第一大消费市场的谈判力。2018 年，我国的社会零售总额有望超过美国成为世界第一大消费市场，此后仍将以美国市场 2~3 倍的速度增长，这对美国与其他发达国家是无法拒绝的诱惑，也是我国与世界最大的谈判力。只要我国有发展，各国投资者就一定会和我国进行合作。这个判断有利于我国保持战略定力，脚跟就会站得比较稳，就不会彷徨。更值得一提的是，随着我国人均收入水平不断提高，我国潜力巨大的消费市场正在升级，而且不断开放；不仅体量在扩张，结构也在快速升级。在很多领域，我国已经成为全球最大的市场。我国巨大的消费市场，以及我国政府不断扩大开放、优化营商环境、加大保护知识产权的努力，正是吸引跨国公司"用脚投票"的关键。

（四）打造国际合作新平台

我国应积极主动搭建产业界、金融界和地方经济与美对接的开放式平台，形成中美产业合作与双向投资的长效机制，有助于避免中美陷入"修昔底德陷阱"。一是做强做优做大自贸区。自贸区的建设要对标国际高标准市场的开放模式，赋予其更大改革自主权，使其成为国家级经济开发区、边境经济合作区和跨境经济合作区的开放平台。二是通过"一带一路"建设加强与其他国家的贸易投资合作，最大限度地抵消美国等国家的逆全球化政策对我国造成的资本非正常流出问题。三是通过建设有我国特色的主权财富基金，加快双边基金建设，搭建跨境投资平台，协同全球其他主权财富基金，发挥战略作用。按照共同出资、利益捆绑；共同管理、强强联合；交换比较优势、商业可行；合作共赢、可持续发展的四条原则，深入研究中美、中英、中日、中以、中巴等多个双边基金等方案，并依托双边基金，搭建双向产业合作平台。

（五）大力推进国内改革配合吸引外资的各项部署

党的十八届三中全会审议通过了《中共中央关于全面深化改革若干重大问题的决定》，目前基于吸引外资的视角，我国主要推动的改革领域包括以下三个方面。一是财税改革。客观上判断，美国税制改革有助于美国境外投资回流美国。我国同样需要更大力度的减税政策。减税政策要落到实处，要让群众有获得感。我国当前的减税政策并没有让企业普遍感受到税负的减少，甚至一些地方反而感到税负增加，这说明减税没有真正到位。

减税政策制定者要从人民的获得感的角度去改进政策。二是政府要真正地做到放权。行政审批改革的核心在于规则的清晰化和透明化，要明晰政府和市场的边界，强化社会监督，把权力关进制度的笼子。三是以建立现代企业制度为目标推动国企改革。国有资产监管部门真正实现从管企业到管资本的转变，可以适当降低或取消国企的补贴，实现国有企业、民营企业和外资企业平等竞争，做到"竞争中性"。

（六）建立防范资本非正常流出的监控机制

中美贸易摩擦变数很大，一旦某些表现不突出的因素被激化，资本非正常流出规模会迅速扩大。因此，需要建立资本非正常流出的预警机制，对资本非正常流出的规模、动向、影响进行全面了解和控制。一是设置针对经常项目的监控机制。关键是从根本上杜绝通过伪报价格的方式进行的资本转移。二是完善对资本与金融项目的监控机制。加强我国对外投资中的资本非正常流出的防范工作，规范企业对外投资的管理制度。三是严厉打击地下钱庄。对于以非法方式进行的资本非正常流出，应当竭力堵截，让这部分非正常来源的资产无法流到国外。

第六章

新冠肺炎疫情"黑天鹅"背景下
我国金融风险隐患及其防范

2020 年，新冠肺炎疫情"黑天鹅"突然来袭，给全球带来了极大的恐慌情绪。疫情造成的恐慌在第一时间传导给国际金融市场，全球金融机构面临的风险不断加大。新冠肺炎疫情不可避免地对我国社会和经济运行造成较大冲击，部分服务行业和中小企业经营困难，投资项目建设进度被延缓，内外经贸活动受到抑制，稳就业压力加大。新冠肺炎疫情发生以来，我国金融系统除了全力支持疫情防控和有序的复工复产、继续推进金融开放措施落地，不可避免地在不同程度上承受着经济下滑给金融稳定造成的压力。在新冠肺炎疫情"黑天鹅"到来之前，我国金融体系已经面临着全球经济下行压力加大、房地产信贷占比过高、地方政府债务雪球越滚越大、金融监管漏洞、个别银行不良贷款率上升等"灰犀牛"风险。新冠肺炎疫情之后企业复工复产的难度让受打击的产业链雪上加霜，实体经济的风险会以最快的速度传导到金融市场，增加系统性金融风险的防范压力。

新冠肺炎疫情"黑天鹅"对经济金融体系的影响力很难准确预测，疫情造成的经济并发症和伴随的金融风险应高度重视。多年来习惯于加杠杆投资、经营、消费的企业和个人，若发生现金流断裂，企业贷款的还本付息、个人住房按揭贷款的还款、信用卡还款等增大了银行的信贷风险。不仅如此，包括房地产市场、股票市场、外汇市场和债券市场等的金融市场会产生风险共振。为了维持金融稳定、积极应对金融风险、保持经济平稳增长，国家多部委出台了多项金融扶持政策，包括信贷投放、贷款展期、征信记录、不良容忍度、降息贴息等给予企业支持，加大金融支持实体经济的力度，保持宏观经济和金融市场流动性合理充裕，实现经济社会的可持续发展和金融市场的稳定。

全球之所以承受经济金融体系崩溃的压力，疫情仅仅是导火索，根源是长期以来积累的经济金融脆弱性。美欧国家过度依靠超宽松的货币政策、超低的利率和不断上升的债务杠杆使这一次市场危机成为偶然中的必然。在"灰犀牛"环绕的市场背景下，"黑天鹅"对市场的冲击力更强。表面上看，是新冠肺炎疫情这只"黑天鹅"冲击了全球金融市场和经济基本面，但根源是全球经济逆全球化、增长乏力、债务高企及资产泡沫的"灰犀牛"。"黑天鹅"事件很难预测，但脆弱性是可以衡量和判断的，没有"灰犀牛"的"配合"，"黑天鹅"扇不起大的风浪。新冠肺炎疫情入侵了很多国家，但金融体系稳健、金融脆弱性程度较低的国家暴发金融危机的概率要小得多。要应对"黑天鹅"事件的冲击，关键就是要反金融脆弱性，消除金融风险隐患点。

一、"黑天鹅"事件引发金融风险的理论综述

"经济文献中最为传统的主题就是金融危机。"[①] 金融危机的频繁发生，表明了金融脆弱性的存在。经济学对金融脆弱性问题的关注由来已久。从已有研究来看，有从宏观视角出发的金融脆弱性假说，也有从博弈论和信息经济学角度出发的微观金融脆弱性假说。本章在梳理早期金融脆弱性理论的基础上，从"灰犀牛"和"黑天鹅"两个视角对金融脆弱性进行理论探讨。

---

① 查理斯·P.金德尔伯格.经济过热、经济恐慌及经济崩溃：金融危机史［M］.朱隽，叶翔，译.北京：北京大学出版社，2000：1.

（一）早期的金融脆弱性理论

关于金融体系脆弱性问题的研究最早可以追溯到马克思。马克思认为，货币本身就有其特定脆弱性，这种脆弱性源自商品价格与价值的背离。马克思还认为金融得以存在的前提就是人们对商品的货币价值的信仰，金融不能脱离实体经济。金融危机的暴发是由于银行信用急剧膨胀脱离了产业发展，最终发展为信用危机。金融资本家的趋利心夺取了产业资本家的话语权，增加了金融资本的相对独立性，这就为货币信用的崩溃埋下了伏笔。

在1929—1933年的资本主义经济大危机之后，凯恩斯（1931）在《就业、利息和货币通论》中指出，危机的产生并不只是投资过度的问题，只要经济持续繁荣，新投资的收益就不会很低，即使利率上升，也不能阻止投资的增加。但当市场风向发生逆转，投资信心动摇，经济衰退就会开始。凯恩斯是从经济周期的角度分析投资环境与投资偏好之间的关系，创新之处在于引进了预期和不确定性。费雪（1933）同样认为银行体系的脆弱性与宏观经济周期密切相关，特别强调高杠杆是经济由盛转衰的转折点。费雪认为，在经济上升阶段，企业的经营效益和利润较高，现金流充裕，此时的企业为了获得更高利润会加大投资力度，投资的增加必然带来债务的增加，结果就是整个经济的杠杆率不断上升。一旦经济金融循环链条在某个环节出现问题，就会出现信用支付危机，债权人催收贷款和债务人低价抛售资产形成恶性循环，使经济陷入停滞和通货紧缩的状态，最终造成银行体系的内在脆弱性甚至金融危机。从马克思、凯恩斯和费雪的研究能够看出，早期对金融脆弱性的研究往往是与经济危机的发生和经济周期紧密联系在一起的。经济危机的暴发会导致货币信用危机，破坏整个经济体系的信用机制，这反过来进一步加深了经济危机的程度。

（二）"灰犀牛"视角下的金融脆弱性理论

金融脆弱性是金融的本质属性。从20世纪80年代的日本金融危机到90年代的亚洲金融危机，再到21世纪的国际金融危机和欧洲债务危机，金融脆弱性并未因金融的发展而消失。金融脆弱性问题成为金融研究的"常青树"，一直以来有大量的国内外学者对这个问题进行研究。Minsky（1982）提出的金融脆弱性假说为金融脆弱性理论提供了分析框架。该理论认为，在经济形势好的时候，金融机构的贷款条件会更加宽松，企业会积极利用这一有利条件扩大贷款和投资规模，金融机构和企业都会认为这种好的经济形势会一直持续下去，对未来有乐观的预期，但随着信贷规模的不断增大，金融的脆弱性也在不断积累，一旦经济形势发生扭转，由金融脆弱性引发的金融风险就会即刻显现出来，甚至暴发金融危机。金融脆弱性理论突出了投资在经济中的角色，强调金融在经济中的核心作用，认为金融的不稳定能直接导致经济的不稳定，揭示了银行体系脆弱性与经济周期间的密切关系。同时也强调经济周期不是源于外部冲击，而是源于内在波动，即经济金融周期是内生的，金融体系的脆弱性具有自发内生性。在 Minsky（1982）的研究之后，一些学者也对经济周期波动影响金融稳定这一问题进行了研究。Lindgren 等（1996）的研究认为金融危机与经济周期密切相关。D-Kunt 和 Maksimovic（1998）通过对多个国家的研究发现，金融危机更容易发生在经济衰退期。以上关于金融脆弱性的研究是以资本主义繁荣与萧条长期波动理论为基础，即经济的周期性波动成为金融动荡的根源。从这个意义上来说，金融危机是可以被预测或预警的，这就为"灰犀牛"理论奠定了理论基础。

"灰犀牛"理论是一张路线图，有助于我们从历次金融危机中汲取经验教训，并且把经验用到对未来的判断中，以避免金融危机的暴发；"灰犀牛"理论也是一套预警体系，能够提前为金融危机的到来做好准备。事实上，众多"黑天鹅"背后是不断汇聚的高概率的经济危机，如果连高概率的事件都无法防范，对低概率事件就更不知所措了。分析历次金融危机暴发的成因，大多都是"灰犀牛"性质的问题。不断升高的政府和企业债务、越来越复杂的金融衍生品、不断扩大的资产泡沫、越来越隐蔽的资金传导链条、靠发行货币带来的虚假市场繁荣等，极大地增加了相关国家遭受新一轮金融危机的可能性。"灰犀牛"事件是我们本应该看到但被忽略了的风险，也可能是有意忽视的风险。"灰犀牛"事件发出的信号并不是非常模糊的，但接受者往往更愿意忽略这些信号，更愿意忽视显而易见的风险。如果一个危险发出的信号非常明显，而且人们已经看到了危险的到来，那这种危险就不是"黑天鹅"性质的，而是"灰犀牛"性质的。

（三）"黑天鹅"视角下的金融脆弱性理论

Diamond 和 Dybvig（1983）提出的 DD 模型揭示了银行脆弱性的根源，即一旦因为某个事件发生恐慌，存款者的信心受到影响，就会产生对银行的挤兑。储户存在银行的资金是分散的、短期的、可以随时被赎回的，但作为银行资产的贷款是集中的、长期的、无法随时被赎回的，银行存在着非流动性资产对应流动性负债的内在缺陷。Bandt 和 Hartmann（2000）吸收了 Diamond 和 Dybvig（1983）的观点，认为银行资产负债结构特性决定了银行容易受到无法预测事件的冲击。从资产端来看，银行将吸收来的存款中的大部分给企业发放长期贷款；从负债端来看，银行按照大数法则，只留存款中的一小部分应付存款者的流动性需求。但有突发事件发生时，银行就会面临流动性困境。Houben 等（2004）的研究认为，金融的发展趋势让其更容易受到突发事件的影响和冲击，具体来看，一是金融业的扩张速度越来越快，在国民经济中的比例越来越高；二是金融的杠杆作用在实体经济中的作用越来越大；三是金融波动对全球经济的冲击力越来越强；四是金融体系由于金融衍生品和金融创新的快速发展变得越来越复杂。我国金融系统正经历着历史性变革，降低金融脆弱性、化解系统性金融风险的任务异常艰巨，尤其是在诸如新冠肺炎疫情等小概率"黑天鹅"事件冲击的背景下，加强对我国金融脆弱性的理论和实践研究迫在眉睫。

"黑天鹅"事件具有三个典型的特征：稀有性、强冲击性和不可预测性。"黑天鹅"事件都极其罕见、出乎意料，以致人们毫无防备、措手不及，因为大多数人无法意识到它的存在。尽管各个国家从未停止有计划地推动经济发展，但"黑天鹅随时可能降临"的市场增加了经济发展的不确定性。不可预期事件有着强大的影响力，甚至影响着社会生活中的一切。"黑天鹅"事件是无法预知的事件，任何人都不要奢望会预测到下一个"黑天鹅"事件，因为预测小概率事件，听起来很诱人，却是不可能做到的。从国际经验来看，新冠肺炎疫情暴发的概率极低，属于几十年甚至几百年一遇的事件，具备"黑天鹅"事件的典型特征。由于暴发概率非常小，在暴发之前没有人能预料到，所以在暴发之后，其对经济发展和金融安全的冲击是比较大的。

二、新冠肺炎疫情"黑天鹅"冲击全球经济金融市场

新冠肺炎疫情在全球的蔓延成为全球经济面临的新挑战，我国不可能独善其身，防范新冠肺炎疫情"黑天鹅"给我国经济金融体系造成的冲击，需要研判新冠肺炎疫情全球传播对全球经济和金融体系构成的潜在风险。

（一）全球股市大幅震荡引发系统性金融危机的风险

股票市场是经济的"晴雨表"，股票市场的大幅震荡意味着全球经济增长的不确定性在增强。自 2020 年 2 月以来，股票价格暴跌的风险在全球蔓延，这使全球股票市场集体"沦陷"。美国股票价格大幅下跌，10 天内四次触发熔断，恐慌指数超过 2008 年国际金融危机最高点。这次全球股市的暴跌与新冠肺炎疫情有着密切的关系，新冠肺炎疫情形势的严峻引发了欧美大多数国家股票市场的震荡，对全球产业链安全和金融稳定带来极大的影响。在股票市场大幅震荡的情形下，极易出现全球市场的恐慌性抛售，导致企业资产贬值进而资不抵债，甚至大型金融机构破产倒闭，金融系统性风险随之上升。

（二）全球陷入经济萧条的风险

本次新冠肺炎疫情很有可能导致全球经济大萧条，而不仅是经济衰退。与 2008 年国际金融危机不同的是，这不是由金融体系的问题导致整个宏观经济面临危机，而是疫情直接影响全球宏观经济体系，反过来使金融系统崩溃。首先，新冠肺炎疫情和石油价格大幅下滑带来的经济萧条，已经触发了欧美国家长达 10 年的牛市的崩盘。股票、债券的抛售在加剧，极有可能导致流动性危机和金融体系流动性枯竭，引发明斯基时刻，最终传

导至全球的实体经济。其次，随着欧美国家疫情的蔓延，全球的消费和出口会大幅降低，对全球的出口企业形成极大冲击，可能引发企业倒闭潮和员工失业潮。最后，新冠肺炎疫情可能使全球经济产出大幅下滑。餐饮行业、旅游行业、交通运输行业等服务行业都是断崖式下滑，实体经济没有需求，失业问题影响金融稳定，进而反过来影响企业和宏观经济，导致经济增长停滞。

（三）全球陷入超级量化宽松的风险

美联储在降息 100 个基点至零利率并实施 7000 亿美元的量化宽松之后，又将不限量按需买入美国国债和抵押贷款支持证券（MBS），并将回购报价利率设为零。美联储不断加大政策力度，从最后贷款人转变为最后购买者，通过真正的无限量化宽松为正在衰退的美国经济提供支撑。"零利率＋无限量化宽松"是一种非常规货币政策，通过增加基础货币为市场注入大量流动性，本质就是增印钞票。不仅是美联储，全球主要中央银行都开始实施宽松的货币政策，宽松手段不仅有降息，还有各种资产购买计划，目的就是让中央银行通过扩表向市场注入流动性。零利率甚至负利率的宽松货币政策有助于推动资金进入信贷市场，增加对企业贷款，促进企业投资，推动经济增长。同时，还可以让资金进入债券市场，推动债券收益率下行，降低企业融资成本。甚至可以让资金进入股票市场，稳定股票价格。但是，超宽松的货币政策历来都是金融危机的导火索，宽松货币政策催生出大量资产泡沫和金融风险之后，一旦货币紧缩，就陷入资产价格下跌、债务违约的恶性循环中，并从一个市场向整个金融市场扩散。因此，全球超宽松货币政策很有可能在赶走"黑天鹅"的过程中引来风险更大的"灰犀牛"。

三、新冠肺炎疫情背景下我国需要重点防范的金融风险隐患

我国从 2015 年开始推进供给侧结构性改革，通过"三去一降一补"，经济杠杆率明显下降，应对本次新冠肺炎疫情"黑天鹅"冲击的能力明显增

强。我国统筹疫情防控和复工复产工作取得了较大成就，为防范金融风险创造了最有力的保障。但在经济全球化和人类命运共同体的背景下，我国难以独善其身，新冠肺炎疫情全球大流行、金融市场全球大震荡和产业链全球大重塑将从各个领域对我国进行传导。这次新冠肺炎疫情对经济金融体系的破坏力还没有充分暴露出来，这就更需要我们提前做好应对全球经济金融危机的准备，对我国可能存在的金融风险隐患进行准确研判。

（一）房地产市场引发金融危机的隐患

房地产行业与金融行业高度相关。回顾历次金融危机，都与房地产市场价格崩溃有关。在我国，房地产信贷余额占总信贷余额的比重高达30%。因此，房地产市场的稳定关乎金融安全。从2019年下半年开始，房地产开发企业的资金链一直处在持续收紧的状态，整个市场持续调整，融资环境不再有利，部分房企偿债压力逐步增大，债务违约概率不断上升。2020年初的新冠肺炎疫情影响各行各业，新冠肺炎疫情的暴发几乎关闭了房地产交易市场，进一步加剧了房地产企业资金链紧张的局面。房地产行业的特点是高周转、高杠杆、高负债，资金的快速周转对房地产开发企业、房地产市场运行和房地产金融稳定都十分重要。新冠肺炎疫情影响房地产销售，对房地产开发企业的资金周转是巨大考验。新冠肺炎疫情暴发之后，我国楼市一夜之间进入零成交状态，这种冰点时刻是史无前例的。首先，是对房地产开发投资的影响。2020年第一季度，我国大部分地区的土地交易暂停，新开工项目受到较大影响，新冠肺炎疫情对房地产开发投资造成巨大冲击。其次，是对房地产销售的影响。房地产是资金密集型行业，在融资渠道逐步收紧的趋势下，销售回款成为房地产企业最重要的资金来源之一，占比高达40%。新冠肺炎疫情暴发导致售楼处停业，影响楼市销售，房地产企业面临债券到期的偿还压力，再融资难度加大，尤其是部分中小房地产企业，其本身在流动性和融资渠道上就有困难，遇上新冠肺炎疫情更是雪上加霜。在国际评级机构惠誉的评估中，27家房地产企业由于新冠肺炎疫情面临"中等风险"，1家面临"高风险"。同时，房地产企业债务到期更加剧了再融资压力，这种压力甚至不局限于中小房地产企业，高杠杆的大型房地产企业也在想方设法通过促销等手段缓解资金压力。最后，本次新冠肺炎疫情对楼市既有直接影响，又有间接影响。直接影响是导致购房需求延后，房地产企业面临流动性压力；间接影响是新冠肺炎疫情最终对经济、就业、居民收入及收入预期、消费信心等的影响。

（二）国际资本市场大幅震荡冲击我国股票市场的风险

我国资本市场是一个相对独立的市场，从历史经验来看，国际资本市场的震荡对我国资本市场的影响较小。新冠肺炎疫情在全球蔓延之后，欧美股票市场大幅震荡，我国股票市场表现相对稳定，没有出现剧烈波动，显示出了韧性。究其原因，一是我国A股市场价格本就处于低位，A股定价基本合理，我国有成为资本"避难国"的趋势，会吸引更多境外投资者。二是我国经济基本面向好，市场对我国经济继续稳定增长的预期没有改变。我国巨大的消费市场和完整的供应链体系让我国经济抵御风险的能力更强，而且宏观经济逆周期调节库"弹药"充足，复工复产在全国范围有序推进，但这绝不意味着我国资本市场可以高枕无忧。首先，在全球大规模抛售资产的影响下，我国股票市场难免受到波及。新冠肺炎疫情给美国股票市场带来的冲击和恐慌还没有达到顶峰，加之美国的新冠肺炎疫情防控措施远没有我国严格，因此经济下滑的时间可能更长。其次，从国内资本市场风险来看，第三产业受疫情冲击较大，餐饮、住宿、交通运输、娱乐业、旅游业、零售业等行业受到疫情影响较大，这些行业的盈利性和偿债能力下降，造成部分公司股价大幅跳水。同时，我国"三期叠加"问题依旧存在，刺激性政策的掣肘因素较多，不可能像2009年那样推出强刺激的措施。短期来看，股票市场的波动是不可避免的。最后，全球经济前景非常不乐观，我国经济虽然表现不错，但难免会受到全球经济整体下滑的影响。反映到微观企业，出口订单会受影响，盈利能力下降，最终会影响股票价格。

（三）外汇市场波动加大的风险

自2020年以来，尽管受到新冠肺炎疫情影响，但我国外汇市场总体平稳，这主要得益于我国抗击新冠肺炎疫情的战役取得了显著效果，新冠肺炎疫情高峰在我国已经过去。新冠肺炎疫情之初，全世界对我国都很恐慌，金融市场是反映实体经济最敏感的市场，人民币汇率在第一时间受到了冲击。2020年春节前，由于外贸形势严峻，加之新冠肺炎疫情的影响，做空人民币的势力导致人民币贬值压力加大。随着新冠肺炎疫情在全球的扩散和我国新冠肺炎疫情高峰逐渐过去，加之我国复工复产有序推进、经济活力快速恢复、经济发展形势向好，人民币有可能在全球外汇市场确立更大的优势。同时，由于我国国际收支和人民币外汇供求大体平衡，金融开放度提高，人民币国际化取得积极进展，国际资本对人民币资产配置的需求持续增强，因此人民币汇率总体平稳，外汇市场具有较强的韧性。即便如此，外汇市场风险隐患同样值得关注。我国外汇市场的弹性在增加，美元的不稳定会导致我国外汇市场波动幅度加大，进而使人民币汇率不稳定，而且人民币汇率波动是被动式调整，美联储货币政策导致人民币升值的压力和贬值的压力共同存在。从推动人民币汇率升值的因素来看，美国金融市场在疫情和油价下跌两只"黑天鹅"的冲击下反应强烈，美国股票价格和国债收益率连续大幅下跌，美国的恐慌情绪随之不断升温，美元随之同样出现下跌。即使美联储大幅降息50个基点，仍然无法控制美国金融市场的恐慌情绪，美元的传统避险货币地位受到严峻考验，人民币兑美元显著走强。随着疫情在全球的暴发，全球外汇市场可能出现抛售美元、美债，抢购黄金的局面，在全球数字化货币还未成熟的阶段，全球需要寻求新的"世界货币"，避险资金可能会选择人民币市场。同时，由于全球主要经济体中央银行都进入降息周期，我国与这些国家的利差进一步扩大，国际资金会更加看重人民币资产，人民币同样会成为避险货币。从推动人民币贬值的因素来看，随着全球市场避险情绪弥漫，VIX恐慌指数不断升高，美元作为传统的国际核心储备货币，又发挥了避险货币的功能，美元指数不断走强。

（四）债券市场违约风险加大

新冠肺炎疫情对我国经济造成较大的下行压力，尤其是2020年第一季度，经济增速出现了大幅度下滑。在全球经济下行压力加大、实行超低利率甚至负利率的国家越来越多的背景下，我国短期利率会下降，这会传导至债券市场，导致短期债券收益率下降，进一步使长期债券收益率下行。从债券市场存在的风险来看，第一，来自中小民营企业阶段性现金周转困难导致违约风险。中小民营企业在融资能力方面本来就存在较大弱势，近几年经常发生债券违约事件。在疫情的影响下，中小民营企业往往会出现业绩恶化、盈利能力削弱、利润总额下降的问题，这些问题造成企业信用评级下调，导致企业融资困难，最终因无法获得新的融资进行贷款本息偿付而违约。虽然国家紧急出台各种金融扶持企业的政策，但很难从根本上解决问题，尤其是到期偿还压力较大的企业。第二，工业企业、房地产企业违约风险加大。2019年经济下行压力加大，企业经营和融资环境更加困难，工业企业违约金额较大。同时，经济下行压力叠加房地产市场调控，部分房地产企业现金流紧张，导致行业违约金额增加。2020年导致经济下行压力增大的因素更多，新冠肺炎疫情加大部分企业生产经营的困难，资金周转困难的企业将遭遇偿债危机，同时一部分转型升级困难的企业将持续出清，债券市场的违约风险会有所上升。第三，地方政府债务风险不可忽视。新冠肺炎疫情一旦影响到土地价格，就会增加地方政府再融资的难度，进而加剧地方政府债务违约的风险，最终导致银行流动性危机。地方政府债务的风险在于总量大、增长率快和期限错配，并以银行贷款和信托融资为主要方式，地方债务的风险很大程度上集中在银行体系中，一旦出现违约，就可能成为银行危机的导火索。因此，地方政府债务危机的暴发必然会引发银行危机的暴发。

（五）金融机构面临盈利能力下降和不良贷款率上升的风险

本次新冠肺炎疫情直接冲击实体经济，进而影响金融机构的竞争力和金融安全。一方面，新冠肺炎疫情导致信贷需求下降。在正常年份银行出于早投放早受益的考虑，倾向于在第一季度多投放信贷，2019年第一季度新增人民币贷款5.81万亿元，占全年比重为35%。2020年第一季度，银行信贷投放由于新冠肺炎疫情冲击受到较大影响，企业复工复产困难在一定程度上降低了信贷需求，银行出于风险的考虑在信贷投放时会更加谨慎，总体上呈现出供需双弱的格局，降低了银行的盈利能力。另一方面，新冠肺炎疫情增加了银行不良贷款率上升的风险。受疫情冲击严重的地区和行业由于经营困难导致现金流短缺，降低了抗风险能力，尤其是部分中小微企业无法按时还本付息，出现一定数量的逾期，增加了银行的不良贷款率。从银行的消费贷款和按揭贷款来看，风险主要取决于客户的资质，现金流好、收入稳定的客户受新冠肺炎疫情冲击小，但弹性制薪酬员工、农民工等受到的影响比较大，这部分客户主要集中在中小银行。总体来看，经济基本面受到疫情冲击的压制，对银行信贷的需求和质量都造成影响，不良贷款率上升的风险增大，最终影响的程度取决于新冠肺炎疫情控制的效果和持续的时间。

（六）外部冲击影响我国经济金融各个领域

随着新冠肺炎疫情在全球扩散，全球金融市场恐慌情绪上升，新冠肺炎疫情给全球经济金融体系带来的不确定性增加。2020 年，大概率的事件是全球经济实现强劲增长的希望落空，经济增速会被新冠肺炎疫情拉低至2008 年国际金融危机以来的最低水平。全球经济增速大幅下滑必然会影响到我国经济，具体来看有以下风险点可能会对我国经济发展和金融稳定造成冲击。一是全球经济增速下滑导致我国出口下降。在过去的 20 年中，我国经济和全球经济的关系日益密切，我国不仅是消费大国，也是中间产品的主要供应国，全球约 20% 的中间产品来自我国，世界经济低迷必然影响我国中间产品的出口。二是美股下跌引发全球资本市场动荡。从美国经济自身基本面来看，股票价格确实存在虚高现象，宽松的货币政策早已透支了市场的预期，美国大选的不稳定性更增加了经济的不稳定性。美国股票市场的剧烈波动对美国经济造成的打击会引起全球经济震荡，全球股市和经济将陷入非常脆弱的状态。三是新欧债危机的风险。自 2009 年欧债危机以来，欧元区经济一直低迷。2020 年，欧元区经济可能因为欧洲各国的严重疫情重新陷入负增长，欧洲新冠肺炎疫情的快速蔓延有可能成为新一轮欧债危机的导火索，经济下行叠加市场恐慌会引发经济金融危机。四是美联储"大放水"的冲击。美联储连续推出量化宽松的货币政策，以应对美国金融市场自新冠肺炎疫情暴发以来的大幅震荡，但这些紧急举措无法阻止美国金融市场下跌的趋势，极大地影响我国外汇储备和美元资产的安全。

四、新冠肺炎疫情"黑天鹅"背景下防范金融风险的对策

就"黑天鹅"事件对我国金融安全造成的冲击来看，应对比预测更重要。"黑天鹅"事件的发生意味着风险急剧增加，有可能引发全面的经济金融危机。我国经济具有巨大的韧性和潜力，只要应对措施有效，就能将金融危机发生的概率降到最低，甚至转危为机，提高我国金融体系的安全性。

（一）加大宏观政策的逆周期调节力度

经济兴，金融兴。降低金融风险、防范金融危机暴发的釜底抽薪之策就是保持经济平稳发展。在新冠肺炎疫情"黑天鹅"的冲击下，稳定经济需要加大宏观政策的逆周期调节力度。财政政策要更加积极主动。财政贴息、大规模降费、缓缴税款等政策有助于企业渡过难关，阶段性、有针对性的减税降费政策增加了对复工复产企业的支持力度，加大转移支付力度、扩大地方政府专项债券发行规模确保了基本民生支出和重点领域支出。货币政策要更加灵活适度。及时通过公开市场操作来保持银行体系和货币市场流动性合理充裕，设立专项再贷款保障对抗击疫情重点企业的精准支持，应贷尽贷，应贷快贷。正常的降准降息是宏观政策逆周期调节的合理举措，以市场化的手段引导利率下行能够极大降低实体经济的资金成本。调整完善企业还款付息安排，加大贷款展期、续贷力度，适当减免小微企业贷款利息，加大金融支持力度，保障企业合理资金需求，做到"不抽贷、不断贷"，防止企业资金链断裂。政策性金融能够发挥"兜底"的作用，在商业金融不愿做、做不了和做不好的领域发挥更大的作用。

从投资方面来看，启动新一轮投资关键在"新"。之前的投资关注于"铁

公机"等硬基础设施,这些"旧投资"在人口流出地区已经过剩,再投资乘数效应和溢出效应不大。"新投资"应更多聚焦于人口流入的都市圈或城市群,因为它们的投资空间还很大,否则将制约这些地区的高质量发展。2019年,我国城镇化率为60.6%,发达国家平均约为80%,我国还有很大空间,而且城镇化的人口将更多流入长三角、粤港澳和京津冀等城市群,这些人口流入地区的轨道交通、城际铁路、教育、医疗等基础设施还存在较大短板,可以对这些地区实施新一轮的基础设施投资。"新投资"还要向软基础设施倾斜,包括物联网、互联网、云计算、大数据、人工智能和5G技术等。2019年,5G技术已正式进入商业阶段,2020年,积极推进5G设施在全国的普及。这种软基础设施会支撑我国从硬基础设施的连接走向软硬两个方面的连接,拓宽我国经济发展的空间;同时还是短期刺激有效需求和长期增加有效供给的结合点,更是我国经济跨越"中等收入陷阱"、守住增速底线、迈向高质量发展的发力点。

以补短板为抓手实现"六稳"。这次新冠肺炎疫情暴露出我国经济社会发展中存在着一些短板,2020年的经济工作重心就要围绕补短板和做好"六稳"工作展开,以补短板为抓手做好"六稳"工作。补齐公共卫生短板、基础设施短板、民生领域短板、金融领域短板和创新能力短板的过程,就是拉动经济增长的过程,就是实现"稳就业、稳金融、稳外贸、稳外资、稳投资、稳预期"的过程。以公共卫生短板为例,公共医疗服务不足,在平时表现为看病难和医患矛盾,在疫情暴发的特殊时期表现为恐慌。本次新冠肺炎疫情结束之后,从国家到各级地方政府将更加重视公共医疗设施建设。

(二)保持定力继续坚持"房住不炒"

房地产市场的稳定关乎金融稳定,在整个国民经济中所占比重较高,带动的上下游产业链较长,所以总的政策是既不能刺激,也不能刺破。一方面,"房住不炒"的指导思想是根据房地产市场运行的主要矛盾提出的,是防范化解房地产金融市场风险、破解房价居高不下对消费市场形成"挤压效应"的"釜底抽薪"之策,不宜轻易更改。为了应对新冠肺炎疫情影响而采取刺激房价的政策不利于经济可持续发展和经济结构的转型升级。另一方面，为了减缓新冠肺炎疫情对房地产企业造成的资金链压力，在融资方面可以考虑作出阶段性、边际上的调整，满足房地产企业的合理融资需求，避免房地产市场的震荡对金融市场产生较大的冲击。因此，当前政府应立足于稳房价而不是打压房价，目标是使房价既不大涨，也不大跌，维持在目前的水平上。当然，稳房价要把握好力度，不能颠覆市场的房价预期，避免出现房价大跌的现象，防范房价"硬着陆"引发的金融风险。美国 2007 年的次贷危机就是前车之鉴。在银行出现大量不良贷款、面临流动性风险的时候，即使收回大量的抵押房产，抵押的房产也无法通过变现来缓解银行的流动性紧缺困境。因此，政府打压房价应慎之又慎。即使有泡沫，消除泡沫的过程也只能循序渐进。只要房价不再上涨，假以时日房地产泡沫会不消自退。

（三）建设开放、透明、规范的资本市场

对于我国而言，建立一个既能降低金融风险，又能有效配置金融资源，还能让投资者分享经济增长财富效应的金融体系，对经济发展和金融安全至关重要。我国资本市场经过 30 年的发展，取得了很大成绩，但距离现代金融体系的目标还有差距，需要加大开放和改革的力度。一是要坚定不移地推进资本市场对外开放。随着我国金融业不断开放，A 股市场与国际资本市场的联动性逐步增强。在新冠肺炎疫情"黑天鹅"的影响下，美欧等国际资本市场出现了大幅震荡，必然会传导到我国 A 股市场。但新冠肺炎疫情不应改变资本市场开放的脚步，扩大资本市场双向开放是吸引长期资金投资的重要举措，A 股市场应努力成为全球投资者新的投资方向。尤其是在新冠肺炎疫情导致全球经济下行压力加大的背景下，我国新冠肺炎疫情防控成效显著，经济增长表现平稳，人民币资产正在成为全球资产的"避风港"，股票市场价格还有较大上升空间，我国资本市场成为海外资金寻找长线投资机会的最佳市场之一，推动资本市场双向开放有助于推动境外机构资金不断流入。二是加强资本市场透明度建设。透明度建设是规范资本市

场秩序的核心问题，信息的真实性和及时性是市场健康发展的基本保障。提高资本市场透明度能够有效降低供需双方的信息不对称问题，而上市公司的信息披露质量是维护市场透明度的基础。虚假信息、内幕交易和操纵市场损害了资本市场公开、公平和公正原则，需要加大处罚力度。三是建立强制分红制度。资本市场不仅仅是一个融资的场所，也是一个投资的场所，更是一个财富管理的场所，投资者理应分享企业发展带来的收益，只有如此，这个市场才是一个投资的市场，而不是一个投机的市场。

（四）以更加灵活的金融信贷政策支持企业渡过难关

本次新冠肺炎疫情"黑天鹅"首先冲击的是实体经济和微观企业，只要企业能够渡过难关，金融体系就是安全的。一是允许中小企业延期还款。对于还款困难的企业，银行根据企业的申请，充分考虑企业复工、复产和生产经营状况、企业实际偿还能力，给予企业一定期限的临时性延期还本付息安排，免收罚息。在实施过程中要有操作性、灵活性，具体可以采取等额本息、等本还款、不定期还款等方式，避免导致企业资金周转困难。同时，支持企业以应收账款、仓单和存货等开展质押融资。二是加大产业链资金支持。新冠肺炎疫情的蔓延对产业链上下游的企业影响较大，产业链条中一个环节"断点"就会影响整个产业链的安全。对此，鼓励银行直接对产业链上下游企业进行信贷支持。在上游企业拿到订单后即可到银行申请应收账款的融资，下游企业在提供仓单或存货后可申请质押融资，也可以基于订单进行预付款的融资。三是鼓励政策性银行、大型商业银行与民营银行合作，为小微企业精准"滴灌"。民营银行依靠互联网运营，其优势是有大量数据，劣势是吸收存款能力较弱。政策性银行和大型商业银行可对民营银行进行转贷款，给民营银行提供资金支持，利用好大数据优势，精准地为小微企业服务。

（五）推进人民币国际化，保障我国金融安全

从 2009 年跨境贸易人民币结算试点开始，人民币在贸易结算、金融交易和国际储备中的份额都有所提高，但和特别提款权（SDR）储备货币的

地位、维护我国金融稳定的要求相比，还存在较大提升空间。尤其是 2019 年，人民币在国际债券发行货币中占比、跨境支付货币中排名、贸易融资领域中占比较 2016 年有不同程度下降。自中美贸易摩擦以来，我国外部环境发生改变，美国长臂管辖和金融制裁的威胁加大，人民币国际化的紧迫性凸显，需分秒必争。当前，全球的经济金融背景是推进人民币国际化的有利时机，也是人民币深耕全球金融市场的有利时期。如果能够抓住机遇，人民币结算在全球支付结算中会出现大幅提升，人民币国际化有望出现加速阶段。一是为有关国家提供人民币金融支持。"一带一路"倡议是我国提出来的，相当一部分新冠肺炎疫情严重的国家都是"一带一路"关键节点国家，我国需提供必要的帮助，在此过程中为人民币国际化寻找机会。二是快速加大采用人民币计价的原油进口。我国可利用油价大幅下跌的机会，充分利用上海证券交易所的原油人民币计价期货等方式来加大原油进口，大力推动原油和铁矿石等大宗进口物资的人民币结算。三是加快推进上海国际金融中心的建设。上海拥有众多的中外资金融机构、完善而发达的金融基础设施，并能以我国经济和庞大的市场规模做支撑，能够成为世界领先的外汇交易中心。同时，随着我国债券市场、股票市场开放步伐的加大，相关指数被纳入国际指数，吸引了较多资本流入，上海也能够成为人民币金融资产的配置中心和跨境投融资服务中心。四是开展货币互换。在全球金融市场动荡的背景下，开展货币互换既能够消除市场恐慌、提振信心，又能够为跨境贸易提供便利、降低汇兑风险，是输出人民币的重要方式。五是重视人民币跨境支付系统（CIPS）的建设。建立 CIPS 的目的是集中渠道和资源，推动并全面整合跨境人民币结算业务。该系统将大幅提高我国金融稳定性和独立性，为人民币国际化提供重要支撑，是推动人民币国际化的重要基础设施。

第七章
地方政府债务风险探析

　　我国财政风险主要体现为地方政府债务风险。目前，学界对地方债发行的必要性及风险防范机制的建设等方面已经有了比较深入的研究。贾康等（2002）的研究认为，地方债能够加快地方基础设施建设并促进经济发展。宋绍智（2007）从现实依据的角度探讨了地方债发行的必要性，并就地方债发行的规模、监管和偿债机制等进行了研究。魏加宁（2009）指出，在控制风险方面，地方债优于银行贷款；在可控性方面，地方债优于地方政府隐性债务。朱太辉和魏加宁（2012）论证了地方债发行的金融学理论基础，指出了地方债发行的必要性。从以上学者的研究中能够看出，发行地方债的必要性毋庸置疑。但随着地方政府债务规模不断扩大，风险在急剧增加，对金融稳定和经济可持续发展构成较大威胁。地方政府债务风险如果不控制在一定的范围内，就极可能转变为中央政府的风险，影响国家经济安全。就地方政府债务风险的定义来看，中外学者众说纷纭。Alberto 和 Tabellini（1992）认为，地方政府债务风险分为两类：一类是由于债务扩张导致大量印钞进而引发通货膨胀的风险；另一类是债务增加引起债务违约进而影响政府信用的风险。近年来，国内学者对地方政府债务风险的关注也越来越多。马海涛和吕强（2004）的研究认为，地方政府债务的风险就是债务到期后无法偿还所导致的风险。韩增华（2011）认为，当前财政收入不足以支撑当前财政支出时就出现了地方政府债务风险。缪小林和伏润民

（2012）认为，债务出现超常规增长时就出现了债务风险。

地方政府债务风险暴发的结果不只是某个地区财政运行收不抵支，而且会传导到整个金融体系，形成从中央到地方的经济危机。因此，地方政府债务风险不仅包括无法偿债、难以兑付的风险，还包括影响金融稳定、经济发展及社会稳定的风险。一方面，地方债务规模过大使地方财政无法正常运转。地方政府债务规模过大，会极大增加地方政府还本付息的财政支出压力，影响财政运行的稳定性。另一方面，地方债务规模过大增加了暴发金融危机的概率。从统计数据来看，金融机构贷款在地方政府债务余额中占有较高比例，包括向地方融资平台的贷款和借款垫付等，这种做法使金融机构风险不断积累。

地方政府债务风险一旦暴发会带来严重的后果，如何防范成为一个重大的现实问题。在这方面，贾康（2009）认为，解决地方政府债务问题，总的思路是"治存量、开前门、关后门、修围墙"，目的是打造"阳光融资"的地方债发行制度。针对地方政府创新的各种各样的融资手段，缪小林（2015）的研究指出，通过PPP防范地方政府债务存在的问题，即没有考虑债务配置效率。就我国情况而言，从显性债务率和显性负债率来看，我国地方政府债务规模仍在安全区域内，但加上隐性债务后，就超过了国际认可的警戒线。由此可见，目前关于地方政府债务风险的判断尚未达成共识。本章试图从整体上更为精确、全面地把握我国地方政府债务的风险状况，分析地方政府债务扩张原因和存在的隐患，最后提出防范地方政府债务风险的对策建议。

一、我国地方政府债务现状

自2011年以来，国务院有关部门和地方政府出台多项制度，规范和加强地方政府债务管理。财政部完善了地方政府债券发行相关管理办法，组织清理规范了地方政府融资平台公司，建立了地方政府债务统计报告制度，动态监控地方政府债务情况。截至2018年10月底，全国地方政府债务余额为184043亿元，限额为209974亿元，政府债务限额内未使用余额为25931亿元（见图7-1）。自2015年新《预算法》颁布以来，地方政府显性债务全部纳入预算管理，合法举债方式只限发行地方政府债券。

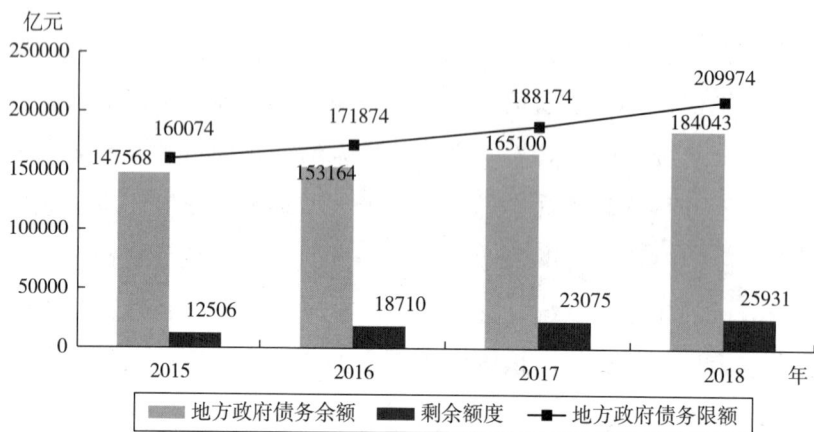

图 7-1 地方政府债务余额与限额

（资料来源：财政部）

我国地方政府债务从举借主体来看，主要包括融资平台公司、政府部门和机构、经费补助事业单位等。从债务资金来源来看，主要包括银行贷款、BT、发行债券等。从债务资金投向来看，主要用于基础设施建设和公益性项目，包括市政建设、土地收储、交通运输、保障性住房、教科文卫、农林水利、生态建设等基础性、公益性项目的支出。仅就显性地方政府债务风险而言，无论是此前的城投债，还是 2015 年以后的地方政府债，我国当前没有地方政府债务的违约案例。从国际比较的结果来看，我国地方政府的债务风险整体处于较为可控的水平。

《国务院关于加强地方政府性债务管理的意见》（国发〔2014〕43 号）要求规范地方政府债务管理，防范化解财政风险。其中，提到赋予地方政府适度举债的权限，不得突破批准的限额，剥离融资平台公司政府融资职能，且明确地方政府债务为纳入一般公共预算的一般债及政府性基金预算的专项债。随后，财政部印发《地方政府存量债务纳入预算管理清理甄别办法》，厘清了截至 2014 年底的地方负有偿还责任的隐性债务，并做了相应的置换处理。

对地方政府隐性债务规模的估算有多种方法，主要包括直接法和间接法。审计署运用的是直接法，将地方政府债务划分为政府有偿还责任的债务、政府负有担保责任的债务和政府可能承担一定救助责任的债务，依照"见账、见人、见物、逐项审核"的原则摸底地方债务。部分研究将地方政府债务分为显性债务和隐性债务，分类估算求值。虽然上述的直接法直截了当地计算政府债务，测算方式简单易懂，但地方政府债务结构分散、隐蔽性强，存在估算遗漏现象。比如，相当一部分地方政府存在依托国企绕开监管储资举债的现象，单纯将隐性债务划分为地方政府融资平台发债、银行贷款、非标融资及名股实债的 PPP 项目等，无法完全覆盖现存债务。间接法从地方政府投资端入手，依托"支出 = 收入"等式，判断资金运用总额后，扣除政府自有资金得政府各年举债额，每年加总求出债务存量。现有研究中此类方法运用相对较少。相较直接法，间接法资金用途更容易确定，可避免债务划分不清的问题，数据更容易获得，更具操作性。

　　间接法从资金运用端入手，由于地方政府举债主要用于地方基础设施投资，将地方基础设施建设投资额（基建投资）减去中央项目下的基础设施投资额，作为地方政府资金支出总额。从资金来源端来看，地方政府基建资金大多由预算内资金、基建收入和政府债务融资筹得，由此建立如下公式定义各年地方政府债务：地方政府债务 = 基建投资 – 中央项目下的基建投资 – 预算内基建投资资金 – 基建投资收入；地方政府隐性债务 = 基建投资 – 中央项目下的基建投资 – 预算内基建投资资金 – 基建投资收入 – 地方政府债。太平洋证券最终的估算结果显示，2017 年全国地方政府债务总额高达 549884 亿元。其中，显性债务总额为 164706 亿元，占比为 30%；隐性债务总额为 385178 亿元，占比为 70%，为显性债务的 2.3 倍[①]。

二、我国地方政府债务扩张原因分析

　　我国地方政府债务扩张不是偶然，从我国的财政管理体制、政府在经

---

① 资料来源：太平洋证券《从省级到市级的地方政府隐性债务测算》，2018 年 8 月 29 日。

济发展中所发挥作用和政府行为及债务管理等方面，可以看到其内在原因。

（一）基于财政管理体制的视角

从财政体制来看，地方政府财权和事权的不匹配是地方政府债务扩张的根本原因。郭琳（2001）指出，我国地方政府债务风险主要是由财政体制的缺陷引发的。贾康等（2010）认为，分税制改革积极的一面是规范了收入分配，但不完善的一面就是造成地方政府财权和事权不匹配，地方政府大量举债源于巨大的支出压力。蔡玉（2011）指出，在财权和事权不明晰的背景下，地方政府只能靠借债来配合中央政府的宏观调控政策。余应敏（2018）实证检验审计监督、财政分权对地方政府债务风险的影响，得出的研究结论发现地方政府债务风险与财政分权程度呈正相关关系，与审计监督力度呈负相关关系。我国分税制改革后，地方财政收入在全国财政收入中的比重不断降低，但地方财政支出的比重则是逐年扩大。自 2008 年以来，地方财政收入占全国总收入比重尽管有所提升，但基本在 60% 以下，而地方财政支出占比基本在 75% 以上。财权和事权的不匹配使地方政府承受较大的资金压力。地方政府承担着较大的事权意味着需要更大的财力支撑，在收入有限的现状下，只能借助债务融资。同时，在《预算法》修改之前，"地方各级政府预算按量入为出、收支平衡的原则编制，不列赤字；除法律和国务院另有规定外，地方政府不得发行地方政府债券"的规定，使地方政府预算内合法的、阳光下的融资渠道被堵截。一方面是融资压力，另一方面是融资渠道受限，使国际金融危机后在刺激性财政政策的风口下，地方政府债务尤其是隐性债务开始不断生长。

（二）基于政府在经济发展中所发挥作用的视角

政府在推动经济发展过程中发挥着重要的作用，这里的政府包括中央政府和地方政府。Hildreth 和 Miller（2002）证明了地方政府债务和经济发展之间相互促进的关系，一方面政府债务规模的扩大有利于拉动经济增长，另一方面经济的发展更有利于政府借债。Islam 和 Hasan（2007）以美国为例，证明地方政府债务能够带来资本积累和经济增长。在国内，呼显岗（2004）认为，由于政府过度干预，使本该由市场承担的风险转换为由政府承担的债务风险。曹信邦等（2005）证明了经济发展与政府债务之间存在高度的正相关关系。于海峰（2009）认为，"以政府替代市场的投资行为"是导致地方债规模急剧增加的重要原因。我国的地方政府除了承担公共服务职能，还承担了较多的经济职能，如 GDP 增长、招商引资等，从而催生了地方融资平台这种具备企业和准政府机构双重特征的产物。融资平台在推动地方经济发展过程中发挥了不可替代的作用，地方经济对融资平台的依赖性难以解除。我国的投资活动对于经济增长一直起着非常重要的拉动作用，固定资产投资占 GDP 比重从 2009 年以来一直高于 60%，2015 年甚至高达 81.5%；从投资结构来看，以基建、房地产及制造业活动为主。如果基建投资、房地产投资增速放缓，地方经济发展增速也将受影响。

（三）基于政府行为及债务管理的视角

Bienvenido（2008）认为，政府的不负责任是导致地方政府债务急剧膨胀的主要原因，新上任的政府官员往往不愿意勒紧裤腰带去偿还前任欠下的债务，只会将债务"雪球"越滚越大，一部分用于偿还之前的债务，另一部分用于创造自己的政绩。Levine（2011）提出应将优良的债务管理制度运用到对政府的信用评级体系中，从而起到约束地方政府举债冲动的作用。在国内，刘尚希和赵全厚（2002）认为，政府以公共产品提供者和普通经济体的双重身份决定了其在发行债务过程中有理性的一面，也有非理性的一面。王晓光和高淑东（2005）认为，我国地方政府债务激增的原因是缺乏有效的预警机制和约束机制。王叙果（2014）认为，地方政府过度负债的主要根源是财政分权和我国官员的晋升制度。从公民和政府的关系来看，公民是委托人，政府是代理人，而对地方政府的考核主要是 GDP，这就会造成代理人为了追求政绩和个人升迁而损害委托人利益的状况。同时，地方政府在追求政绩的过程中也创造了大量寻租的机会。因此，如果缺乏债务规模的约束机制、管理机制和偿还机制，地方债的规模就会继续增大，风险会进一步增加。

（四）地方政府债务预算软约束

预算软约束集中表现在投资时漠视资本价格和成本约束，陷入财务困境时期望得到救助。地方GDP"锦标赛"及官员激励机制、中央和地方财权与事权不匹配等体制问题，使这一顽疾变本加厉。近年来，对于违规举债的地方官员也有零星的、轻微的处分，但相对于因GDP政绩获得提拔的前景来说，受到处分的概率微乎其微，地方官员不难作出"理性"取舍。在各项指标考核和激励下的地方政府，只能通过大肆举债把GDP提上去，却无法顾及债务规模"滚雪球"似地不断扩张所带来的严重后果，结果就是债务"雪球"在新官旧官间"击鼓传花"。债务置换是短期内不得已的选择，但无法阻止债务"雪球"越滚越大。虽然中央政府一再表态"谁家的孩子谁抱走"，不对地方政府债务兜底，但其可信性并不高，地方政府也不相信风险暴发之后中央政府会坐视不管，因为关乎经济社会的稳定。深挖地方政府预算软约束背后的原因，一方面在于各级政府的权力授予、运用、约束机制与国家治理体系现代化的要求相去甚远，一级政府、一级财政、一级预算、一级举债体系的架构尚未理顺。另一方面在于政府与市场的关系尚未理顺。政府主体与市场主体边界不清，导致地方政府债务边界不清，进而就是预算软约束，出了问题只能由政府兜底。

三、我国地方政府债务风险隐患分析

地方政府债务规模扩张及风险积累，是我国经济发展过程中的阶段性产物，目前管理措施正逐步规范。与国际比较而言，我国政府债务率指标并不高，债务风险总体较为可控。但需要注意的是，除了显性的地方政府债务，我国地方政府隐性债务近年来有所抬头，包括违法违规举债担保、明股实债及政府购买服务变相融资等，构成我国地方政府债务重要的潜在风险点。

（一）基于债务率和负债率对 2017 年底地方政府债务情况的分析[①]

一是从债务率来看，2017 年，全国地方政府显性债务率达 83.22%，低于国际通用的 100% 的警戒线，显性债务率仍处于相对合理水平，但叠加隐性债务后，全国地方政府总债务债务率为 277.83%[②]，远高于 100% 的警戒线。从地区来看，债务率由高到低依次为西部、中部和东部。因此，当前的地方政府债务若完全由地方承担的话，地方政府偿债压力可能过大，尤其是西部地区偿债压力最大。二是从负债率来看，全国地方政府显性债务负债率为 19.25%，远低于《马斯特里赫特条约》规定的 60%。叠加隐性债务后，全国总债务负债率为 64.28%[③]，高于 60% 的警戒线[④]。三是从地方政府综合财力来看，广东、江苏、浙江、山东等省的综合财力排名靠前，且债务率相对较低，地方政府债务风险整体较低；贵州、辽宁、内蒙古等省区的综合财力在中游，但债务率水平在高位，地方政府债务风险更值得关注，西藏自治区的综合财力和债务率均较低（见图 7-2）。

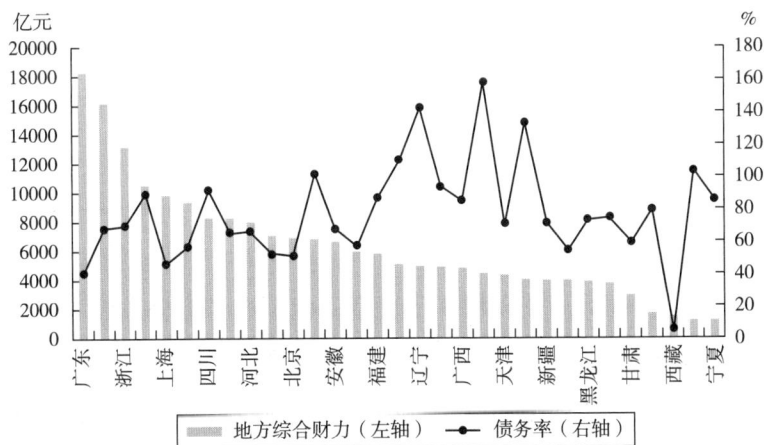

图 7-2　地方综合财力和债务率

（资料来源：根据 Wind 资讯、新世纪评级整理）

[①] 债务率 = 地方政府债务余额 / 当年政府综合财力；负债率 = 地方政府债务余额 / 各地 GDP。

[②] 资料来源：太平洋证券《从省级到市级的地方政府隐性债务测算》，2018 年 8 月 29 日。

[③] 资料来源：太平洋证券《从省级到市级的地方政府隐性债务测算》，2018 年 8 月 29 日。

[④] 以上计算数据不包括中央政府负债。

（二）地方政府隐性债务风险不容忽视

违规举债、变相举债形成了大量的、没有纳入限额管理的地方政府隐性债务。地方政府隐性债务由于不透明，当前还难以估计其具体规模，成为地方政府债务的重要潜在风险点。一是政府违法违规举债担保[①]。当前，部分省市违法、违规举债担保的形式主要有以下几类：财政部门为相关单位融资出具承诺函，把相关政府债务纳入财政预算；政府部门向企事业单位违规发行理财产品融资；利用政府购买服务违法违规举债担保；政府部门作为借款主体直接违规融资；政府部门通过国有企业融资违规举债；置换债务资金被滥用，将用于置换存量债务的地方债收入用于偿还其他债务等。二是PPP违规操作。PPP在实际运行过程中，出现了以债务性资金冲抵资本金、名股实债、政府承诺回购、承诺保底收益、政府支出责任超限及运营内容超出范围等问题，增加了政府的隐性债务风险。三是政府购买服务变相融资。部分地方出现了将基建工程包装成政府购买服务向金融机构融资，或者违背先预算后购买的要求，在无预算的情况下增加了政府支出风险。

（三）刚兑可能被打破的城投债务风险

地方融资平台分为仍按平台管理类和退出为一般公司类。从当前的融资渠道来看，前者作为平台接受平台管理，不得新增任何贷款；后者实现整改退出，将可以按照商业化条件举借新增，但不得举借公益性、保障房类等政府债务。在城投债全部完成存量政府债务置换后，退出平台的城投企业将彻底商业化，未来融资能力与整改退出进度及自身的造血能力直接相关；那些还未退出名单但融资又受限的平台企业，其自身商业化能力可能也较为有限，债务偿付可能面临较大的压力，城投债违约概率因此可能提高。

[①]《预算法》第三十五条规定：地方政府举借债务一律通过发行地方政府债券方式筹措，除此以外地方政府及其所属部门不得以任何方式举借债务；除法律另有规定外，地方政府及其所属部门不得为任何单位和个人的债务以任何方式提供担保。

（四）地方政府债务形式多元化、复杂化

早期地方政府主要通过发行地方债、银行贷款等途径进行融资，但地方政府债务额度有限，平台表内贷款也有限制。为了躲避监管要求同时又满足地方经济发展需求，平台非标融资规模快速发展，派生出了产业基金等多种形式的举债方式。平台融资形式多样化的过程中伴随着复杂化，加大债务穿透难度。

（五）政策"硬着陆"易引发系统风险

从 1967 家融资平台的现金流覆盖债务本息比例来看，全覆盖及基本覆盖类的有 1186 家，占比近 60%；但无法覆盖的融资平台有 407 家，相应的有息负债规模约为 5 万亿元[①]。如果出台强硬的监管政策，这些存在偿付困难的平台极有可能发生流动性风险，对经济发展带来一定负面影响。最近几年，审计署、财政部和地方政府纷纷表态，采取各种监管措施，加大对地方政府债务的监管力度。但严监管下极有可能出现同步震荡的结果。一方面，地方政府隐性融资渠道在收紧；另一方面，地方政府经济下行压力依然较大，进而凸显地方政府偿债压力，极易引发系统性风险。

（六）对土地财政依赖严重

房价过快上涨不利于我国经济转型和现代化经济体系建设，所以"房子是用来住的，不是用来炒的"的基本理念会继续在房地产市场得到贯彻。在这种背景之下，房地产市场的管理和调控会日趋严格，地方政府赖以依靠的土地财政模式将难以为继。据调查，相当一部分地方政府都承诺将土地出让金作为偿债资金。一旦房地产价格出现下滑，土地出让金必然会大幅度减少，地方政府的承诺会难以兑现，债务违约将不可避免。

[①] 资料来源：中银国际证券《地方政府债务专题报告》，2018 年 8 月 20 日。

四、防范地方政府债务风险的对策建议

打好防范化解重大风险攻坚战，重点是防控金融风险。地方政府隐性债务风险防控，关系到地方财政稳健运行和实体经济健康发展，关系到金融市场稳定和经济社会发展大局。地方政府隐性债务风险带来的经济后果不局限于其本身，将造成多方位风险的联动。其中，地方政府隐性债务风险与金融风险之间由于关联性，形成了螺旋效应，极易牵一发而动全身。经过多年努力，我国从 2011 年开始在广东、浙江、上海及深圳等试点地区允许地方政府自主发债。这一步的跨出蕴含着重要的历史意义和现实意义，可谓一石二鸟：一方面，有助于地方隐性债务显性化，实现对债务风险的监控；另一方面，能够拓宽地方政府融资渠道，更好地发挥地方政府在基础设施建设中的积极作用。然而，试点地方政府自主发债，这仅仅是万里长征第一步。为了完善地方政府债务发行的制度建设和做好风险防控体系建设，还需要从以下七个方面作出努力。

（一）在一个更长的期限内循序渐进地处置地方政府隐性债务

旧债旧办法，新债新办法。在当前我国经济下行压力较大的背景下，处置地方政府隐性债务可能会加大经济下行的压力，所以在处置过程中需要把握好政策的速度、力度和节奏。一是划定一个较长的隐性债务处置期，走渐进式的隐性债务处置道路。渐进不是无奈而是负责，不是妥协而是精进。如果对隐性债务"用药过猛"，采取"齐步走""一刀切"及"一步到位"的措施，极易导致同步震荡和合成谬误的问题。地方政府隐性债务化解的期限再延长 5~10 年比较合适，各级政府不能层层加码要求下一级政府提前还款。渐进式的道路，本质要求是"软着陆"，避免出现由于处置风险带来的风险。二是采取"旧债旧办法，新债新办法"的处置方式。为了防止出现大面积的政府债务违约，"拆东墙补西墙"的做法在短期内允许存在：在隐性债务处置期内，允许融资平台通过企业债、信托等传统方式进行融资，但融到的资金只能用于还旧；新增的债务（包括地方政府的债务和公益

类国有企业的债务）主要通过发行地方政府债券的方式获得，这是地方政府的"阳光化"融资方式。三是继续通过公开发行地方政府债券对地方政府隐性债务进行置换。化解地方政府隐性债务问题，最直接的办法就是实施债务甄别和置换。公开发行信息透明，有利于将隐性负债逐步过渡为显性负债，实现地方政府债务阳光化，打通地方政府正规融资的渠道。同时还能通过地方政府信用降低融资成本，由高成本的城投债换成低成本的地方债，此举能够为地方政府节约一大笔利息支出。发行地方债是很多发达资本市场解决地方政府债务的通常做法。在德国，地方政府市政债券占到地方政府债务总额的50%，美国和澳大利亚占到60%。我国按30万亿元的隐性债务规模来看，如果在2020—2024年按5年分批置换，则每年增加6万亿元地方政府债务。在此前提下，未来几年我国地方政府债务率会触及国际通行的警戒标准。假如延长到10年，当期债务负担会进一步降低。四是"以时间换空间"调整地方债务期限结构，缓解地方政府还债压力。新发行的地方政府债券要选择更长的发行期限，以缓解短期的偿还压力，更好地发挥地方政府在基础设施建设中的积极作用。

（二）规范金融机构同地方政府的合作方式

金融业是一个高风险行业，同时也是一个容易"被绑架"的行业，尤其是容易被房地产和地方政府所"绑架"，原因在于金融业与其他行业具有高度的相关性和依赖性。就金融机构与地方政府的合作来看，需要坚守以下原则，以保持其独立性：第一，除了处置期内的借新还旧，商业性金融机构为地方政府提供资金支持的唯一渠道就是购买地方政府债券，再无其他渠道。禁止商业性金融机构违反规定向地方融资平台提供贷款，阻断地方政府隐性债务风险引发系统性金融危机的链条。第二，成立为地方政府融资的政策性金融机构。该机构是对地方政府债券的补充，有利于为地方政府提供长期稳定廉价贷款，并且面向市场发行长期债券获得融资，避免了期限错配问题。第三，吸引更多、更分散的投资者认购地方政府债券，既可以提升地方债的需求、降低地方债的发行难度，又能避免风险过度集中于金融机构。第四，金融机构应当严格规范融资管理，切实加强风险识别和防范。落实企业举债准入条件，按商业化原则履行相关程序，审慎评估举债人的财务能力和还款来源。

（三）对地方融资平台采取堵疏结合的方法

化解地方融资平台债务问题，最终还是要落到改革地方的投融资体制。政府投资应当投向市场失灵的公共领域，并以非经营项目为主，这需要完善对地方融资平台的管理。一是撤销只具备融资功能的平台。地方政府融资平台产生的最大问题就是造成了地方政府隐性债务激增。其不透明性导致预算软约束，并且无法准确评估债务的规模和风险。二是推动平台公司转型与改革。针对平台公司数量过多、资质参差不齐、功能定位不同的问题，考虑采取"桥归桥，路归路"的分类处置方式，最终形成定位明确、政企边界清晰、业务模式规范的平台公司。平台公司可分为完全竞争类国有企业、公益类国有企业和准公益性质的国有企业。完全竞争类国有企业要彻底推向市场，公益类国有企业就是政府机构，具有准公益性质的国有企业从事的基础设施建设和社会服务项目可以收费，具有实际市场经营能力，能够自主经营、自负盈亏，终究是要有独立的市场主体来负责建设或长期运营。建议地方政府联合国有、民营的基础设施产业公司，对准公益类国有企业实施混合所有制改造，完善法人治理结构，强化企业的自我约束机制，增加注册资本金，增强其债务承担能力，使其真正成为地方准公益性投资的主导力量。三是对完全竞争类国有企业、准公益性质国有企业和公益类国有企业的债务采取不同的处置方式。完全竞争类国有企业的债务毫无疑问由企业自身负责；在征得债权人同意的前提下，将准公益性质国有企业的债务转换为非政府性债务；公益类国有企业的债务不能强行推向市场并转换为企业债务。公益类国有企业不可以发企业债，其获得资金的手段只能是地方政府债券和政策性金融机构的贷款，否则企业债会成为下一个地方政府隐性债务。

（四）通过要求地方政府制订偿债计划打破预算软约束

要遏制引发地方债务不断滋长的机制，根治预算软约束痼疾，必须切实全面深化改革，从制度层面综合发力。一是要求地方政府制订偿债计划。建议每年新增财力的 50% 必须用于偿债，盘活的存量资金中至少 30% 用于偿债，土地出让金至少 30% 用于偿债。二是严格执行地方政府债务的终身问责制。地方主政官员的任期有限，很容易造成"点菜"和"埋单"分离。这两者一旦分离，现任官员一边为上几任官员点的菜"埋单"，一边不加遏制地"点菜"、留给下几任官员来"埋单"。如果处理不当，就很容易造成"以贷养贷"的现象，使地方政府债务越滚越大。三是开展政府债务融资项目预算绩效管理，提升地方政府资金使用效率。对地方政府新出台的项目，特别是通过举债推出的重大投资项目，切实开展事前绩效评估，重点对立项的必要性、资金投入的经济性、实施方案的可行性、绩效目标的合理性、筹资的合规性等进行论证。不盲目扩大政府投资规模，在把控政府债务风险的基础上，更加注重提升地方政府的投资效率，避免低效率投资、重复建设及地区间的恶性竞争。对于已完成的政府债务项目，严格执行预算绩效评价，主要由上级财政部门组织实施，必要时引入第三方机构参与评价，并将绩效评价结果与预算安排、政策调整、干部考核等挂钩。

（五）以国债代替部分地方债

在为地方政府减负的过程中，中央政府要更有担当。第一，规范中央基建投资中要求地方财力配套的问题。中央基建投资需要考虑地方政府有没有财力配套，避免导致基建投资下达到的地方就是各种隐性债务扩大的地方。第二，合理界定中央政府与地方政府的事权边界。涉及国家安全、关乎国计民生的重要领域交给中央政府统一部署、投资。高技术产业的发展需要大量的投资，技术门槛极高，需要把有限的资金和人才用在"刀刃"上，如果任由各地以"撒胡椒面"的方式狂热发展，必然导致地方政府债台高筑和资源浪费。比如，芯片等关乎国家安全的重要产业，应由国家统一部署，至少也应是国家统筹、省级政府部署，而不是让地方政府互相竞争抢资源、举债融资上项目，最终导致低端产能过剩、政府投资打水漂的结果。第三，更好地发挥国债的作用，以国债代替地方债。一方面，中央政府的融资成本远远低于地方政府的融资成本，可以用期限长、利率低的国债来替代高成本、期限短的地方政府债；另一方面，在中央对地方的转移支付中增加一般性转移支付的比例，减少专项转移支付的比例，发挥地方政府的能动性。

（六）地方政府要有所为有所不为

地方政府在为自己减负的过程中，要勒紧裤腰带过紧日子。第一，合理界定政府与市场边界，明确各级政府事权。债务不仅是财政部门的事情，很大程度上与政府职能转变相关。地方政府在过去管了很多不该管、管不了、管不好的事情，管得越多意味着财政支出的负担越重，因此缩减地方政府财政支出首先要做的就是让市场在资源配置中起决定性作用，政府应把原本属于市场的权力交还给市场，让企业和企业家积极发挥"看不见的手"的作用。第二，地方政府应当回归公共财政，优化支出结构，做好重点领域保障。地方政府的投资应侧重于提供公共产品和服务，要聚焦于社保、教育、医疗健康等民生领域。改进政府的支出结构，从低效率的投资性支出转向注重提供公共服务的民生性支出。坚决杜绝以满足社会公共需要为由，大搞脱离实际的形象工程、政绩工程；坚决杜绝用计划经济的思路大包大揽，把财政资金过多地投向生产性、盈利性的领域；坚决杜绝打着招商引资的旗号，大办政府投资性基金参与的"官商"企业，大手大脚花钱，甚至财政资金不够了就违规集资，由此背上沉重的债务负担。第三，优化绩效评价和干部考核任用机制，构建"可能四角"的新型地方政府考核机制。干部出政绩的想法是导致地方政府隐性债务增长的原因之一，我们要用好干部考核任用机制的"指挥棒"，优化绩效评价体系，树立高质量发展和"功成不必在我"的政绩观。可以考虑"可能四角"的评价体系。"可能四角"分别是稳增长、惠民生、防风险和守底线。这"四角"之间总是互相冲突的，但有担当、有作为的领导应该能在"四角"之间找到平衡，而不应该"按下葫芦浮起瓢",重视了某几个方面却忽视了另几个方面。

（七）推动房产税成为地方政府收入的重要来源

解决债务问题,无外乎开源与节流。房产税的征收可以扩充地方政府收入来源,弥补地方政府日渐枯竭的土地出让金收入,是保障地方政府财政收入稳定的重要来源。在存量房时代,房产税的税源应该集中于保有环节。虽然短期内房产税无法替代土地出让收入,甚至出现房产税与土地出让收入的"跷跷板"效应,但长期看替代性将逐渐增强,房产税完全可替代土地出让收入成为地方政府重要的收入来源。测算显示,未来的房产税能够占到地方财政收入的40%。

第八章
互联网金融风险探析

互联网金融在我国目前还处在初始状态，标准意义上的功能链完整的互联网金融还处在破壳之中。支付宝的出现对于打破银行支付垄断、引入竞争机制具有重要意义，但其资金源头仍从属于商业银行的存贷款，这显然是一种约束。余额宝的核心贡献在于确立了余额资金的财富化，确立了市场化利率的大致刻度，有利于推动利率市场化进程。总体而言，在资本市场没有得到有效发展和制度约束仍然存在的前提下，在基础资产没有任何证券化金融资产的条件下，余额宝的生存迟早会受到利率市场化的冲击。阿里小贷具有互联网金融的某些核心元素，但目前由于制度、规则和相应政策的约束，阿里小贷的客户范围具有特定的限制，目前还难以对商业银行业务范围带来真正意义上的挑战。P2P从外壳或形式上看十分接近互联网金融，但由于其对客户的风险甄别及风险对冲机制未有效地建立起来，前途扑朔迷离。

一、互联网金融的理论基础

互联网与金融的耦合极大地提高了金融服务实体经济的效率，究其原因，其背后蕴藏着深厚的学理支撑。

（一）信息经济学

网络已经成为人类共创信息与共享信息的平台，人类在长期历史中创造并承袭的信息传播模式，正在网络信息技术的推动下发生本质的改变。在互联网金融模式下，交易双方之间信息沟通充分、交易公开透明、定价完全市场化、风险管理科学量化。信息不对称的降低会对市场产生三个方面的直接影响：一是社会交易成本将由此大大降低，交易成本主要来自信息收集成本和信息错配成本，信息不对称的降低使这两个成本都大大降低；二是促进了市场更加充分和公平的竞争，在信息不对称的情形下，市场更加崇尚于政府和权威，这也导致了政府主导的垄断，而随着信息不对称程度的降低，更多的竞争主体获得了相等的竞争地位，其结果是整个社会效益的帕累托改进；三是减少了逆向选择和道德风险发生的可能性，由于对交易对手的信用状况有了更多的了解，并且能够实现对资金流向的监控，逆向选择和道德风险发生的可能性也大大降低。

（二）产业组织理论

互联网产业组织主要有低成本、低门槛和规模效应三个特点。互联网的低成本体现在互联网技术的应用节省了很多成本，包括资金成本和时间成本。比如，网络银行和网络券商可以代替实体营业部的部分功能，从而减少了大量人工成本和设备成本。互联网技术使人们足不出户就可以消费、投资、结算、储蓄，节省了大量的时间成本。互联网还降低了人们进行投资的门槛。中小投资者不但能利用互联网方便地了解到市场信息，还可以将小额资金投资在余额宝和现金宝等网络平台理财产品获取收益。这些服务在传统金融行业中的门槛较高，网络则降低了它们的最低准入要求。互联网的另一个特点体现在它的规模效应。一个完善的互联网体系建成之后，增加一个使用者的边际成本几乎为零。

（三）互联网金融中介理论

金融业是信息密集型行业，信息对于金融业至关重要。金融中介理论认为，金融中介具有信息生产功能，能够向市场提供信息，缓解了交易双方的信息不对称。网络在信息生产、传递等方面的优势，使互联网金融中介不仅极大地提高了信息传递的速度，还提升了信息搜集能力，降低了信息处理成本，从而提升了金融中介的信息生产能力。

（四）金融功能理论

金融体系的功能可分为以下三大类：一是便利清算和支付的功能。金融体系提供完成商品、服务、资产清算和结算的工具，不同的金融工具在功能上可以替代，运作它们的金融机构也可以不同。二是聚集和分配资源的功能。金融体系能够为企业或家庭的生产和消费筹集资金，同时还能将聚集起来的资源在全社会重新进行有效分配。三是风险分散的功能。金融体系既可以提供管理和配置风险的方法，又是管理和配置风险的核心。互联网金融可以进一步优化金融领域的这三项功能。

二、互联网金融在我国发展的内在逻辑分析

尽管我国互联网金融目前仍处于一种碎片化的发展状态，其规模也远未能和商业银行、证券交易所等传统金融中介抗衡，但一个不可否认的事实是，互联网金融的出现使"脱媒"等词汇成为当今我国金融社会最时髦的想法——在很多人理想的互联网金融体系中，只需借助互联网这个工具，金融活动的开展就不再需要银行等金融中介的介入。以大数据、云计算为基础，互联网金融可以实现个人信用与借贷资金的完美匹配，每个人账户中的钱都无须存取，移动终端将实现无缝交易，余额会自动购买金融产品进行理财。客观地说，这种带有一定程度"乌托邦"式的互联网金融理想近年来在我国吸引并激励了许多金融或互联网方面的专业或非专业人士投身于这一领域，试图复制过去10余年电子商务领域所获得的巨大成功，进而开拓出一种全新的金融业态。非常有意思的一个现象是，尽管互联网技术或思想并未诞生在我国，但从目前全球的情况来看，依托互联网的电子商务和金融在我国掀起的热潮可能是最具爆炸性的，对其的关注度甚至要远高于美国和欧洲等国。在我们看来，作为一种诱致性制度创新，互联网金融在我国的出现和发展既有金融功能提升等一般性的金融发展原因，更为重要的则是和我国独特的经济金融环境相关——从某种意义上说，互联网

金融在我国的兴起，既折射了我国现实中对现有商业银行为主导的有些过于僵化的金融体系的不满，也反映了对以商业银行为代表的金融业垄断性高额收益的艳羡和向往。

（一）基于诱致性制度变迁的视角

在我国，互联网金融的出现及兴起几乎游离于政府之外，带有较为显著的诱致性制度变迁特征。与由政府命令和法律引入并实行的强制性制度变迁不同，诱致性制度变迁指的是现行制度安排的变更或替代，或者是新制度安排的创造，是由一群个人在响应获利机会时自发倡导、组织和实行的。一般来说，这种制度变迁具有以下三个特点。

第一，盈利性，或者说诱致性制度变迁必须由某种在已有制度安排结构中无法获取的获利机会引起——制度创新主体的动力在于追求自身利益最大化，实现预期收益大于预期成本，否则就不会发生制度创新。在制度经济学中，这种由主体期望可通过制度的改变来获取的利润被称为潜在利润，其来源大致有四个：一是服从报酬递增的新技术应用及规模经济所带来的利润，二是外部经济内部化带来的利润，三是克服风险带来的利润，四是交易费用转移与降低带来的利润。

第二，自发性，或者说诱致性制度变迁是有关群体对制度不均衡的自发性反应，自发性反应的诱因就是潜在利润的存在。一般认为，从某个均衡点开始，有四种原因能引起制度不均衡：一是制度选择集合的改变，二是技术改变，三是制度服务的需求改变，四是其他制度安排改变。

第三，渐进性，即诱致性制度变迁是一种自下而上、从局部到整体的制度变迁过程。之所以如此，主要是因为制度的转换、替代和扩散需要时间，从外在利润的发现到外在利润的内生化，其间需要经过许多复杂环节。

（二）基于金融体系效率提升的考察

从制度变迁的角度着眼，以互联网金融为载体的制度性金融创新最为直接的目标是金融体系的效率不断提升。从这个视角着眼，可以清晰地看到，鉴于互联网金融的核心是依托社交网络这一信息资源，因此，互联网金融的兴起不仅极大地降低了交易成本，克服了传统金融服务的物理空间、局域和时间约束，使人们的金融交易可随时随地完成，更为重要的是它克服了金融活动中的信息障碍，弱化了信息不对称引致的逆向选择和道德风险问题，同时极大地削弱了阻碍金融发展的既得利益集团的势力——互联网技术变革带来的一个后果是，金融领域既得利益集团再排斥新的进入者已经没有意义，因为技术使竞争跨越了政治上的边界，或者说政治上金融业务准入障碍已变得有些形同虚设。显然，这将极大地促进我国的私人信贷活动进而实现金融发展。

（三）基于我国现状的进一步思考

如果说单就金融发展层面而言，互联网金融的出现和兴起有着极为深刻的一般性理论原因的话，我们很难理解为什么如此短的时间内互联网金融在我国能够掀起当前这样的热潮。要想理解这一点，有必要深入我国经济金融的内部来找到一些特殊原因。在我们看来，互联网金融作为一种诱致性制度变迁，其出现和兴起和下列两个原因有着密切的关联。

第一，互联网金融是以阿里巴巴、腾讯、新浪、百度等代表的互联网技术公司飞速发展背景下产业转型的内在需求。以阿里巴巴、京东等为代表的互联网电子商务公司和以腾讯、新浪、百度等为代表的互联网技术公司是我国互联网金融的主要发起者和实践者。阿里巴巴的淘宝网、京东等依托互联网的电子商务公司不仅实现了贸易信息流在时间和空间上的整合、从个体到整体的整合、由局部到无边界的整合，并且以此为基础推动着物流的整合，并最终以其巨大的成本优势实现了对已有商业模式的系统整合，重塑了我国新的商业竞争格局。虽然电子商务规模不断攀上新的台阶，但由于市场竞争日趋激烈，买卖双方对中间人关系网络的依赖度不断增加的同时，其盈利模式单一的弊端日益明显，利润相对萎缩。在这样一个大背景下，很多电子商务公司意识到即使存在海量的信息，对于买卖双方及其他第三方而言，仍然很难评估代理人的资信水平，因为这需要对其业务及财务状况都非常了解，然而，互联网技术的飞速发展非但没有降低反而强化了其声誉与关系网络在融资方面的价值。很自然地，这些企业试图利用这种声誉与关系网络进军金融业。在金融服务业门槛极为严格的我国，最为直接和便利的方式是先依托银行介入支付结算环节，于是就有了支付宝等第三方支付平台的出现。

第二，互联网金融的出现满足了金融压抑背景下我国居民、企业等经济主体的内在需求。之所以强调这一点，是因为互联网金融的发展，不大可能仅仅依靠阿里巴巴、腾讯、新浪等电子商务或互联网技术公司，其产生、发展的更为深层的原因则在于互联网金融恰好满足了长期受到金融压抑影响的众多普通居民和中小企业的内在需求。强制储蓄、被动储蓄及刚性储蓄的现象在我国普遍存在。在这种特殊的背景下，收入、资产规模不断增加进而风险承受能力不断增强的很多普通民众对选择银行提供的存款产品有些无奈甚至吃亏的感受，经济内部内生出了对具备市场化风险—收益特性匹配的巨大需求。尽管我国的商业银行、证券公司、信托公司等金融机构都意识到了这一点，而且也不断试图通过理财、信托等其他结构性产品的创设来满足民众的这种需求，但由于这些产品的规模要求较高，相当一部分我国普通民众无法涉足其中。以无门槛、平民金融或普惠金融名义出现的提供市场化收益率的众多互联网金融产品恰恰能够满足我国很多中低收入网络群体的需求。

三、互联网金融风险隐患分析

2013 年被称为互联网金融元年，移动支付、众筹、网贷、P2P 等概念如雨后春笋般地冒出来并迅速普及。一时间，互联网金融被赋予未来金融发展主流的定位，承担着远超于其能力所及的热望，从根本上激发了民众的投资和投机的热情。多数人只知道它可以带来快速收益，但对它的本质究竟是什么、又是怎样运作的却不甚了解。

（一）市场主体"鱼龙混杂"

大多数互联网金融企业都是盲目跟风，市场主体"鱼龙混杂"。在行业超常发展的背后，互联网金融中的泡沫成分开始发酵膨胀。在经济上行周期和较短的时间内，这种风险难以察觉，但当经济长期徘徊于下行周期，风险在某一时点集中释放，就会给行业发展带来冲击。互联网金融虽然发展迅速，拥有海量的用户，但由于缺乏有效的盈利模式、同质化经营，所以收益空间十分有限，甚至成为制约其健康发展的陷阱。一方面，第三方支付平台得以快速发展的基础是向商家收取一定的手续费，但因为成本、市场受制于银行，多年来主要的盈利模式仍无法突破，致使整个支付行业都在夹缝中求生存；另一方面，"宝宝"类业务自身并不具有和具备价值增长的实力和基础，更多是凭借各自的用户渠道来代销货币基金，其实质并非创造新的理财产品，更像是影子金融机构，使产品难以获得创新和持久发展。随着利率市场化步伐的加快，因资金身份、领域、性质不同而存在的寻租空间不断被削减，资金"搬家溢价"的主体也会加快退化甚至消失，互联网金融产品盈利"寄生"的条件和基础将加快弱化与瓦解。

（二）内控治理水平较为薄弱

互联网金融企业内控治理水平较为薄弱，与行业的快速发展形势不相称。为了争夺市场资金和客户资源，部分互联网金融企业存在着片面宣传、夸大收益等现象，道德风险严重。一些互联网金融的中介机构的专业程度较低，面对风险的控制能力也较弱，易发各项经营风险。互联网信息技术和信用体系建设有待完善，安全问题突出。在 P2P 网贷市场井喷式增长过程中，诸多不规范的问题与风险大量暴露出来。像 E 租宝等恶性风险事件频发，动辄涉及数百亿元资金和数十万名投资者，一些涉及非法集资的 P2P 平台实际上已经蜕变成了庞氏骗局。P2P 网贷平台存在的风险问题不容小觑，负面效应非常大。

（三）"互联网＋非法集资"影响恶劣

信息经济学中著名的柠檬市场效应，是指在信息不对称的情况下，往往好的商品遭受淘汰，而劣等商品会逐渐占领市场，从而取代好的商品，导致市场中都是劣等品。由于无门槛、无监管，互联网金融行业可谓百花齐放，不拘一格，同时也为诈骗活动变相提供了平台。地下钱庄、民间借贷披上互联网外衣，"互联网＋非法集资"趋势明显。部分 P2P 网贷平台搞资金池，大量开设线下理财公司，利用高收益骗局诱导吸收公众存款。非法集资问题突出，互联网金融风险问题要么本身就是非法集资，要么就是与非法集资相关联。行业整体声誉和社会形象断崖式下降，并由此引发了一系列的不安定社会因素。E 租宝、中晋系是伪平台的典型代表，这些平台打着互联网金融的幌子行诈骗之实，其本意不在可持续发展而是捞一票走人，因而不计成本地进行营销推广，往往能在短期内做大交易额，涉案金额大、波及面广、影响恶劣。

（四）大批"害群之马"扰乱市场

"害群之马"具备如下特征：一是高息诱饵。平台的建立就是为了诈骗，虚构借款人信息，以高利率为诱饵，通过虚假宣传等形式吸引投资者大量投资后卷款而逃。中晋系为投资者提供高达 40% 的收益率，理论上两年多即可收回本金。这么高的收益率，甚至已经超出了高利贷的范畴，实体经济中没有任何一个行业能够支撑如此高的融资成本。二是涉嫌自融。自融平台是指平台上的借款项目均为关联企业或者平台虚构借款标的，将募集的资金挪为己用。很多自融平台的成立就是为平台母公司或负责人筹集资金，一旦母公司或负责人不能及时归还本息，就会造成资金链断裂，平台就会面临倒闭或负责人跑路的危险。三是庞氏骗局。庞氏骗局在国内又称"拆东墙补西墙"，简单来说就是借新还旧，用新投资人的钱向老投资者支付利息和短期回报，以制造赚钱的假象进而骗取更多的投资。这类平台的充值金额会一直大于提现金额，而当充值金额小于提现金额时，平台就会通过发布高收益的短期标来填补资金缺口。一旦平台没有持续的投资来源，整个资金链就会断裂，平台也就离跑路不远了。四是建立资金池。P2P 问题平台出现的违规操作往往就是通过发布虚假标的，建立资金池，最终在投资者不知情的情况下挪用资金进行其他投资，一旦投资失败出现坏账或逾期，损失则由投资者承担。投资者在这个过程中处于十分不利的弱势地位。五是拥有豪华的办公场所、庞大的线下推广队伍、高额的营销推广费用和夸张的激励手段。

四、我国互联网金融发展的战略前瞻

鉴于金融制度安排的特殊性及金融发展所面临的种种制约因素，互联网金融要在我国健康、有序、平稳地发展，除技术进步外，更为重要的是需要构建一个适合互联网金融发展的金融结构、金融监管和金融基础设施等支撑体系，只有规范与安全的互联网金融才能更好地满足社会需求。

（一）互联网创新主体行为的规范性是我国互联网金融持续发展的重要前提和内在要求

金融业是一个与金钱打交道的行当，自然吸引了为数众多的骗子。总体来看，金融业在这方面要比其他行业做得更好，换句话说，在金融业发生不道德事件的概率并不比其他行业更高。从理论上分析，单纯地依靠金融行业内部人士的自律很难实现这一目的，来自政府的严格监管才是实现金融业健康、规范发展的基础。但客观地说，到目前为止，我国在借鉴美国等经验的基础上发展起来的以 P2P 为代表的互联网金融模式却很难从金融的角度看到创新，反倒出现了很多由于创设主体行为失当引发的令人担忧的问题——当前，我国通过简单地搭建一个网站来联系借款人和放款人，几乎每个有意愿的主体都有尝试建立 P2P 平台的机会，而且这种尝试已经成为现实。当前，随着市场竞争的加剧，很多缺乏经营能力的平台正在被逐渐淘汰，与之伴随的违约、跑路等恶性事件可能会严重打击消费者的信心，导致 P2P 甚至互联网金融行业的整体滑坡。正是基于这样一个考虑，现有互联网创新主体行为的规范性（投机性的弱化）就成为我国互联网金融持续发展的重要前提和内在要求。

（二）更好地服务创新型企业成为决定互联网金融未来的关键所在

我国的互联网金融目前正处在碎片化发展的初创阶段，不仅远未实现相对独立的体系架构，而且现有的服务对象相对单一（主要面向供应链金融

和消费信贷），较难涉足处于创新性变革核心中的企业尤其是高科技公司的融资。从我国目前的情况来看，随着经济增长方式的转型，创新性变革的重要性正在不断上升，某些革命性的技术创新可能给企业创造全新的产品和市场。在这样一个时代，以互联网精神为内核的互联网金融本应大有作为——在这样一个自由的金融体系中，独立但信息灵通的技术价值评估将确保更多的新技术得到资金，尽管也需要承担更多的失败或尝试的成本。互联网金融在根据不同客户的交易偏好等因素为客户提供个性化的服务产品的同时，不断满足不同客户主体的需求，加深网络平台根植性，增强客户黏性，从而产生固定的客户群体的前提下，如何突破现有的互联网金融模式，发挥大数据、云计算等技术优势，更好地服务创新企业就成为决定互联网金融未来的关键所在。

（三）供给侧结构性改革需要互联网金融的支持

互联网金融因其服务具有普惠性、多元化、便捷性、灵活性等特点，通过解决信息不对称拓宽了融资渠道，改善了金融领域的有效供给短缺，改变了市场供求关系的不匹配，有助于实现资金融通与资产配置的合理化，是推动供给侧改革的重要通道之一。可以预见的是，由于金融行业全牌照的发展趋势，互联网金融必将走向综合化发展。随着对资金流数据的高度掌握，互联网金融企业需要依托电子信息技术，将金融服务细化落实至零散小额账户，凸显低净值客户的价值，为社会资本特别是沉淀资金搭建有效投资渠道，直接改善"供需错配"局面；还可以通过大数据、云计算、机器人投资顾问等先进技术手段整合信息，更合理地分配社会资源；还可利用互联网对传统行业全方位渗透，发展完善广泛应用于商务、媒体、社交等领域的征信体系，从而极大地补充我国征信数据库，为推进供给侧改革提供强有力的征信数据支持。

（四）互联网金融继续生存的出路在于建立合理的风险防控机制

互联网金融的风险既具有传统意义上的操作风险，同时又有新的变化和发展：互联网的组织形式使部分操作风险通过系统分散而降低，而部分风险却可能被系统性地放大。进一步地，互联网金融操作风险可能加剧金融体系脆弱性，使金融体系的稳定性面临着更大的挑战，因此在多个环节对企业的内部控制和监管部门的外部监管提出了更高的要求。我国现有互联网金融模式的风控措施和传统金融机构的风控措施相比并无明显优势，更多的只是吸收资金和发放贷款的工具，本质还是营销层面的创新，这个层面的创新容易扩大规模，却不利于控制风险。特别是某些互联网金融创新主体在开展线下金融的业务后，其资金流量会大大增加的同时开始面临传统金融中介同样的风险，导致金融风险的来源日益多元化、复杂化。因此，互联网金融模式只有建立完善的风险防控机制，才能继续生存。

（五）互联网金融不会颠覆传统金融

互联网金融与传统金融在未来长期存在一种健康的竞合互补关系，尤其在小微企业和用户方面提供有益补充。在支付领域，互联网金融机构将重点覆盖小微商户，同时也依赖银行对备付金的存管；在小额贷款领域，互联网金融将专注小微企业，单笔贷款金额不足 5 万元的蚂蚁小额贷款即是力证。但是，传统金融不会被颠覆，因为银行长期积累的甄别风险的专业能力很难被互联网轻易取代。

第九章
平台垄断与金融风险

2020 年 12 月，中共中央政治局会议提出要"强化反垄断和防止资本无序扩张"，并在紧接着召开的中央经济工作会议中再次强调这一问题。市场经济是竞争的经济，反垄断、反不正当竞争、防止资本无序扩张，是为了保障市场充分竞争、自由竞争和公平竞争，是完善社会主义市场经济体制的内在要求。党中央高度重视金融科技和平台企业的规范健康发展。自2010 年以来，我国互联网平台机构迅速兴起，并与金融业务密切结合，几乎覆盖了金融业所有领域。近年来，越来越多的交易活动通过平台完成，平台企业成为新业态中重要的经济体之一。我国部分科技公司进入金融领域，将科技手段与传统金融业务相结合，提升了资源配置、支付手段及财富管理等传统金融功能的效率，信贷、征信、支付、资产管理等业态发生显著变化。在充分肯定科技公司进入金融领域所发挥的积极作用的同时，应全面、深入认识可能产生的风险，尤其是要防范科技公司背后的资本无序扩张和垄断对金融安全的冲击。互联网行业不是反垄断的法外之地，平台企业同样要遵守反垄断法律法规，维护市场公平竞争。

平台经济是基于平台产生的经济活动的总和。近年来，平台的地位越来越重要，广泛参与到资源配置中来。同样，竞争和垄断是市场经济永恒的主题，平台经济也不例外，平台垄断的问题受到越来越多的关注。国外有大量的文献对此问题进行了研究。Tirloe 和 Rochet（2003）认为，平经济存在的必要性是解决经济活动中信息不对称的问题，如果信息是完全的，平台经济就没有存在的必要性了。Caillaud& 和 Jullien（2003）认为，平台两端用户需求存在相互依赖性，只要先把一端用户吸引到平台上，另一端用户会主动加入该平台。Kotler 和 Armstrong（2010）以竞争程度为标准将平台分为三种：一是竞争性平台，存在多个平台可被平台两端的用户选择；二是存在竞争瓶颈的平台，两端用户既有多归属的可能，又有被强制要求单归属的可能；三是垄断者平台，市场中有且只有一个平台。关于平台经济带来的竞争效应，Chakravorti 和 Ronson（2004）的研究认为，平台经济有更强的竞争效应，能够提高社会福利，同时压缩企业的利润。Coate 和 Anderson（2005）从社会剩余的角度进行了研究，认为垄断性市场结构的社会剩余大于竞争性市场结构。Srnicek（2017）指出，平台机构能够通过提供基础结构来连接分处两端的用户，利用交叉补贴扩大用户规模，进而建立竞争优势。这种优势又会帮助平台机构进入新的领域，形成新的垄断。Edelman 等（2015）的研究印证了这个结论，发现 Google 利用捆绑的方式，能够将现有优势扩大到其他领域。

由于第三方支付在我国的迅速发展，国内理论界基于互联网金融的经济学分析框架，对平台金融进行了大量的研究。李二亮（2015）的研究认为，技术的进步产生了第三方支付，在一定程度上解决了信息不对称的问题，降低了交易成本；同时，监管的包容为第三方支付提供了成长的环境。部分学者也探讨了第三方支付行业可能带来的风险问题，主要是在途资金可能会造成流动性风险。夏杰长和肖宇（2019）认为，平台经济是推动产业尤其是服务业转型升级的重要力量，它的崛起得益于数字经济的发展。平台机构以数据为驱动力，以提高消费者的便利性为竞争优势，既发挥了交易平台的作用，又承担着基础设施的功能，这一独特优势使先进入市场的平台机构容易形成垄断地位。韩伟（2018）从法学的角度分析数据的影响力，发现已经拥有大量数据的企业具有很强的竞争优势，对潜在竞争者会产生极大影响。任超（2020）认为，大数据的收集可能会导致反竞争效果，也可能成为反竞争行为的工具。

　　我国金融服务实体经济尤其是中小民营企业的体系不健全，给金融科技留下了较大的发展空间，加之对金融科技监管的长期缺位，使部分从事金融服务的科技公司规模不断壮大。进入金融行业的科技公司没有改变金融中介的本质，以消费信贷为其主要业务，以获取利差为其盈利模式。互联网金融平台在我国的迅速发展受惠于中国的市场潜力，得益于监管部门对创新的鼓励和包容。但鼓励不是放纵，包容不是无底线，放任市场垄断、无视资本无序扩张将会带来巨大的金融风险，最终损害金融消费者的利益，破坏金融市场健康可持续发展。大量的互联网平台从事金融业务，如果监管规则跟不上，就会产生金融风险隐患。

一、防范平台垄断风险的理论基础

　　反垄断的理论基础是竞争理论。奈特（1921）认为，竞争能够使消费者实现福利最大化，使生产者实现成本最小化。现实经济中存在垄断，竞争就会受到抑制，进而降低消费者和社会的福利水平，这就是反垄断的意义所在。

（一）基于垄断限制市场竞争的视角

　　竞争是市场经济的本质特征，是市场经济有效运行的前提和基础，没有竞争就谈不上市场经济。垄断是市场经济运行中的"不和谐音符"，有可能扭曲市场机制，造成不公平竞争，损害消费者利益。靠市场机制本身解决不了垄断问题，必须通过政府的"有形之手"对垄断行为加以矫正。各国都禁止企业滥用市场垄断地位的行为，根本原因就在于滥用市场垄断地位会排除和限制市场竞争。第一，滥用市场垄断地位进行掠夺性定价。为了排挤和打压竞争对手，以低于成本的价格销售商品，在挤垮竞争对手之后，再提高价格，独享市场，进一步强化其垄断地位。因此，金融领域形成的垄断地位就引发了"大而不能倒"的问题。第二，设置独家交易规则和各种障碍阻止竞争对手的进入。具有市场垄断地位的企业对其贸易伙伴设置强制性条件，甚至利用其垄断地位强迫交易对手接受不合理条件，如要求对方只能与其进行交易，不能与其竞争者进行交易，以此掠夺其他企业的市场份额。大量研究表明，卖方在潜在竞争者进入市场之前能够与买方达成一致，由此具备了先发优势。更有甚者，买卖双方通过约定损失来降低买方转向潜在竞争者的意愿。第三，通过搭售严重限制甚至排除市场竞争。垄断企业实施搭售是为了将其原本具有的市场支配地位的影响扩大到其他市场，在新的市场排挤竞争者，最终使竞争者失去销售相关产品或提供相关服务的机会。古典经济学将完全竞争视为最优市场结构，认为竞争能够实现资源的最优配置和福利的最大化。但是，市场机制本身的缺陷会导致市场失灵，垄断就是缺陷之一。"马歇尔冲突"反映的就是市场中竞争因素和垄断因素之间的冲突性。

（二）对消费者福利主义理论的反思

消费者福利主义理论没有脱离注重市场效率的芝加哥学派理论，仍将竞争损害的标准用价格和产量等指标进行衡量。从短期来看，垄断性平台机构看似符合消费者福利主义理论；但长期来看，却对消费者、市场从业者、供应商利益及公平竞争环境造成极大的损害。

由图 9-1 可以看出，在完全竞争的情况下，市场定价为 P_0，产出为 Q_0。在垄断状态下，价格提到 P_1，产量减少到 Q_1。从完全竞争状态到垄断状态，消费者剩余减少（D_1+D_2）。其中，D_1 转移给了垄断企业，D_2 则是社会的净损失。因此，垄断企业利润的资金是以消费者剩余的减少和社会资源的浪费为代价的。如果市场是按照完全竞争的方式运行的，并且市场由大量的产品销售者组成，消费者也具备关于产品的完备信息，那么反垄断政策和其他管制行为就都是多余的。但这种完全竞争模型在经济现实中是不存在的，大多数行业是由少数大厂商主宰的。之所以对垄断进行管制，主要是由于垄断者对价格的控制会对社会经济效率造成损失。竞争是市场经济中基本的机制，反垄断就是为了加强竞争以维持公平的市场环境，以达到经济效益最大化，保护个人或企业有权利参与市场竞争。反垄断政策的作用就是保持市场准入的开放和市场机制的有效运转，从而为企业创造进入市场、参与竞争的机会，让市场在资源配置中起决定性作用，最终增加消费者福利。

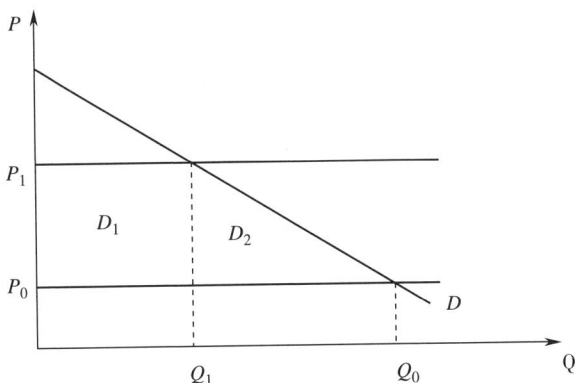

图 9-1　垄断的福利损失

（三）平台经济及平台垄断的特殊性

在平台经济出现之后，发挥了重要作用。与传统经济相比，平台经济有以下特征：一是网络外部性。Rohlfs（1974）在研究电信服务时发现，新用户在选择电话网络时，更愿意加入原有用户多的网络。二是实现了从"渠道模式"向"平台模式"的转变。"渠道模式"是一种通过线性过程制造价值的模式，平台模式以促进平台生态系统中生产者和消费者互动为目标，它不仅是销售渠道，更是基础设施和协调机制。平台本身不制造最终价值，只是促进价值的制造。平台参与者担任生产者和消费者双重角色，能够更好地完成生态系统中价值的交换。三是降低了交易成本。第三方支付平台打破了银行间交易壁垒，降低了服务成本，减少了交易所需的时间。四是降低了交易风险。平台的信誉担保作用增强了交易的安全性，解决了信息不对称的问题，降低了企业、客户的交易顾虑。

平台经济具有双边市场的特征，平台垄断也不同于传统的垄断，用传统的反垄断理论无法解释平台垄断。平台机构的兴起，使市场垄断力量从一个垂直市场向多个垂直市场拓展。传统经济与平台经济的不同在于生产要素从有形转变为无形，由此产生了不同性质的垄断形成机理。标准形成、产权保护容易导致技术型垄断，市场份额是胜负的关键，通过渗透定价①的方式最大限度地获得市场份额是其重要战略，"赢者通吃"是平台经济竞争的动力。相比传统产业，平台产业的转换成本更高，这就使规模经济、创新等因素成为推动平台垄断的重要力量。Brian Arthur（1983）提出了"锁定效应"的概念，用来形容达到某个点后很难退出的状态。锁定效应降低了用户选择其他平台的可能性，平台由此形成垄断势力。网络效应、转换成本、规模效应、经验效应和增值效应共同形成了锁定效应。平台垄断的形成机理如图9-2所示。

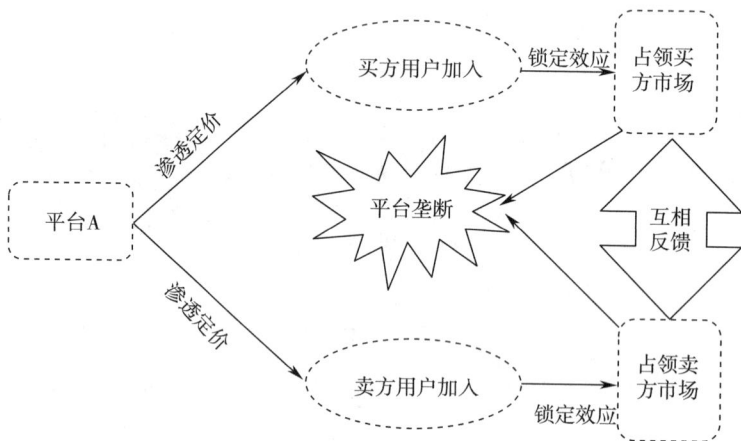

图9-2　垄断形成机理

无论是结构主义的芝加哥学派、绩效主义的哈佛学派，还是行为主义的新产业组织学派，都将市场结构作为一个基本问题进行探讨。市场结构分为完全竞争、垄断竞争、寡头竞争和完全垄断四种基本形态，但这种划分是以传统产业为背景的，没有考虑平台经济的独特性。传统的反垄断法关注于经营者集中、滥用市场、垄断协议等问题，平台机构产生了新的现象和新的问题，需要更多关注是否妨碍新的平台机构进入、是否存在误导

---

① 渗透定价指初期采取低价甚至免费策略吸引客户，占领市场之后再提高价格，以补贴前期亏损。

用户的行为、是否以非正常的方式收集数据等。第一，数字化市场经济的典型特征之一就是"赢者通吃"。已经具备市场优势的平台企业能够大范围收集用户数据，逐步累积更大的竞争优势，使潜在竞争者进入的难度较一般商品市场更大。同时，数字化市场经济存在更加明显的虹吸效应。尤其是金融科技领域，由于网络效应的存在，更容易造成"赢者通吃"、市场垄断和不公平竞争的局面。从现实来看，大型平台企业长期垄断的现象越发明显。第二，平台的网络效应大幅提高了转换成本，使用户失去了转换的动力。从用户的视角来看，形成锁定效应需要经历选择平台、试用平台、确立平台到锁定平台四个阶段，一旦到了锁定平台阶段，转换成本会非常高。从平台的视角来看，对应于用户的每一个阶段，平台的策略也在不断调整，从性能展示、提高用户满意度到培养用户忠诚度，用户忠诚度提高的过程就是"锁定效应"形成的过程，最后达到锁定用户的目的。第三，利用数据垄断容易形成双轮甚至多轮垄断。平台机构能够利用基础服务能力形成用户集中优势和数据垄断优势，通过运用"锁定效应"，更容易使垄断地位从第一个领域延伸到第二个、第三个领域。数据控制使流量垄断更加明显，能够在多个垂直市场间传导。数据作为一种重要的生产要素，具有准公共品性质和规模效应。数据的垄断会强化大型平台金融机构的市场支配地位，单靠市场力量又很难打破数据垄断的现状。

二、治理平台垄断和"大而不能倒"金融机构的国际经验

垄断导致竞争功能无法有效发挥，这就需要国家通过法律或政策手段对市场进行干预。反垄断政策是各国用于维护市场公平竞争、促进经济发展的重要手段。尤其是在平台经济领域，全球范围的监管越来越关注数据垄断的危害，各国更加重视平台垄断破坏市场公平竞争并引发系统性金融风险的问题。

（一）美国的《数字化市场竞争调查报告》

互联网为美国经济发展带来巨大福利，但平台机构高度垄断的趋势明

显，呈现出垄断的市场倾向。2020年10月，美国联邦贸易委员会要求脸书、亚马逊和推特等9家科技公司，在45天内上报它们如何收集并使用用户个人信息、如何向用户投放定向广告、如何实现用户增长等情况。同时，美国众议院司法委员会颁布了《数字化市场竞争调查报告》，对美国的数字化市场进行了分析和总结。该调查报告认定谷歌、脸书、亚马逊和苹果等互联网平台企业已经在美国数字化市场形成垄断地位，并利用该地位打压竞争者。该调查报告认为，上述平台机构的反竞争行为包括以下方面：一是数据滥用行为。大型互联网平台企业处于市场支配地位，其有动机和能力利用其市场支配地位对抗消费者和供应商。二是垄断杠杆行为。平台机构通过垄断杠杆传导市场势力，即利用其在某一市场的影响力提升其在另一市场的地位。三是掠夺性定价行为。大型平台机构以极低的价格对商品或服务定价，目的是驱逐竞争对手并占领市场。在削弱对手的市场竞争能力之后，再通过收购的方式将其收购。四是拒绝交易威胁。垄断性平台机构拒绝与第三方开展业务的威胁方式等同于剥夺市场参与者进入该市场的权力，这样垄断性平台机构就能获取更大的利润。五是搭售行为。部分大型平台机构能够对产品的购买和服务加以控制，甚至对消费者的选择加以限制。例如，谷歌要求使用安卓操作系统的设备制造商必须安装谷歌浏览器和谷歌搜索软件。

关于如何解决上述问题，《数字化市场竞争调查报告》提出如下建议：第一，采取结构性拆分的方式，即要求大型平台企业业务与其所有权分离。第二，采取数据互操作性和可迁移性方案，即要求平台机构开放其服务，同时实现与各种网络相兼容，降低竞争者市场进入壁垒，降低用户转换成本。第三，禁止大型平台机构的并购行为，除非合并方能够证明并购对维护公共利益是必要的。第四，修正反垄断法立法目的，指出反垄断法除保护消费者外还保护工人、企业家、独立企业、开放市场和公平竞争等。第五，强化反垄断执法机构的执法能力，严禁反垄断执法机构与被调查企业"同谋"。

（二）欧盟对平台垄断机构开出天价罚单

2017 年 6 月，欧盟委员会称谷歌违反了欧盟的反垄断条款，因此开出了 50 亿美元的高额罚单。欧盟委员会认为，谷歌滥用其市场主导地位，强迫手机制造商在手机中预装谷歌浏览器等谷歌旗下的产品，将这些产品与谷歌应用商店捆绑出售。谷歌的捆绑销售行为令其轻易击败其他竞争对手，取得大量用户数据，成功牟取暴利。2018 年 1 月，欧盟对高通公司开出 12 亿美元的罚单，原因是高通滥用其市场支配地位限制市场竞争，违反了《欧盟反垄断法》。2020 年，欧盟公布了关于互联网平台治理的《数字服务法（草案）》和《数字市场法（草案）》。两部草案规定，垄断性平台机构需要承担额外附加义务，确保平台竞争环境的开放性和公平性，当好数字市场的"守门人"。

（三）对"大而不能倒"金融机构的监管

防范金融机构"大而不能倒"造成的系统性风险成为各国监管改革的重点。第一，强化系统重要金融机构的资本监管要求，增强其抗风险能力。在各国实践中，监管部门都对"大而不能倒"金融机构提出特别资本监管要求。美国提高了对系统重要金融机构资本、杠杆率、流动性、风险管理的监管标准。英国提高对系统重要银行的资本要求，着重监管流动性风险。欧盟要求系统重要银行增加额外资本缓冲，提高证券化业务风险敞口的资本要求，加强信息披露，强化流动性风险管理。第二，明确加强对所有系统重要金融机构的日常监管。美国将美联储的监管范围扩大至所有对金融稳定有影响的金融机构，包括非银行金融机构。美联储还直接负责监管金融控股公司，其子公司分别按行业由相应监管部门实施监管。英国要求对表外业务视同表内业务加以监管。欧盟主张对所有存在系统性风险隐患的金融机构都纳入监管范围，尤其是影子银行。第三，限制系统重要金融机构的规模和经营范围，降低产品复杂性。美国禁止系统重要银行开展高风险业务，在必要时拆分威胁金融稳定的大型复杂金融机构。英国限制系统重要银行拓展分支机构和子公司。欧盟提出对系统重要银行的复杂程度进行限制。

三、平台垄断下我国金融风险隐患分析

科技与金融的融合没有消除金融行业固有的流动性风险、信用风险和期限错配风险等，同时又带来了一些新的风险。传染性、涉众性更强，网络数据信息安全风险更加突出，混业经营特征更加明显，风险扩散速度更快，溢出效应更强，垄断与系统性的关联更加紧密。在平台机构进入金融领域发展的过程中，从业机构良莠不齐，部分垄断性平台机构风险防控体系不健全，加大了发生系统性金融风险的隐患。

（一）"大而不能倒"平台机构增加了暴发系统性金融风险的隐患

金融机构不同于普通企业，一旦出问题就可能引发系统性金融风险。在 2008 年的次贷危机中，"大而不能倒"的金融机构放大了风险，对金融市场的稳定性带来巨大冲击。在此之后，国际社会都对系统重要性金融机构有了新的认识和新的监管框架。系统重要性金融机构的监管模式是对"大而不能倒"理论的延伸。系统重要性金融机构的倒闭会引发系统性金融风险，应该对所有的大银行加以救助，不能任其倒闭，目的是为了保护存款人和债权人的利益，根源在于金融危机具有极强的传染性。但是，"大而不能倒"的监管理念赋予了大银行更多的竞争优势，这种救助制度还会产生道德风险问题。

近几年，国内一些大型平台机构在金融领域独占鳌头。部分平台机构贷款规模超万亿元，个人用户超 10 亿人，小微企业用户超 2800 万家，旗下拥有银行、证券、保险、基金、支付等多个板块，几乎覆盖零售金融领域的所有场景。垄断性平台机构占据了市场主导地位，交易规模巨大，跨界混业经营，市场覆盖面广，关系到海量用户的切身利益，已经成为影响极大的金融机构。接受服务的群体主要是长尾客户，是传统金融机构覆盖不到的人群，有较强的从众心理，通常缺乏基础的投资知识和基本的风险判断能力，容易出现群体非理性行为，风险识别能力不高，损失承受能力有

限，潜在的社会危害更严重。一旦垄断性平台金融机构经营不力出现风险暴露，甚至出现倒闭风险，影响会非常广泛，能够引发严重的风险传染，形成系统性金融风险，使国家不得不救。因此，需要更加关注大型平台机构风险的复杂性和外溢性，提前预防，精准拆弹，消除新的系统性风险隐患。

（二）以科技之名行金融之实：逃避监管的风险

金融的发展离不开科技创新。大数据、区块链、人工智能和云计算拓宽了金融业务的渠道，但没有改变金融行业的本质、基本的业务模式和风险特征。金融业的本质依旧是资源的配置和信用的转换；基本的业务模式依旧是存款、贷款、支付、证券承销、保险等；风险特征依旧是高杠杆和期限错配。当前，所谓最具创新色彩的大型平台金融机构所开展的业务仍然是支付、吸收存款、发放贷款、货币市场基金、代销金融产品、保险业务等，所不同的是扩展成了综合金融服务平台，混业程度更高，引发系统性金融风险的可能性更大。

持牌经营是金融行业必须坚持的基本原则。不论是金融科技还是科技金融，都没有改变金融的风险属性，不能只想赚金融的钱、拿科技的估值。部分平台机构作为金融业的新进入者，想从事金融业务但不想受监管部门的监管，不想承受资本充足率、各项风险准备和拨备等监管措施的约束。当前，平台机构的业务已经渗透到资金转账、有价证券和保险等行业，但中国人民银行、中国银保监会、中国证监会等监管部门并未对其实施严格监管，监管的缺位将增加交易衍生的风险、弱化政府的监管职能，容易使平台机构在运营过程中钻监管规则的空子。如果大型科技公司开展金融业务，却仅仅将自身定位为科技公司，就会逃避监管，造成金融风险隐患。尤其是借助网络平台的优势，轻松突破地域和业务范围限制，甚至改变一些金融产品和服务的结构、功能和性质，增加了金融产品的复杂性，延长了资金链条，为监管套利提供了可能。同时，投资者和监管部门难以准确了解其风险状况，增加了防范金融风险的难度。

（三）诱导过度负债消费导致的高杠杆和违约风险

近年来，各种平台机构对我国普惠金融的发展作出了一定的贡献，但同时也要注意到部分平台机构打着"普惠金融"的幌子，对借贷对象诱导过度、无视风险的问题。普惠金融具有高度的涉众性，这本身就会增加社会性风险。真正的普惠金融不能诱导消费，不能掠夺性放贷，更不应由"普惠"变"普贵"。垄断性平台机构使消费者的选择集中在同一平台，这本身就是对消费者选择权的一种剥夺。部分平台机构在监管相对不足、只注重眼前利益的情况下，将大量消费贷款投放给偏好超前消费、实际收入低、还款能力弱的群体，导致过度负债消费，积聚了金融风险。部分机构甚至给缺乏还款能力的学生过度放贷，借贷的利息多为日息万分之五，合成年息就是18%左右。一旦违约，又采取强制性催收措施，金融风险引发了社会问题。"先消费、后还款"的所谓"信用付"模式实质上是虚拟信用卡业务，但其并无开展信用卡业务的资质，却仅仅持有网络小贷的牌照，存在监管套利和监管空白。

一方面，平台金融机构过度使用杠杆蕴藏了系统性金融风险。部分平台机构利用较少的资本金，先银行贷款，再发 ABS，杠杆率达到 100 倍。同时，平台金融机构靠着表内外加杠杆和联合贷款模式，迅速做大业务规模。该过程中整个金融业在陪着平台金融企业加杠杆，部分平台金融企业"绑架"了金融体系，这就是系统性金融风险的源头。大型互联网科技巨头，在获得了海量客户和海量数据后，都在开展同一项业务，即资金放贷，也可称其为场景金融。只凭一根网线就可以在全国跨区域开展业务，全社会被迫进入一个高杠杆、高负债的时代。各式各样的资金放贷背后是债务，是杠杆，是风险。2020 年新冠肺炎疫情期间，商品交易下降，经济活动衰退，失业率增加，老百姓收入减少，这些背景下的高杠杆就意味着现金流的枯竭和杠杆的断裂。

另一方面，部分平台机构利用大数据技术，涉及对公众资金的隐蔽性聚合和不透明管理，一旦触发风险，处置难度会大幅增加。在技术快速迭代的背景下，部分平台机构过于强调技术，甚至利用假技术、伪技术以假乱真，缺乏对金融规律的尊重和敬畏。大型平台金融机构在信贷流程中运用大数据技术，对于推进普惠金融、改进风险模型等方面发挥了积极作用。但这些信贷评审模型大多没有经过完整经济周期和压力情景检验，有效性和可靠性尚不清楚。大型平台金融机构依据大数法则，其风控的基本逻辑是小额分散，但大数据风控能力不宜过分高估。一旦发生极端事件，没有预料到的风险会集中暴露出来。尤其是在市场过度竞争的情况下，可能导致平台机构放松信贷标准，增大整个行业的信用风险。同时，趋同的算法和交易策略会产生"羊群效应"和市场共振，放大了金融市场的波动。平台金融机构正在做的事情有可能影响到整个金融生态甚至金融稳定，但对其的监管却是混乱的，有的仅仅是门槛非常低的地方监管规则，监管标准参差不齐，监管质量疲弱不堪，风险隐患极大。

（四）数据泄露的风险

平台机构通过科技手段形成庞大的金融网链，汇聚了大量消费者数据，掌握着客户账户、支付、存取款等信息。通过对数据的分析，能够对每个个体进行精准画像。将数据汇聚起来，可以对整个社会偏好、社会安全进行分析。当前的智能化数据为平台金融机构的相关业务提供了便利条件，但风险也伴随而来。一旦发生数据泄露，消费者利益会受到极大威胁。同时，在具体的平台操作上，需要专业技术人员的操控，这就产生了大量的不确定因素，稍有不慎就会出现漏洞，为不法分子窃取个人信息、隐私秘密等提供了机会，造成的损失难以挽回。尤其是在垄断性平台机构出现之后，单个平台机构就掌握着海量的数据，数据泄露带来的风险不可估量，对这些数据的使用、存储和交易更是一个艰巨的任务。平台机构对数据的垄断使数据过于集中，会带来社会治理、社会安全等各方面问题。数据垄断不是单纯的经济问题，已经成为涉及隐私保护、安全等领域的社会问题。从数据的合法性来看，还存在"合成谬误"的问题，即单个数据的授权不意味着总体上的合法。部分平台机构过度收集用户数据，可能侵犯用户隐私。近年来，我国也出现了买卖借款人个人信息的情况。数据是一种重要的生产要素，滥用数据能够带来垄断盈利，但数据泄露会侵犯个人隐私。通过智慧城市、健康码、消费券等，政府同平台巨头绑定得越来越紧密，但保护数据的措施几乎空白。以盈利为目的的平台机构掌握着大量的个人隐私数据，对国家信息安全构成挑战，数据垄断的安全性同样影响金融稳定。

（五）资金账户管理的风险

个别平台垄断机构下属的第三方支付机构实质是一个中介机构，该平台试图解决买卖双方信息不对称的问题。在资金流转的过程中，一方面，平台机构持有规模庞大的沉淀资金，少则几亿元，多则几百亿元，这将产生丰厚的利息，平台机构能够利用沉淀资金及利息从事其他的盈利活动。但是，该过程伴随着较大的风险隐患。一旦获利失败，平台机构无法履行约定，就会面临资金流转风险和信用风险，其背后就是金融危机。另一方面，部分平台金融机构大多数业务量都在平台内部封闭循环，无须通过银联和网联转接，监管部门无法监测到这部分资金的流转路径，第三方支付本身的安全和信用缺乏有力保障，其中存在的风险隐患是巨大的。银行通过第三方平台销售个人存款产品时，垄断性平台机构甚至限制用户通过银行渠道管理账户，只能在该平台上操作。这种违法、违规代办储蓄的行为增加了资金账户管理的风险。

（六）垄断和不公平竞争遏制创新的风险

具有支配地位的互联网企业在初期也是从市场竞争中成长起来的，做强做大之后就走向市场对立面，开始遏制市场竞争，同业创新也变得十分困难。企业做强做大不是问题，但如果以大欺小、滥用市场支配地位，限制竞争和创新，损害消费者利益，就背离了市场经济的初衷，影响行业的发展。一方面，大型科技公司利用其市场主导地位更容易获得数据、信息和客户资源，这就会让其在进入金融行业时获得更大的竞争优势。凭借这种优势，再辅之以"烧钱"、直接补贴、交叉补贴等手段，实现迅速占领市场、挤垮或者兼并竞争对手的目的，造成"赢者通吃"的局面，导致市场不公平竞争，甚至使维护市场公平竞争的传统措施无法发挥作用。当大量的金融资源聚集在一个或少数几个科技公司的手中时，其个体经营风险就容易演变成系统性金融风险。另一方面，具有超级垄断能力的平台机构增加了创新创业的风险。垄断性平台机构利用其平台基础服务能力和知识产权的先发优势，能够对其他创新者形成巨大压制，要么被收购，要么被封禁，存在广泛的"寒蝉效应"①。

四、防范平台垄断引发系统性金融风险的建议

大型科技公司涉足金融领域，对现有金融监管体系形成严峻挑战。下一步，我国的金融管理部门需要加快构建对大型科技公司从事金融业务的监管框架，依法依规监管金融市场主体，严格查处违法违规行为，有效约束资本无序扩张，维护公平竞争和金融市场秩序，防范系统性金融风险的发生。

（一）完善平台机构从事金融业务的监管制度体系

积极引导科技公司依法合规从事金融业务，金融监管就要从"包容审慎"向"科学有效"转变，更加注重规范业务发展、防范化解金融风险，遵循金融监管的一般规律。一要明确科技公司进入金融行业应遵循的基本原则。任何机构从事金融业务都要以服务实体经济和提高资源配置效率为目标，以金融稳定安全为前提，立足金融消费者保护，促进市场公平竞争。二要做好市场准入管理。坚持金融持牌经营的原则，绝不能把从事金融业务的平台机构仅仅定位为科技公司。科技公司进入金融领域就属于金融中介，其本质与银行是没有差别的。科技公司仅仅是以新的信息形态和新的数据处理方式进行金融中介活动。三要全面推行功能监管。不论何种机构，只要从事相同的金融业务，就要接受同样的监管，有同样的资本金和资本充

---

① 绝大多数的初创企业前景黯淡，由此减少了新进入者的预期收益和动力。

足率要求，以保证竞争的公平性，防止监管套利。对于尚看不清楚的金融创新业务，采取"监管沙盒"的方法限定其范围；对于看得清楚的金融创新业务，要消除监管差异，让同等性质的金融业务接受同样的监管规则。四要构建宏观审慎监管体系。科技公司进入金融领域，需要明确其金融企业属性，将其纳入金融控股公司监管框架。如果涉足类似银行的存贷款业务，就必须用《巴塞尔协议》的标准对其进行严格监管，要有准备金、资本金、充足率、流动性等监管要求。同时，金融科技公司应有一套专门的微观和宏观审慎监管指标体系，总体上和当前对系统重要性金融机构的监管标准一致，另外还需增加技术安全等方面的监管要求。五要构建数字化监管体系。通过发展大数据和人工智能分析等监管科技手段，提升数据信息处理能力和风险识别能力，有效防范金融风险跨机构、跨区域传染。

（二）防止平台机构进行数据垄断并获取超额利润

大型平台机构经常利用数据垄断优势，妨碍公平竞争，获取超额收益。一要明确平台机构所持有数据的法律属性和财产权利边界，实现数据要素公平合理优化配置。在注重保护消费者隐私的同时，推动数据开放，兼顾数据共享。二要成立一个权威的数据管理机构对各平台的数据进行统一收集和管理，在国家层面建立针对垄断性平台机构数据安全的特别监管制度。搭建金融体系的基础设施架构，就要保证自身是独立第三方，对数据的利用进行统一规划，不应该直接操作信贷、保险等具体业务，至少不能利用其对数据的垄断优势从事金融业务，也不能仅由个别垄断性平台机构进行分析使用。三要建立数据"防火墙"。对不同业务形成的数据，不能混用和共用，以免带来潜在风险。

（三）处理好金融创新和金融监管之间的关系

平台金融机构的发展历史，本身就是一部同监管博弈共生的历史。过去很多年，为了促进所谓的"金融创新"，反垄断始终未曾"亮剑"。我国对互联网科技领域采取柔性监管政策，大型平台金融机构的崛起得益于包容监管下大量的灰色土壤。鼓励金融创新和加强金融监管两项目标究竟如何平衡，监管部门在具体政策层面需要继续探索。但至少有以下几点是明确的：首先，加强金融监管，强化金融领域反垄断，是为了弥补金融市场失灵和缺陷，促进金融业稳健运行和公平竞争。如果没有金融监管，金融创新难以持续；无视金融监管，就会不尊重金融规律，不敬畏金融市场，金融创新也走不远。其次，《巴塞尔协议》不是要不要的问题，而是如何在金融创新中贯彻执行的问题。《巴塞尔协议》中的资本充足率，是银行业最核心的监管指标。早期的小额贷款公司被严格限制从其他金融机构融资，因此金融外溢性不强，也可以不受资本充足率的约束。但当前的平台金融机构通过资产证券化等手段，资产规模急剧膨胀，需要资本充足率的监管。不满足要求的，需要补充资本金。最后，"监管沙盒"制度为监管部门和平台金融机构之间提供了一个沟通的桥梁。只有经过一次次的测试，监管部门才能对金融创新可能带来的风险有更全面的了解，也才能出台有效的监管方案。

（四）妥善应对"赢者通吃"降低系统性金融风险

只有通过公平竞争下的优胜劣汰，才能让整个社会经济收益最大化，当前平台金融领域出现的"赢者通吃"局面会妨碍通过竞争促进金融科技发展的过程，需要对市场竞争秩序进行规范和管理。在平台金融机构反垄断范式由"包容审慎监管"转向"全面强化监管"的背景下，不允许大型平台机构排除或限制竞争，要进一步促进市场的开放性、公平性和包容性。金融业是直接经营钱的行业，通过补贴、倾销抢占市场的风险非常大，扭曲的竞争所形成的损失金额规模庞大，泛亚和E租宝就是前车之鉴，出了问题一发不可收拾。所以要对平台金融机构通过交叉补贴、"烧钱"抢占市场的做法加以严格限制。尤其要从源头上控制有可能成为系统重要性金融机构的平台机构过度承担风险，要有更高的资本充足率和杠杆率要求。

系统重要性金融机构与系统性金融风险密切相关。加强对系统重要性金融机构的监管，对防范金融风险意义重大。首先，要科学评估，合理认定对金融体系具有系统性重要影响的金融机构。评估认定金融机构的系统重要性是有效监测、衡量和防范系统性金融风险的前提条件。系统重要性金融机构可以从规模性、可替代性和关联性三个维度加以评估。系统重要性金融机构不仅包括银行业机构、证券业机构和保险业机构，还包括大型互联网平台金融机构。其次，要降低系统重要性金融机构发生重大风险的可能性。系统性金融风险一般比较隐蔽，难以察觉和评估，容易被忽视。需要特别注意的是，我国在互联网金融快速发展的背景下，造成了互联网金融领域"大而不能倒"的局面，形成了新的系统性金融风险隐患点。最后，要建立特别处置机制，一旦系统重要性金融机构发生重大风险，能够得到安全、有效的处置。系统性金融风险累积到一定程度就会急速暴露，迅速变为系统性金融危机，具有很强的传染性和破坏力，严重影响金融市场稳定，甚至冲击经济和社会稳定。国际组织和主要国家都加强了对系统重要性金融机构的特别监管，尤其是从资本充足率和杠杆率方面提出更高要求，显示出了系统重要性金融机构对防范金融风险、维护金融稳定的重要性。

第十章
金融腐败与金融风险

金融是现代经济的核心，是国民经济的血脉，金融安全事关国家安全。金融行业具有较强的公共性和社会性，金融风险具有较强的传染性和隐蔽性，金融腐败往往涉案金额巨大，相比其他领域腐败危害性更大，往往会广泛冲击一国金融体系的稳定发展。金融业容易形成错综复杂的关系纽带和利益链条，使金融市场成为"围猎"与"被围猎"交织、腐败滋生的场所，因此金融行业是各国经济体中受到最严格监管的行业。金融腐败与金融风险必然是交织在一起的，金融反腐是防范化解金融风险、维护金融安全的重要一环。党的十八大以来，金融反腐始终保持高压态势，一批金融领域的腐败分子受到查处，一批腐败大案触目惊心，案件涉及金额巨大，给金融机构造成的损失更是天文数字。如果不加以查处，会直接威胁我国金融安全。深入推进金融反腐，对防范金融风险和金融市场异常波动全关重要。世界银行原行长金墉指出："腐败是发展中国家金融稳定面临的头号共同敌人。[①]"虽然金融风险是一种金融现象，但它的产生与金融管理人员密切相关，金融领域的腐败和违规经营是诱发金融风险的重要因素，维护金融安全需要防控好人为金融风险。金融领域反腐败与防风险具有统

---

① 金墉在反腐论坛上的讲话，https://www.worldbank.org/，2013 年 12 月 19 日。

一辩证的关系，统筹抓好金融领域防风险和反腐败工作，是守住不发生系统性金融风险的根本保障。

在产生腐败的领域中，金融部门一直都是重灾区。关于腐败，笔者沿用 Tanzi（1995）关于腐败的定义，认为腐败是公共部门官员滥用公共权力，从中谋取个人利益的行为。经济资源的稀缺性是一个永恒的存在，金融资源是经济资源中最稀缺的一种。当金融资源的配置权力无法受到有效约束时，就会出现权力寻租的机会，引起金融腐败的问题。金融腐败的概念涉及信贷交易中索取额外收入、证券市场的内幕交易、监管寻租与共谋等多个层面，具体可分为资金交易腐败和监管腐败。资金交易腐败是利用配置稀缺性资源的权力进行不规范的资金交易，监管腐败是利用行政权力的稀缺性进行以权谋私、以权换利。在金融业市场化改革的过程中，金融机构的管理者成为具有特权的垄断者，加上金融市场不规范、金融法规不健全、金融监管不到位等因素的存在，不受约束的资金配置权就演变为设租寻租行为。金融领域无处不在的利益诱惑导致大量金融蛀虫出现，滋生了花样百出的金融腐败行为。当前，金融危机与金融风险成为各国特别关注的问题，金融腐败是导致金融危机、增加金融风险的重要原因之一。因此，从经济学的角度来解释金融腐败，深入分析金融腐败与金融风险之间的关系，并在此基础上提出遏制金融腐败的对策，具有重要的实践价值和应用价值。

一、党的十八大以来金融腐败案件分析

党的十八大以来，我国在金融领域加强了反腐工作，迅速削减了积累的腐败存量和治理欠账，大幅提高了防范金融风险的能力。仅 2019 年，全国金融系统违纪违法案件就高达 6900 余件。从党的十八大以来的金融腐败案件来看，形式多种多样，且呈现出以下六个方面的典型特征。

第一，"一把手"腐败问题突出。金融机构被"一把手"控制，导致缺少内部监督制约，加之所有者缺位，使企业内部的财务制度极不健全，金融机构容易成为"一把手"的独立王国。在缺乏有效监督的情况下，部分"一

把手"中饱私囊，不顾公司利益追求货币和非货币收入，利用职务便利盗取金融机构资金，侵蚀企业利润，而且往往涉案金额巨大，严重损害所有者权益。风险制造者往往是银行高管甚至行长、董事长，常年来内部人控制、一长独大，最终给金融机构造成巨大损失。

第二，金融腐败涉案金额巨大。高管的腐败行为会给金融机构带来巨大的损失和巨额的风险。某股份制商业银行董事长为了曲线控制银行，动用银行资金430亿元；滥用职权，违规发放薪酬、推行员工持股计划，造成该银行损失8.97亿元；利用职务上的便利，在银行贷款、项目承揽、企业经营等方面为企业提供便利，受贿金额达11.87亿元。根据测算，该银行4500亿元的贷款中逾期贷款达3000亿元，最终形成1400亿元的不良贷款，预计未来处置回收800亿元后，最终损失近600亿元。

第三，金融腐败往往都有监管人员为其充当内鬼。在某地方商业银行被接管之后，该地银监局多位监管人员被查。在该银行高管的审批、跨区域经营、旗下消费金融公司及村镇银行的牌照申请等问题上，监管部门都有非常大的寻租空间，地方银监系统扮演着重要的角色。这些审批为监管部门部分人员利用权力获取腐败租金提供了机会，使监管人员与被监管对象"猫鼠一家"，最终金融监管者沦为金融风险制造者。在金融市场中，金融腐败的表现形式之一就是利用审批权力进行寻租，从中国银保监会到中国证监会都有这类腐败案件发生。由于金融行业的特殊性，金融监管部门对金融机构准入和牌照往往有较严格的管理和限制，部分监管人员就会利用这项审批权对从业主体进行故意刁难、拒绝批准，其目的就是"设租"。当从业主体交纳"腐败租金"之后，这部分监管人员则一路绿灯，之前为了防范风险所设定的种种准入要求和标准均可被忽略。在这个过程中，金融审批权不再是维护金融稳定的工具，而是获取"腐败租金"的道具。

第四，部分监管人员利用所掌握的信息进行内幕交易。金融行业尤其是证券市场的典型特征就是信息不对称，拥有更多信息的群体常常处于优势地位。监管部门工作人员掌握大量敏感信息，可以利用工作之便，通过泄露信息而得到巨额非法利益。2015年股票市场的异常波动，就跟监管人员进行内幕交易、与不法从业人员内外勾结有密切关系。

第五，商业银行靠垄断信贷资源寻租现象严重。金融资源是一种稀缺资源，商业银行几乎垄断了企业所需的资金供给，可替代的融资渠道匮乏，这就导致掌握信贷审批的关键人员成为贷款企业重点公关对象，吃回扣成为一种普遍现象。

第六，农信系统是金融腐败的高风险领域。从某些地方农信系统窝案来看，农信系统普遍内部治理薄弱，股东大会、董事会、监事会等"三会"形同虚设，无法起到相互制衡的作用，独立董事的作用没有体现，金融风险中的人为因素占有较高比重。

二、金融腐败的经济学解释

腐败既是权力的伴生物，也是一种经济现象。从经济学角度来看，金融腐败就是金融机构和金融监管人员利用公共权力谋取个人利益的最大化，它建立在稀缺资源配置权的基础之上。产生腐败的主观原因是公职人员的经济理性，客观原因是腐败被发现的概率和被惩处的力度较小。

（一）经济人的成本收益分析

作为经济人，金融高管实施某项行为的基本前提是认为其收益大于成本。金融腐败中的成本是为了获得收益需要付出的代价，具体包括三种：一是预付成本（C_1），即为了取得腐败收益提前支付出去的成本，包括投入的人力（r）、财力（c）等；二是心理成本（C_2），较高道德素质（m）、有良知（h）的人往往心理成本较高；三是处罚成本（C_3），g代表犯罪后付出的代价，这种可能性就是腐败被发现的概率（p）。综上所述，金融腐败的成本函数可以表示为

$$C=C_1+C_2+C_3=f_1(r,c)+f_2(m,h)+f_3(p,g) \tag{式1}$$

金融腐败带来的收益包括物质类收益（R_1）和精神类收益（R_2）两大类，物质收益包括生理（l）、安全（s）等方面的收益，精神类收益包括自身价值的体现（v）和自我实现的需要（w）等，均可带来巨大的正效用。金融

腐败的收益函数可表示为

$$R=R_1+R_2=f_1(l,s)+f_2(v,w) \qquad （式2）$$

从金融腐败的成本（式1）来看，预付成本（C_1）包括为了升迁的精力支出、金钱支出及遭受的损失等。要想获得腐败收益，这些预付成本是必需的投入。预付的成本越大，腐败的预期收益就会越高，腐败的金额也会越大。心理成本中，金融领域收取好处费几乎成为一种潜规则，腐败分子并不会把吃回扣和道德败坏画上等号，因此这项成本很低。关键是处罚成本（C_3），一旦腐败行为被发现，就会面临法律制裁、巨额的罚款和牢狱之灾，甚至身败名裂。这其中一个重要的不可预测的变量就是腐败被发现的概率（p），如果监管是松散的、缺乏有效的约束机制，p就会非常小，甚至忽略不计，这样金融腐败的成本就会非常小。从金融腐败的收益（式2）来看，腐败能带来巨额货币收入和其他收入。因此可以得出结论，在监管不严的前提下，金融高管腐败的个人收益远大于个人成本。一般来看，腐败被发现的概率（p）取决于以下因素：金融监管的力度和技术水平、巡视制度等监督体系的完善程度、法律法规对腐败行为的罚则是否清晰和社会舆论监督机制等。

（二）寻租与设租理论

在Kruger（1974）创造性地提出寻租理论以来，学界一直在研究外生变量"租"存在的前提下企业的最优反应，寻租理论被广泛运用于对腐败现象进行经济学解释。在现代经济学理论中，租金是指"支付给生产要素的报酬超出为获得该要素而必须支付的最低报酬的部分"[1]。在监管部门有权设定市场准入障碍时，它们必然会设租，准入的门槛越高，租金也会越高。吴敬琏（2002）认为："行政权力对经济活动的广泛干预，即寻租环境的存在是腐败产生的重要根源。[2]"监管部门利用拥有的市场准入权力向金融机构

---

① 范里安.微观经济学：现代观点［M］.费方域，朱保华，等，译.上海：格致出版社，2009：337.

② 吴敬琏.腐败与反腐败的经济学思考［J］.中国监察，2002（17）：14.

设租，金融机构的高管则利用信贷审批权力向借款者设租。无论是金融机构还是借款者，他们在选择是否寻租和是否支付租金时，一定是遵照理性行为进行，即他们所认为的最优选择。从寻租理论来看，腐败是一种寻租活动，金融腐败就是把贷款审批权力作为谋取个人利益的筹码，把国家托付管理的金融资源当作交易筹码，与不法商人沆瀣一气，相互利用，甘于"被围猎"。审批和管制的权力必然会带来腐败。在我国，IPO 就像是一台造富的机器，这台机器的开关就掌握在发审委手中，意味着巨大的寻租空间就存在于发审委手中。从"发审皇帝"证监会原副主席，到发行部大大小小的官员，接连不断的发审系统官员落马案印证着 IPO 利益链和寻租者的存在。

政府公职人员和行贿人都是理性的经济人，作为经济人的理性个体都追求自身利益最大化。借款人行贿的原因在于这样做能够给他带来更大的收益。对于设租者来说，权力是与资本一样的资源和工具，其目的就是追求利润最大化、成本和风险最小化。当设租者从事腐败的收益比成本和风险大得多，他就会铤而走险去腐败；当设租者的廉洁收益比成本和风险大得多，他就具有廉洁动机。Andvig（1991）同时设定了公众和官员的效用函数，通过两阶段最优化模型，认为官员工资越低，贿赂额度越高，反腐败力度越小，则腐败行为越多。对经济人来说，是秉公执法还是违法乱纪，不是是非善恶的问题，而是成本与收益之间权衡的问题。

尽管大多数研究都认为腐败降低了资源配置效率，但也有研究者提出了相反的结论。Lui（1985）以纳什均衡证明了腐败对资源配置的促进作用，认为腐败可以最小化排队的时间成本，减少消费者对稀缺服务的排队等待。Baumol（1990）建立了一个理性行为模型，认为如果政府干预市场准入，市场参与者就会有积极性贿赂政府官员，把资源配置在非生产性领域。Clark和 Riis（2000）认为，腐败的存在增加了融资的渠道，腐败分子会给行贿者提供最高效的金融服务。Batabyal 和 Yoo（2007）将行贿资金称为加速货币，因为在效率低下的国家通过行贿能够降低时间成本，尤其是在欠发达国家，如果不通过行贿手段，一般企业很难获得贷款，这种情形下企业的成本是无限高的，因此行贿成为理性经济人必须采用的手段。上述研究都是从经济人假设的角度解释腐败存在的原因，但没有考虑社会成本。通过腐败所获得的融资有可能降低行贿人的个人成本，但增加了社会成本，因为通过行贿获得贷款的不良率明显高于正常渠道的贷款，这就关系到银行的健康和金融体系的稳定。

（三）不健全的委托—代理关系、信息不对称与道德风险

委托—代理理论源于 20 世纪 70 年代初一些经济学家对信息不对称问题的研究，委托—代理关系既存在于企业中，也存在于政府中。委托人和代理人都是理性的，他们都要追求各自效用的最大化。委托—代理理论主要是研究在信息不对称的前提下，委托人通过设计最优的激励约束机制，使代理人与委托人的目标一致。委托—代理关系源于专业化分工，委托人由于知识、能力等方面的原因不能行使其权利，需要寻找受过良好教育、具备丰富管理知识和经验的社会精英来负责相关专业事务。在具体运行的过程中，委托人和代理人之间的利益是不一致的，并且会出现信息的不对称。如果缺乏有效的监管，腐败就会在代理人追求自身利益最大化的过程中产生。金融行业具有高度专业化的特征，通常所有权与经营权都是分离的，金融机构的日常管理任务不是由所有者来完成，而只能聘请职业经理人来完成，这就会产生道德风险，即代理人凭借信息优势，为了自身的利益不惜牺牲委托人的利益。

在我国，人民与行使公共权力的政府官员之间就是一种委托—代理关系，如果公权没有受到有效的约束，官员的腐败行为就会发生。在金融腐败中，存款人、股东与金融机构高管之间同样形成委托—代理关系。以某股份制商业银行为例，董事长明知董事、监事的薪酬应经银行股东大会讨论，却在未经股东大会讨论通过的情况下，于 2014 年主导制定了薪酬办法，在 2015 年、2016 年给银行 20 名核心人员发放共计超过 6 亿元密薪，其中在一年时间内给自己发放了 7 笔，共计超 1.1 亿元。金融腐败产生的前提就是有关代理人能够掌握权力。一方面，市场化改革已经形成了市场化

的经营行为和追求利润最大化的动机，也已经赋予了金融机构高管相当大的自主权；另一方面，金融机构的内部管理和风险管理并不健全，委托—代理尚存在巨大漏洞。在这种情况下，金融机构的市场化改革必然带来巨大的金融风险隐患，为金融腐败创造了机会。不论是国有银行、股份制银行还是其他金融机构，都缺乏系统地、有效地保护委托人、规范代理人的约束机制。金融机构成为某些部门、某些高管的牟利工具，金融市场化改革为某些部门、某些高管进行金融腐败创造了"合理"的条件，他们不计成本地扩张资产和负债，在将沙滩上建立起的大厦越垒越高的过程中，实现代理人利益的最大化，却极大地损害了委托人的利益。其结果就是成本和风险由委托人承担，利益则由代理人瓜分。某国有资产管理公司的董事长表面上看是带领该公司实现了跨越式发展，在其任期内该公司的资产规模急剧膨胀，但经营的风险越来越大，资产的质量越来越差，其本人在公司扩张的过程中非法索取、收受他人巨额财物。当"沙滩上的大厦"出问题之后，政府部门出于金融稳定的考虑，不得不实施救助，这就产生了道德风险。

（四）高额的制度性交易成本成为金融腐败的根源

Mckinnon（1973）和 Shaw（1973）在详尽分析了发展中国家的金融发展状况之后，首次真正建立了以发展中国家或地区为研究对象的金融发展理论。他们提出，改革金融体系、消除金融抑制是发展中国家想摆脱贫困陷阱的重要路径，认为发展中国家想摆脱贫困，必须实行金融领域的市场化改革，真正发挥市场在资源分配中的作用，这样才能降低金融领域的制度性交易成本，而高额的制度性交易成本成为金融腐败的根源。金融抑制和金融深化理论影响了许多发展中国家的金融改革，在经济和金融理论领域引起强烈反响。金融腐败的出现与金融部门普遍存在的管制及改革不彻底有着直接的联系，政府对利率、贷款分配，股票及债券发行及金融机构准入的管制，为金融腐败的滋生提供了条件。一般来看，在行政审批权力较大的领域，腐败行为更容易发生，因为这些领域经济活动规则不清晰，行政审批事项多，腐败行为在规定的外衣下更加隐蔽，且腐败的收益更大。同理，垄断性行业的腐败行为更容易发生，因为在垄断程度高的领域，腐败成功实施的概率和预期收益较大。金融行业属于特许经营行业，垄断特征较为明显，金融资源配置方式的行政化和不透明为金融腐败提供了土壤。在市场经济发展的起步阶段，国家对金融资源配置的干预在一定程度上能提高效率，有利于经济增长，但经过 40 多年的发展和对市场经济的探索，如果继续让政府来配置金融资源，且金融市场的制度环境不改变，腐败分子的侥幸心理就很难避免。

（五）金融属性为金融腐败创造了条件

金融行业比较特殊，经营的不是普通商品，而是货币等金融商品，具有高风险性、高负债性等特点，金融腐败同样有其特殊性。第一，金融腐败具有极强的风险外溢性。金融行业具有资源配置的功能，金融腐败既破坏了金融市场交易规则，扰乱了金融市场正常秩序，又错误地引导了有限金融资源的流向，导致资源的低效配置，甚至使金融机构陷入困境。第二，金融腐败行为具有较高的冒险性。金融行业具有"三高"特征，即金融资产价格的高波动性、金融资产的高流动性和金融体系的高信息不对称性。金融资产价格的高波动性会对腐败行为产生一定的"激励"作用，加大了金融行业的腐败风险。代理人追求高风险可能带来高利润，成功了代理人能够获得巨额收益，失败了风险却由委托人承担，严重侵害了储蓄者和投资者的利益。同时，金融资产的高流动性为腐败行为提供了快速、隐蔽的变现渠道，外部监督者和金融机构之间也存在着严重的信息不对称。第三，金融行业的跨期交易和综合经营趋势为金融腐败提供了隐蔽的通道。金融腐败交易呈现长期性，加大了腐败行为因果关系判定难度。随着金融信息化的快速发展，以及银行、证券、保险等业务的相互渗透、相互交叉，金融创新层出不穷，为市场参与者提供了更多的投资渠道和产品服务，容易诱发规避监管、转嫁风险、圈钱套利等违规行为，导致金融腐败的隐蔽性越来越强。第四，金融监管者面临的"被围猎"风险更大。资金越集中的领域，腐败的风险越大。金融行业是资金密集型行业，监管部门的一举一动直接影响金融机构的收益水平，因此金融从业者会想方设法收买围猎监管者，金融领域的反腐压力更大。

（六）金融监管存在"旋转门"效应和"主场优势"效应

"旋转门"效应是指金融监管部门和被监管机构的人员流通渠道是畅通的，监管人员为了更高的收入可以随时到被监管机构任职，金融机构的人员同样可以到监管部门任职。从经济人角度来看，金融监管部门的工作人员为了长远打算，必然会与被监管机构处好关系。"旋转门"使监管部门与被监管机构之间的界限模糊了，影响了监管部门行使保护金融消费者的职责。"主场优势"效应是指像体育比赛中裁判会偏向主场球队一样，金融监管部门也会偏向金融市场中的"主队"——金融机构，因为他们更希望自己的所作所为得到同行"圈子"的认可。这同样易导致监管者在追求自身声誉最大化的过程中偏离了监管的目标。

三、金融腐败引发金融风险的内在逻辑

金融腐败呈现出一些独特的特点，一方面，金融体系潜藏着巨大的利益诱惑，存在着暗箱操作的空间和权力寻租的途径。这些特征导致金融腐败涉案金额巨大，造成的经济损失非常严重。另一方面，金融腐败传染性非常强，会极大地扰乱金融市场秩序。金融腐败具有链条化特征，容易沿着业务链条进行传染，扩大其危害性，扰乱市场秩序，最后引发系统性金融风险。总之，金融腐败严重危害公共利益，浪费金融资源，降低金融资源的利用效率，阻碍经济增长，增大金融风险，甚至有可能导致金融危机。

（一）金融腐败冲击金融市场

金融业是一个高度专业化的行业，涉及的范围非常广，"一行两会"颁发的牌照有 22 类，包括商业银行、金融资产管理公司、信托公司、证券公司、基金公司、财产保险公司、人身保险公司及第三方支付公司等，各金融持牌机构隐藏着不同类型的腐败风险，且相互之间存在隐蔽的关联性。

首先，商业银行是金融腐败高发、大案要案集中的行业。小到基层员工，大到银行高管甚至行长、董事长，都有可能发生腐败问题，腐败领域覆盖整个商业银行业务流程。商业银行主要经营公众的存款，如果内部监督制度不健全、外部监管不到位，就容易产生道德风险。同时，金融资源具有严重稀缺性，腐败分子可以利用它设租，从行长到信贷员都可能成为受贿人，破坏金融秩序，扭曲资源配置机制。其次，信托行业潜规则多、隐蔽性强。信托公司是连接融资者和投资者的中介，从业人员收取融资方额外费用是一种设租行为，且很难被发现，但加剧了信托行业的违约风险。再次，证券市场的腐败行为波及面广，影响恶劣。证券市场一旦暴发腐败案件，涉及大量投资者切身利益，涉案金额动辄上亿元，影响极坏。证券市场的腐败形式包括内幕交易、操纵市场、虚假信息及"老鼠仓"等，多种多样、层出不穷，隐蔽性极强，界定和查处都比较困难。最后，保险市场存在腐败"产业链"。在保险赔付环节，腐败风险表现为内外勾结骗取保费，该行为较为隐蔽，是较难预防的行业顽疾。

（二）金融腐败威胁国家金融安全

金融领域的巨大利益诱惑催生了一批金融蛀虫，滋生了各种金融腐败行为，不仅对单个金融机构造成损失，更会威胁到国家金融安全。第一，金融腐败容易诱发系统性金融风险。金融行业具备链条化特征，金融腐败容易沿着业务链条进行传染，风险暴发之后影响整个链条的安全，危害性极大。在金融腐败的影响下，金融市场内部的风险会迅速积累、膨胀，同时会失去应对外部冲击风险的防火墙，最终形成系统性金融风险。第二，金融腐败大案有可能形成挤兑风潮。金融市场的稳定很大程度上源于公众对国家信用的信任，但金融腐败大案给银行业造成了极坏的社会影响，在一定程度上动摇了存款人的储蓄意愿，有可能导致挤兑风潮。第三，增加同业风险。发生金融腐败的金融机构都有一个共同特点，即同业业务非常活跃，牵连多家金融机构。某地方商业银行的同业交易对手累计达700多家，被接管时的同业债权人近250家，另一家出问题的地方商业银行也有数百家同业交易对手，个别股份制商业银行曾是市场公认的"过桥行"。这些金融机构出现流动性危机之后，会直接影响与之发生同业业务的其他金融机构的资产安全，进而影响整个金融市场的稳定。第四，金融腐败大案往往造成资本外逃。金融腐败分子的非法所得大多通过各种渠道流向国外，数额巨大，有可能引起金融机构交易和支付困难，甚至引起金融危机。

（三）金融腐败严重降低资源配置效率

Krozner 等（2007）对欠发达国家和地区的研究表明，金融资源配置的效率和金融体系的稳定是影响经济发展的最重要因素。而金融资源配置效率低下的一个直接原因就是金融腐败，它人为地扭曲了金融资源的市场化配置机制。金融腐败与金融信贷、监管审批、证券买卖等深度勾连，掌握稀缺金融资源的设租者在获得了经济主体的利益好处后，一定不会让"市场在资源配置中起决定性作用"，必然会放弃具有较高投资价值的领域和部门，转而将宝贵的金融资源配置到给他好处的、效率较低的领域和部门，制约了金融对效率更高的新兴产业、高新技术企业的支持，导致金融资源的低效甚至错误配置。资源配置的低效率或无效率会不断侵蚀经济发展的基础，加剧经济体系的风险，为经济的健康发展埋下隐患，影响经济结构转型升级和经济高质量发展。

（四）金融腐败使金融"防火墙"形同虚设

金融腐败是金融监管最大的敌人，一旦金融腐败侵蚀到金融监管领域，就会发生以权谋私、利益输送、官商勾结等现象，严重弱化金融监管的效能，使金融安全网漏洞百出、形同虚设。金融腐败就是权力与资本的相互利用，实现各自利益的最大化，稍有不慎就会引发金融风险。

首先，金融腐败损害金融监管的有效性。金融监管部门对金融市场准入和金融机构业务实行管制，拥有这些权力的官员可以通过设租收取"腐败租金"，结果就是公众的合法利益无法得到保障。

其次，由于金融腐败的侵蚀，个别监管人员和公司高管监守自盗，与金融大鳄内外勾结。在银行业，上游监管部门、中游金融机构和下游的公司企业形成封闭的利益链，金融机构掌握着大量的资金和资源，部分不法商人试图通过受贿方式获取金融资源，部分监管人员甘愿"被围猎"。一旦监管出现问题，意味着整个金融系统失控，由此产生的金融腐败问题直接影响金融稳定。以保险业为例，某位领导主政保监会期间，对保险业准入门槛大松绑，一大批地产企业进入保险业，通过增资控股的方式扰乱市场。

最后，监管者与被监管对象之间亲而不清、公私不明，容易形成利益团伙。某地方商业银行的大股东合计持有该银行89%的股权，远远超出了20%的上限，导致该银行的大量资金被大股东违法、违规占用，长期难以归还，该银行已经成为大股东的提款机。大股东与银行违规进行关联交易活动，通过壳公司获取该银行信贷，利用旗下其他金融机构获得该银行的同业拆借资金，这些行为使该银行面临严重的信用危机。但是在该银行出问题之前，监管部门并没有真正履行监管职责，对其野蛮扩张大肆放水，助推金融风险。监管部门的个别领导与被监管机构"亲""清"不分，甘于被"围猎"，乐于当"内鬼"，造成队伍管理、业务监管"双失守"。

（五）金融改革与金融创新为金融腐败创造出更隐蔽的渠道

在约束机制不够完善的情况下，金融改革与金融创新更容易被腐败官员利用。一方面，金融市场化改革就是一个不断增加金融机构自主权的过程，这有利于市场在配置金融资源的过程中发挥决定性作用，但前提条件是要有强有力的约束机制和监督体系。否则，下放给金融机构的权力如果逃避了监管，就会在滋生金融腐败的土壤中落地生根，金融改革的过程就成为创造金融腐败的过程。另一方面，金融创新使金融产品和金融工具越来越复杂，期货、期权等金融衍生品和大量的现代金融工具在金融腐败交易中被广泛应用，加长了金融风险传染的链条。很多金融腐败往往出现在创新或伪创新业务领域，资本运作日益复杂，发现问题、审查调查的难度不断增加。

（六）金融腐败导致金融机构救助代价巨大

道德风险容易被忽略，因为当系统性风险与道德风险有冲突时，监管者首先要考虑的必然是系统性风险，在系统性风险可控的情形下，再去考虑道德风险。某股份制商业银行在两任董事长短短几年的"前腐后继"之后，内部治理千疮百孔，不良资产快速从百亿元堆积至 1400 亿元，中央汇金公司及地方财政付出了千亿元的代价注资救助。一边是金融腐败及紧跟其后的高薪酬和高分红，另一边是接受纳税人承担的巨额政府救助，原因就在于"大而不能倒"，甚至"小都不能倒"。政府和纳税人的隐性担保为金融高管提供了巨大的冒险激励，通过高风险经营以获得私利成为一种普遍的市场现象，加剧了系统性风险的积累，提高了政府救助的难度和成本。

四、完善金融反腐的体制机制

防范金融风险，维护金融稳定，首先需要杜绝金融腐败。充分认识金融腐败的本质及其背后的经济学原理，使金融腐败的成本远超过收益，是抑制金融腐败的应有之道。加强金融制度建设，完善金融立法，强化金融监管体制，不断提高和改进金融监管能力，是治理金融腐败的根本之策。

（一）完善金融监管机制是防范金融腐败的根本途径

加强金融监管机制建设有利于压缩权力寻租的空间，是防范金融腐败的根本途径。随着金融创新产品的不断丰富，以及金融信息技术的不断运用，金融监管的真空和漏洞在增加，不仅使金融腐败的成本低、收益高，而且降低了金融腐败被发现的概率。在此背景下，只有不断加强金融监管机制建设，不断提高金融监管技术，才能抑制金融腐败的发生。一是要加强综合监管。随着金融混业经营的不断发展，分业监管的缺陷开始显现，难以适应现代金融市场发展要求。分业监管容易导致监管真空，形成灰色交易地带，让金融腐败分子有空可钻。因此，要加强国务院金融稳定发展委员会的综合监管协调职责，强化统筹协调能力，建立跨行业跨市场的金融风险预警处置机制和综合风险监测防控机制，以达到防范化解系统性风险的目的。二是要同时发挥机构监管和功能监管的作用。机构监管要实现金融机构的全程纵向监管，功能监管应统一相同功能金融产品和金融服务的监管标准，防止出现监管套利。三是要建立基于金融消费者保护的监管框架。金融监管部门要更加重视金融消费者权益保护和政策协调，发挥好金融消费者对金融机构的外部监督作用。四是要保持金融监管部门的独立性。金融监管部门的目标应该是单一的，即通过合规性监管降低金融风险，不仅要对赋予其职责的立法机关负责，更要对金融消费者负责。该目标不应受到宏观调控目标的影响，也不应受到经济形势的影响，应该具有一定的稳定性。五是要寻求金融监管的适度空间。采用监管的成本曲线和收益曲线（见图 10-1）进行分析，当监管过于宽松时，会造成包括金融腐败在内的间接成本过大；当监管用力过猛时，又会影响金融配置资源的效率。只有处于 C 点时，才是金融监管的适度状态。

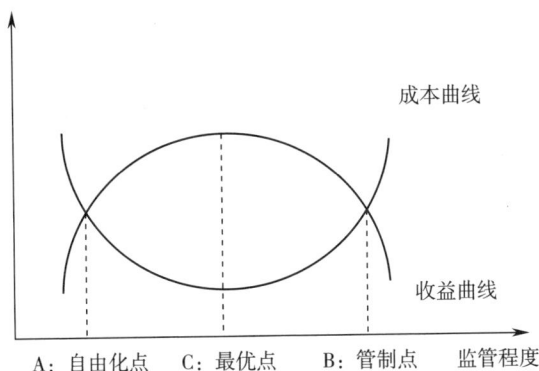

图 10-1　监管的成本与收益曲线

（二）发挥好金融审计在金融反腐中的作用

金融审计是金融监管的重要环节。同其他金融监管机构相比，金融审计具有独立性、综合性和再监督性等特征，内容包括预算执行审计、领导人员经济责任审计、资产负债损益审计等。通过金融审计，能够发现大量金融领域寻租的腐败行为和违法犯罪活动。为了更好地发挥金融审计在金融反腐中的作用，需要推动形成"大金融审计"格局，即通过整合审计部门和监管部门的资源，建立审计署与人民银行、中国银保监会和中国证监会等金融监管部门的协调协作机制，实现资源互通、成果共享。

（三）以完善的金融市场机制遏制金融腐败

金融腐败是金融市场制度不健全的产物，从源头上遏制金融腐败的根本途径在于推进市场化改革，完善金融监管制度。金融腐败分子最喜欢的就是不彻底的市场化改革：权力的下放为他们提供了设租的合法窗口，权力的不透明和不受约束为他们创造了更大的设租机会。在管住金融机构、金融监管部门主要负责人和高中级管理人员的同时，应降低金融资源市场化配置的制度性交易成本，高度重视市场发育，通过市场公平竞争与行业自律，有效形成金融领域"不敢腐、不能腐、不想腐"的机制。一方面，金融市场发育离不开金融反腐。越是推进金融市场化改革，越要对金融反腐给予足够重视，金融反腐就是要为金融市场的健康发展创造制度环境。金融市场化改革不是单纯的放权，不是追求市场的野蛮成长，金融机构的合法合规水平必须相应提高，这就要求金融反腐及时跟进。另一方面，金融反腐需要完善的金融市场机制。完善金融市场机制，既需要公平的市场竞争体系，又需要金融机构健全内部约束机制，更需要严格的金融监管制度。完善的金融市场机制是遏制金融腐败的釜底抽薪之策。只有减少对金融机构的行政化控制，加大市场化改革力度，才能消除腐败产生的体制基础。长期以来，证券领域的发审制都是产生腐败的重要源泉，注册制的推出就是对IPO领域腐败的制度性回应。金融市场的制度建设就是要让市场在金融资源的配置中起决定性作用，让市场的归市场，以减少权力寻租的空间。同时，要更好地发挥政府作用，建立严格的监管机制和防腐机制。如果没有完善的金融市场机制，金融反腐最多只能停留在"不敢腐"的层面，距"不能腐、不想腐"还相去甚远。只有减少政府直接干预，增强信息披露的公开性、完整性和及时性，才能制止暗箱操作、设租寻租等腐败现象。

（四）建立现代金融企业制度预防金融腐败

只有规范金融机构的公司治理结构，才能最大限度地抑制金融腐败、防范金融风险。一是要加强董事会建设。董事会在金融机构的战略决策中发挥核心作用，要在股东大会授权范围内承担经营决策职责。这就需要改进董事遴选机制，提升董事的专业性和独立性，让独立董事能够真正发挥作用。二是要真正发挥监事会的监督作用。监事会对股东大会负责，深入开展对工资薪酬的监督，也可以借助内外审计力量进行监督检查。三是要优化激励约束机制。建立科学合理的考评指标体系，淡化规模指标，突出风险防范和合规考核，引导管理人员始终绷紧风险防控这根弦。

（五）有效监督金融监管者

金融市场失灵凸显金融监管的重要性，但是金融监管同样存在失灵的可能。金融监管者作为理性的经济人，也会追求自身利益的最大化。同时，金融监管者作为代理人，会为了一己私利去损害委托人的利益，有可能与被监管者合谋。James R.Barth（2012）指出，由于金融领域的复杂性，公众无法有效监督金融监管机构是导致金融腐败的重要原因之一。因此，需要对金融监管者进行监督。目前西方经济学对这一问题研究的主流观点是建立"人民卫士"制度，对我国有一定的借鉴意义。第一，"人民卫士"由经济学家、律师、会计师等组成，是独立的编外专家团队，对金融监管机构进行评估。第二，"人民卫士"的报告面向人大常委会和公众，减少特殊利益对"人民卫士"的影响，全心全意代表金融消费者利益。第三，通过"人民卫士"削弱金融机构的"主场优势"，减少监管部门对金融机构高管的偏袒。

第十一章
以金融供给侧结构性改革
有效维护金融稳定

自中华人民共和国成立以来，我国金融业发展取得了历史性成就。特别是党的十八大以来，我国有序推进金融改革发展、治理金融风险，金融业保持快速发展，金融改革开放有序推进，金融产品日益丰富，金融服务普惠性增强，金融监管得到加强和改进。2019 年 2 月 22 日，习近平总书记在主持中央政治局集体学习时指出，金融要为实体经济服务，满足经济社会发展和人民群众需要。金融活，经济活；金融稳，经济稳。经济兴，金融兴；经济强，金融强。经济是肌体，金融是血脉，两者共生共荣。由此可见金融的重要性。但是，我国金融业的市场结构、经营理念、创新能力、服务水平还不适应经济高质量发展的要求，诸多矛盾和问题仍然突出。对此，习近平总书记强调，要深化金融供给侧结构性改革，平衡好稳增长和防风险的关系，而且要求深化金融供给侧结构性改革必须贯彻落实新发展理念，强化金融服务功能，找准金融服务重点，以服务实体经济、服务人民生活为本。要以金融体系结构调整优化为重点，优化融资结构和金融机构体系、市场体系、产品体系，为实体经济发展提供更高质量、更有效率的金融服务。金融供给侧结构性改革是当前深化金融制度与金融体系改革的主要内容，是提高金融资源配置效率和增强金融服务实体经济能力的关键一招。要理解金融供给侧结构性改革，就必须分析国内、国外大背景。我们面临的是百年未有之大变局，美国通过发动贸易摩擦、科技打压和长臂管辖等手段阻碍我国发展，我国经济自身也面临着进入新常态、从高速增长转向高质量发展、从要素驱动转向效率和创新驱动、跨越中等收入陷阱的新情况，这就需要完善资源配置制度，找准金融服务的重点领域，发挥好市场在金融资源配置中的决定性作用，建立起面向民营中小微企业的融资体系，增强金融服务实体经济的能力。同时，我国要应对"黑天鹅"事件的冲击，关键是以金融供给侧结构性改革降低金融脆弱性，消除金融风险隐患点。只有如此，才能保障金融体系在经济出现下滑时依然稳健。

近年来，国内部分学者已经对金融供给侧结构性改革进行了研究和探讨。在推进金融供给侧结构性改革的原因方面，陆磊（2016）认为，金融供给侧结构性改革应遵循问题导向，包括政府与市场的关系、中央和地方的关系、国内与国际的关系及金融支持实体经济和金融业自身稳健的关系。孙国峰（2017）认为，金融单靠量的增加已无法满足实体经济多样化的金融需求，而且量的过度扩张会加大金融风险暴发的隐患，因此有必要推进金融供给侧结构性改革，通过改善金融结构提升金融资源配置效率，防控系统性金融风险。刘立新和李鹏涛（2019）分析了金融供给侧结构性改革和防范系统性金融风险之间的逻辑关联，指出金融供给侧结构性矛盾会增加金融风险，同时金融风险也会倒逼金融供给侧结构性改革，调整金融供给体系是防范金融风险的有效策略。在如何推进金融供给侧结构性改革方面，廖理（2017）认为，金融供给侧结构性改革包括五项任务：一是管住货币总量，二是优化金融结构，三是限制资金在金融体系内部空转，四是防控系统性金融风险，五是补齐金融发展的短板。纪志宏（2019）指出，绿色金融供给和绿色资金需求之间的缺口非常大，构建绿色金融供给体系至关重要，提出了推进绿色金融供给侧结构性改革的路径，包括大力发展绿色债券、继续支持绿色信贷及发展绿色产业基金等。李文红（2019）认为，金融供给侧结构性改革要加强监管能力建设，通过补齐监管短板，形成宏观审慎与微观审慎相结合的监管体系，防止资金在金融体系内部嵌套和空转，通过提高监管的有效性增强金融服务实体经济的效率和能力。黄涛和李浩民（2019）提出，金融供给侧结构性改革的重点任务包括防范化解金融风险、调整优化金融结构、健全金融监管制度及深化金融开放等，并从增加资本市场制度供给、加快金融基础设施建设、创新金融产品供给和重构金融微观基础等方面给出了推进金融供给侧结构性改革的路径。以上研究都从不同角度分析了我国金融供给体系中存在的问题，以及如何完善我国的金融资源配置机制。本章的研究遵循为什么、是什么、怎么办这一基本逻辑，对如何以金融供给侧结构性改革有效防控金融风险这一问题进行探讨。

一、金融供给侧结构性改革的背景分析

金融本质理论指出，金融发展的目的是为实体经济服务的。好的金融制度应当体现现代金融的基本功能，体现服务实体经济的基本原则，体现市场配置金融资源的决定性作用，体现包容性金融发展战略。20 世纪 60 年代，以戈德史密斯为代表的一批经济学家肯定金融发展对于一国的经济增长有不可或缺的作用。戈德史密斯在《金融结构与发展》一书中，研究了截至 1963 年的近 100 年内 30 多个国家的金融发展状况，得出如下判断：第一，从纵向来看，在经济发展过程中，金融相关率有提高趋势。第二，从横向来看，发达国家的金融相关率要远远高于欠发达国家。之后，众多的实证分析表明：金融发展与经济增长存在显著的正相关。深化金融供给侧结构性改革，根本原因在于我国金融的供给体系还存在不少短板，无法满足经济体系高质量发展的要求，无法满足建设现代化经济体系的要求。在服务实体经济方面，存在着政府与市场"两只手"定位不当，以及市场结构、银行结构和产品结构不均衡等问题。在防范金融风险方面，我国金融体系存在着被房地产、地方政府债务、高杠杆、影子银行、美元体系绑架及监管制度不完善等问题，只能通过深化金融供给侧结构性改革加以解决。

（一）我国金融体系大而不强

金融市场上的外部性、脆弱性比其他行业更加明显，所以几乎所有

国家都对银行业实行了比其他任何行业更加严格的监管。银行等金融中介的存在，一方面，有效地解决了信用过程中授信主体之间信息严重不对称问题；另一方面，又形成了存款人与银行及银行与贷款人之间的信息不对称，从而导致金融市场中的逆向选择与道德风险问题，造成金融市场失灵。自 Minsky 于 1982 年首次提出"金融不稳定假说"后，金融脆弱性问题引起了广泛关注和争论。自改革开放以来，我国的金融体系日趋完善，对我国经济保持 40 年高速增长起到了重要的推动作用。在这个过程中金融体系本身也在不断壮大，按一级核心资本全球排名前十的银行有四家来自我国①。但这个金融体系是大而不强的，因为其防范风险的能力较弱。

大而不强表现之一：被房地产绑架。每一次金融危机的暴发都与房地产泡沫有着必然的关联，从中能够总结出房地产引发金融风险传导机制的模型。在银行信用扩张的推动下，房地产价格出现上涨；在房价上涨形成强烈预期之后，房地产市场必然出现投机盛行的现象，进而就会出现巨大泡沫。在泡沫日益变大的趋势之下，政府不可能无动于衷，任由泡沫自由发展，导致风险不断加大；金融机构同样会日趋谨慎，导致银行信贷收缩。在此二者的共同作用之下，房价上涨的预期就会发生扭转，导致房价下跌，进而就是房地产贷款违约率的上升和个人按揭贷款违约率的上升，最终导致金融危机的暴发。这个规律是从历次金融危机中总结出来的，任何国家都难以逃脱。2019 年底，我国的房地产贷款余额为 45 万亿元，占整个信贷的比重接近 30%。② 这仅仅是房地产直接贷款的规模，如果加上跟房地产行业相关的间接贷款，该比重就会更高。一旦房地产行业出现问题，金融机构的不良贷款率必然会急剧上升，引爆金融危机。因此，从这个角度来看，可以说我国的金融体系被房地产所"绑架"。

大而不强表现之二：被地方政府债务绑架。虽然我国地方政府显性债

---

① 按一级资本排名，我国进入前十的分别是工商银行（第 1 位）、建设银行（第 2 位）、中国银行（第 4 位）和农业银行（第 6 位）。资料来源：英国《银行家》杂志，2018 年 1 月。

② 资料来源：根据 Wind 资讯数据整理得出。

务总体可控，但隐性债务规模较大，包括违法违规举债担保、名股实债及政府购买服务变相融资等形式。众多研究机构分别从资产端和负债端对我国的地方政府隐性债务进行了测算，测算的结果大多在 30 万亿 ~40 万亿元。如此规模的地方政府隐性债务期限较短，未来三年是集中的还债期，存在着较大的违约风险。从地方政府债务的构成来看，银行贷款占了近50%，剩下的通过银行表外业务等通道成为隐性债务，但同样与银行高度相关，一旦出现违约，必将影响银行的信用。对于如何化解地方政府隐性债务，从短期来看，借新还旧和展期是应对陆续到期的地方政府隐性债务的主要方式；但从长期来看，迄今尚未找到有效可行的办法，可以说，处置地方政府隐性债务已经成为防范金融风险中一块难啃的硬骨头。

大而不强表现之三：被高杠杆绑架。纵观历次金融危机，有一个共性因素就是信贷膨胀导致的全社会杠杆率显著增加。明斯基危机模型认为信贷行为的顺周期性是金融体系脆弱的主因[1]，而且过度和不当运用金融杠杆会产生庞氏融资效应。按照"5-30"规则来看，我国从 2011 年到 2016 年五年的时间内信贷余额占 GDP 的比重增长超过 30 个百分点，确实出现了信贷膨胀。分部门来看，非金融企业部门的杠杆率虽然总体得到控制，但仍然比较高，2018 年为 157%，远远高于其他主要国家非金融企业的杠杆率。这个问题同时出现在国有企业和民营企业，很多企业的扩张就是靠高负债得到的，风险非常大。金融部门的杠杆率受到巴塞尔协议的严格控制总体可控，但部分金融机构不良贷款率过高的问题大大增加了其流动性风险和信用风险。居民部门杠杆率过去 10 年快速上升，居民债务与存款的比重从2008 年的 25.7% 上升到 2018 年的 75.7%。过度使用金融杠杆必然增加金融机构脆弱性，带来巨大风险隐患。

大而不强表现之四：被影子银行绑架。影子银行包括通道业务和同业业务。通道业务拉长了风险链条，使监管者站在资金的初始端看不到资金

---

[1] 明斯基危机模型主要是经济长时期稳定可能导致债务增加、杠杆比率上升，进而从内部滋生暴发金融危机的风险。

的末端，风险传导隐蔽化；同业业务通过表内资金表外化规避金融监管，导致金融空转现象严重，同样大大增加了监管的难度。为此，中国人民银行等部门于 2018 年 4 月联合发布了《关于规范金融机构资产管理业务的指导意见》(银发〔2018〕106 号)，目的就是更好地防范影子银行风险。文件出台之后，具有较高风险的影子银行产品和业务受到严格管制，余额大幅缩小。但由于正规金融缺位现象严重，融资环境突然趋紧导致债券违约率大幅上升，经济下行压力进一步加大，监管部门不得已又放松监管力度和节奏。由此可见，在我国当前的融资模式不够健全、中小微民营企业融资渠道受阻的背景下，对影子银行的监管骑虎难下。

大而不强表现之五：金融监管制度不完善。我国的金融监管还存在着许多不尽如人意的地方。监管部门的主要职责就是监管，与被监管机构的关系就是"猫与老鼠"的关系，绝对不能成为被监管机构的代言人，更不能成为其"保护伞"。包商银行被接管事件带来的影响是深远的，在一定程度上反映了监管制度的漏洞。包商银行不是小银行，根据中国银行业协会的排名，2018 年我国银行 100 强中，包商银行排名 37 位。如此有影响的一家银行，却隐藏着巨大的信用危机。究其原因，一是违反了单个股东持股比例的限制。"明天系"通过其旗下关联公司共持有包商银行 89% 的股份。这直接导致包商银行大量资金被大股东违规占用，长期无法归还，形成逾期贷款，导致包商银行的信用危机。二是过度依赖同业存款。包商银行存款占总负债的比例从 2014 年的 60% 下降到 2017 年的 40%，其同业拆借利率高于市场一般水平。三是贷款集中度[①] 过高。2016 年底，包商银行最大 10 家贷款占资本净额的比重为 28%，贷款集中度风险[②] 显著增加。以上三条原因，均与监管制度不完善有关系。

大而不强表现之六：被美元体系绑架。美国前国务卿基辛格曾说过：

---

① 贷款集中度是指贷款占该家银行资本净额的比重。

② 贷款集中度风险，是银行对单一客户的贷款余额与银行净资本的比例过高而导致银行遭受贷款损失的风险。

"如果你控制了石油，你就控制了所有国家；如果你控制了粮食，你就控制了所有的人；如果你控制了货币，你就控制了整个世界。"在当前美元主导的国际金融体系下，我国的金融安全是无法保障的。既要保持足够的外汇储备以满足外汇需求，又要安排好外汇储备的投资以达到保值增值的目的；既要在美联储实施宽松货币政策下承担人民币升值的压力，又要在美联储加息的背景下承担人民币贬值的压力；既要担心被列为汇率操纵国，又要预防随时可能到来的金融制裁。尤其是在当前中美贸易摩擦变数依旧较大的背景下，我国需要挖掘贸易摩擦背后的金融摩擦给我国带来的影响，包括人民币汇率波动的风险、我国资本流出的风险及金融制裁的风险等。现在已经有一家我国的银行被美国列入制裁清单，这意味着该银行无法在美国开立代理账户。但这一制裁远不是终点，我国需要为更严重情况的发生做好准备。

（二）我国金融体系存在政府与市场定位不当的问题

党的十九大明确提出要使市场在资源配置中起决定性作用，更好地发挥政府作用。市场发挥决定性作用的前提就是政府不越位、不缺位、不错位。综观我国当前的金融体系，还存在诸多政府与市场"两只手"定位不当的领域。

"两只手"定位不当表现之一：利率无法在金融资源的配置中起到决定性作用。我国长期存在着金融抑制的现象，表现为政府对金融资源要素的价格管控过多，人为压低利率，使有限的金融资源流向国有企业，而有融资需求的非国有企业无法获得价格合理的金融资源支持。利率是一种价格，只有由市场供求决定的价格才能高效地配置金融资源。麦金农和肖在其金融抑制与金融深化理论中表明，发展中国家之所以发展缓慢，一个重要的原因就是这些国家存在着广泛的金融抑制现象，表现为对利率、汇率及金融机构准入等领域管制过多。2015年10月，我国中央银行宣布不再对存款利率上限实施管制，意味着利率市场化改革初步完成，但这仅仅是象征意义的，实际运行过程中利率距离市场化定价还有很大距离。

"两只手"定位不当表现之二：政策性金融与商业性金融界限不清。普惠金融不是所有金融机构必须履行的义务，商业银行应以实现股东利益最大化为目的，在追求经济效益最大化的过程中实现社会效益。给中小微企业和农户提供的普惠性贷款成本高、风险大、收益低，这是不争的事实，因此需要从深层次挖掘小微企业融资难、融资贵的原因。如果政府过多地采用行政命令或行政激励的手段要求金融机构为中小微企业和农户提供普惠性贷款，带来的必然是虚假普惠。当然不能否认金融要更好地为农户、小微企业等弱势群体服务，嫌贫爱富不是金融的全部。这就需要更好地发挥政策性金融机构的作用，在政策上鼓励商业性金融机构去做普惠金融的同时，让政策性金融机构去兜普惠金融的"底"，让财政去兜政策性金融的"底"。在这方面，德国和日本的经验值得我国借鉴①。而我国当前还严重缺乏专注于做普惠金融的政策性金融机构，政府这只手严重缺位。

"两只手"定位不当表现之三：股票市场 IPO 核准制剥夺了部分拟上市公司的融资权和投资者的选择权。第一，在核准制下，企业能否上市的决定权在审批部门手中，意味着上市成为一种掌握在政府手中的福利，金融资源配置不是由市场决定的，而是由政府决定的，审批部门的决策决定着企业能否继续生存下去，这也直接导致审批部门的官员成为拟上市企业"围猎"的对象。第二，核准制下的审核时间过长，很多排队的 IPO 企业完成审核的周期长达 3 年，这就导致很多企业在其需要资金支持的时候却无法获得股权融资。第三，核准制限制了投资者的选择权。审批部门官员的知识和经验是有限的，他们的判断有可能失准，很难准确地判断出一个企业是否是绩优股、潜力股，尤其是对于自己不熟悉的行业、企业，以及在沟通过程中主观上不太认同的企业，就容易判断失真，将一个有发展前途的企业拒之门外。这损失的不仅是上市公司的利益，还包括投资者的利益。

---

① 德国复兴信贷银行、日本政策金融公库股份有限公司等政策性金融机构在推动普惠金融过程中发挥了重要作用。

（三）融资结构不均衡制约金融服务实体经济能力

金融供给是否适应金融需求，需要从金融供给总量和供给结构两个角度进行考量。2018 年底，我国银行业金融机构总资产规模达到 268 万亿元，总量不可谓不大，但却存在着严重的结构性失衡的问题。一是市场结构失衡：直接融资和间接融资不平衡。我国的金融市场结构以间接融资为主，直接融资占比很小。从 2018 年社会融资组成情况来看，新增人民币贷款占81.4%，债券融资占 12.9%，股权融资仅占 1.9%。这样一种市场结构既会导致非金融企业杠杆率居高不下，又不利于分散风险。二是银行结构失衡：中小银行数量少，业务比重偏低。从金融需求侧来看，民营企业已经达到"五六七八九"①；但从金融供给侧来看，我国仍然是国有银行主导的金融体系，这就造成了供给侧和需求侧的"门不当户不对"。金融服务重大轻小，集中于政府项目、国有企业和大型企业。国有银行、大银行主导的金融体系不适合为中小民营企业提供金融服务，这就是融资难、融资贵的根本原因，它阻碍了民营企业的发展壮大，增加了民营企业由于流动性不足导致破产的风险。三是产品结构失衡：适合中小企业的金融产品较少，尤其是从社会融资和信贷数据结构来看，短期贷款和票据融资占比远远高于中长期贷款。金融机构应根据企业生命周期提供金融产品，而不是反过来让企业适应银行的产品。相比国外银行的流动资金贷款期限可以长达 7 年，我国的流动资金贷款大多是 1 年，尽管可以延期、展期，但无形中增加了成本。

二、金融供给侧结构性改革与金融风险有效防控

供给侧结构性改革的最终目的是满足需求，主攻方向是提高供给质量，根本途径是深化改革。实体经济的发展方向决定了金融改革的方向，当前经济领域改革转向供给侧结构性改革，必然要求金融创造与之相匹配

---

① 民营企业占全国 50% 的税收、60% 的 GDP、70% 的创新、80% 的就业、90% 的企业数量。

的条件。金融的本质是通过融资方式实现资金融通，服务实体经济。金融供给侧结构性改革当然要与金融的本质高度契合，通过改善金融结构，减少无效、低效金融供给，增加有效、高效金融供给，提升金融资源配置效率和金融服务实体经济能力，防控系统性金融风险，实现金融可持续发展的目标。因此，金融供给侧结构性改革是"动力系统"，其目的是更好地服务于实体经济，让金融的活水恰好浇灌到实体经济之树，底线是守住不发生系统性金融风险，根本途径就是建立有效的资源配置机制，这个机制需要政府与市场"两只手"共同发挥作用。

首先，金融供给侧结构性改革的目的就是更好地服务实体经济。金融要回归本源、专注主业，这里的本源和主业就是服务实体经济。推动经济实现中高速增长、迈向中高端水平，跨越中等收入陷阱这道"坎"，关键的一条是要走活金融服务实体经济这盘棋。服务实体经济，需要深化金融供给侧结构性改革，解决金融供给中存在的结构性问题，理顺金融服务实体经济的体制机制，解决中小企业融资难、融资贵的问题，推进普惠金融，发挥政策性、商业性金融的多元优势和互补作用。服务实体经济，既要提高金融资源配置的效率，又要把更多金融资源配置到经济社会发展的重点领域和薄弱环节中去，满足实体经济高质量发展的多样化需求。服务实体经济，要加强对创新驱动发展和新旧动能转换的金融支持，鼓励银行、证券、保险等机构开发适合"双创"的金融产品。

其次，金融供给侧结构性改革是守住不发生系统性金融风险的釜底抽薪之策。防范化解重大金融风险，不能因噎废食，而是要坚定不移地推进金融供给侧结构性改革，在深化改革和高水平开放中提高防控风险的能力。防范化解金融风险的一个重要方面就是化解经济高杠杆风险。2018年我国宏观杠杆率下降了1.5个百分点，稳杠杆的目标已经初步实现，但结构性去杠杆的任务依旧艰巨，尤其是企业部门和政府部门的高杠杆。结构性去杠杆与稳增长和防风险之间有统一的一面，并不是对立的。推进金融供给侧结构性改革才能够真正降低企业杠杆率，降低企业杠杆率才能够防范化解金融风险。第一，通过金融供给侧结构性改革，让"僵尸企业"释放出更多的金融资源，这些宝贵的资源会在市场无形之手的作用下流向高效率行业和企业，这既有利于推动经济增长，又能够化解金融机构不良贷款率攀升的风险。第二，通过市场化、法治化的债转股降低企业的杠杆率，让企业轻装上阵，既能够完善企业治理结构，激发经营活力，促进企业加强管理；又能够防范企业面临的高负债风险，降低企业资产负债率和财务成本；还能够改变企业"小马拉大车"现状，帮助企业补齐资本短板。第三，我国经济的稳杠杆药方就是建立一个规范、透明、开放、有活力、有韧性的多层次资本市场，这个市场应该是既为大型企业服务，又为中小型企业服务的市场，应该是满足各种类型的投资者和融资者共同需求的市场。

最后，深化金融供给侧结构性改革的关键是厘清政府与市场的关系，让市场在资源配置中起决定性作用，更好地发挥政府作用。只要是市场能配置的金融资源，权力就交给市场；只要是企业能够做的事情，就交给企业去做。政府应该去配置市场无法配置但又关系国计民生的重要资源，去做企业做不了、不愿做、做不好的事情，同时要发挥好守夜人、监督员、服务员、投资人的职能，担负起培育市场的重任，保证市场在公平、公正、稳定的法治环境中运行，为市场提供好基础设施和公共服务。具体来看，一是将利率、汇率等定价权交还市场。中央银行通过市场化手段对利率、汇率进行调节，但不能行政干预。二是严格区分政策性金融和商业性金融的边界，商业性金融机构应该按照现代企业制度运行，以实现股东权益最大化为目标，在追求经济效益的过程中实现社会效益，政府不应过多干预商业性金融机构的具体经营。在商业性金融不愿涉足的领域，政策性金融应及时补上。三是大力推动以注册制为重点的资本市场改革，只有注册制才能真正实现金融资源的市场化配置，才能让资本市场成为投资者与上市公司自由选择的平台。四是加强金融监管。以保护金融消费者为目的的金融监管是政府义不容辞的责任，坚决不能缺位。

三、深化金融供给侧结构性改革的路径

深化金融供给侧结构性改革，就是要紧紧围绕服务实体经济这一根本

目标，守住不发生系统性金融风险这一基本底线，用好政府与市场"两只手"。以"五度"改革推进金融供给侧结构性改革，有助于搭建金融服务实体经济的"四梁八柱"，有助于通过优化金融结构来完善金融市场、金融机构和金融产品体系，有助于明确市场导向与加强监管的职责。

（一）"宽度"改革：建设一个规范、透明、开放、有活力、有韧性的资本市场

从金融契约的角度看，股票的经济性质与银行存款不同，它体现的是一种对公司收益的剩余索取权。由于信息不对称导致的严重的委托—代理问题，个体股东难以弄清企业真正的收益是多少。同时，公司的经理人决定公司是否分发红利，因此，即使公司事实上取得了盈余，经理人也可以拒绝分红。显然，如果没有适当的经济、法律环境，股东的权益难以得到保障。在这样的环境中，股票市场就很难发展起来。从长期以来，我国过度依赖以银行为主的间接融资体系，这极易导致企业的杠杆率居高不下，金融风险不断增加。解决这一问题的根本举措在于发展和做大做强资本市场，提高直接融资比重。在我国经济由高速增长迈向高质量发展的关键阶段，资本市场的市场化资源配置功能将在调整产业结构并构建创新型经济体系中起到核心作用。尽管我国资本市场发展取得了巨大的进步，但效率低下与机制不健全的问题同时存在。完善我国的资本市场，一方面，要使资本市场这只"看不见的手"起到资源配置的决定性作用。第一，加快推进注册制改革。发展资本市场的目的就是提高资源配置的效率，任何一个符合条件的企业都有权到资本市场上融资，每一位投资者可以自由选择自己看好的企业进行投资，这就需要通过注册制改革完善市场体系和资源配置手段，不能歧视性地选择上市对象，应把选择权交还市场。第二，通过退市制度实现金融资源合理配置。一个可以优化资源配置的资本市场一定是一个吐故纳新、不断更新的市场，资本市场就是要通过引导资源向高效率的产业和企业流动来实现产业升级的目标，这就需要将这个市场打造成一个有进有出、进出有度的市场，因此退市机制必不可少。另一方面，要管

住政府这只看得见的手，真正发挥好"守夜人"的作用。第一，股票价格的高低与监管部门的业绩没有任何关系，监管部门作为"守夜人"，需要维护市场的公平与透明，需要打击操纵市场、内幕交易、虚假信息披露等违法行为，需要建立严格的退市制度，但不需要干预市场的价格，人为地制造牛市。第二，资本市场要更加注重保护投资者，让投资者通过长期投资获得收益，而不是通过短期炒作进行套利。要想实现这一目标，必须严格执行上市公司强制分红的制度。上市公司需向投资者派发红利的规定虽然很早就有，但严格执行的很少，监管的力度不够，导致投资者通过炒作赚取溢价来实现收益。这不利于将一个投机市场转变为投资市场。第三，加大处罚力度。我国有句古语叫"治乱需用重典"，对于资本市场中出现的形形色色的违法行为，要加大处罚力度，否则这个市场是无法规范的。

（二）"深度"改革：真正完成利率市场化改革

古典利率决定理论的奠基人马歇尔认为，利率由资金的需求和供给决定，其中资金的需求源于资本的边际生产力，而资金的供给源于人们愿意放弃当前资金而等待未来更高收益。Mckinnon（1973）和Shaw（1973）在详尽分析了发展中国家的金融发展状况之后，首次真正建立了以发展中国家或地区为研究对象的金融发展理论。他们提出，改革金融体系、消除金融抑制是发展中国家摆脱贫困陷阱的重要路径，认为发展中国家想摆脱贫困，必须实行利率市场化，这样才能真正发挥利率在资源分配中的调节作用。金融抑制和金融深化理论影响了许多发展中国家的金融改革，在经济和金融理论领域引起强烈反响。利率市场化改革的目的是完善金融资源的配置机制。尽管我国的利率市场化改革已经初步完成，中央银行对商业银行的存贷款利率不再进行管制，但市场化的利率形成机制依旧不健全，作为借贷资金价格的利率尚不能在金融资源的配置中发挥关键性作用。当前我国的融资环境面临着较为突出的结构性矛盾，一方面是广义货币供应量的快速上涨，流动性总体充裕；另一方面是大量的中小民营企业融资渠道不畅，无法获得金融资源的支持。解决这一问题的根本渠道就是疏通货币政策传导机制，使市场在金融资源的配置中起决定性作用，尽量减少计划和行政手段的运用，让商业银行根据市场供求决定资金的价格，实现金融资源的优化配置。从目前来看，疏通货币政策传导机制的主要目标就是通过深化利率市场化改革建立价格型货币政策传导机制，以中央银行间接调控的 LPR 为货币政策操作目标，以市场供求决定的金融机构存贷款利率为货币政策中间目标，以保持货币币值的稳定，并以此促进经济增长为货币政策最终目标。这样一个货币政策传导机制，会引导资金更多地流向效率高的行业和企业，更多地流向中小民营企业。

（三）"温度"改革：实施普惠金融战略

金融应摆脱嫌贫爱富的惯性，更多地为享受不到金融资源和金融服务的弱势群体提供服务。国家高度重视普惠金融战略，应通过合理高效的渠道积极发展普惠金融。推进金融供给侧结构性改革的一项重要内容就是构建多层次、广覆盖、有差异的银行体系。在这个体系当中，商业银行、政策性银行、城市商业银行、农村金融机构、民营银行及村镇银行各有定位、各司其职、相得益彰。一是五大国有商业银行应明确其定位，以建立现代企业制度为导向，紧盯"做强、做优、做大"的核心目标。在国有企业的分类中，五大国有商业银行属于商业一类，应以经济效益最大化和股东权益最大化为目标。"产权清晰、权责明确、政企分开、管理科学"是现代企业制度的基本要求，国家是国有商业银行的最大股东。只要五大国有商业银行能够不断增强企业竞争力、提高企业经济效益、实现国有资产保值增值，国家这个最大股东就是最大的受益者，这也为普惠金融战略的实施奠定了最坚实的基础。二是政策性银行应明确职能定位，厘清业务边界。政策性银行以国家利益和国家战略需要等为业务价值，主要作用是弥补部分领域的市场失灵，做商业银行不愿做、做不到和做不好的事情，而不应混淆政策性业务和商业性业务。普惠金融不是所有金融机构应尽的义务，在鼓励广大中小银行积极参与普惠金融的同时，应组建成立新的政策性银行专门聚焦于普惠金融业务，为普惠金融兜底。同时，基于风险防控的考虑，必须厘清两类业务之间的界限和分工，建立有效的"防火墙"，这也是加强金融监管与防控金融风险的必要条件。三是农村商业银行依靠在本地长期积累的信用，加上其较为灵活的利率政策，可以更好地为中小微企业服务。农村商业银行要做到机构不出县、业务不跨县，找准符合自身的差异化定位，确立经营重点，满足"三农"和中小企业差异化、个性化、定制化的业务需要，将业务做小做散，降低贷款集中度和户均贷款规模。四是进一步扩大民营银行试点。增加民营银行数量是增加金融供给的有效手段，能够填补大型银行无暇顾及的市场，是破解中小民营企业融资难、融资慢的有效手段。在防范民营银行的风险方面，可以通过对最大股东持股比例的限制等举措防范关联交易问题。五是利用好金融科技在推动普惠金融中的积极作用。金融科技兴起为普惠金融的发展提供了新的思路，越是在传统的金融基础设施不完备的地区，互联网金融发挥作用的空间就越大。

（四）"亮度"改革：加强金融监管

金融的一个根本特点就是存在较大的外部性，这就要求金融监管必须从严。这一尺度不应随着经济形势的变化而变成橡皮筋，而应一把尺子量到底，坚持一个标准。中小银行的危机主要源于被大股东掏空。"明天系""安邦系"等出问题就是源于大股东借助抽逃资本、循环注资、虚假注资及通过不正当的关联交易形成利益输送的链条，将其投资的金融机构视为自己的"提款机"。由于大股东在公司治理中掌握着绝对的话语权，使金融机构内控机制形同虚设，严重打击了金融信用，最终引爆金融风险。此时的金融已不是现代经济的血液，而是沦为实体经济的"抽血机"，成为制造、传递金融风险的"黑手"。对此，必须拿出更大的决心和魄力加以治理。此次中央银行与监管部门直面"明天系""安邦系"等历史遗留问题，发现违法违规行为及时断然出手，十分必要。它应成为强化监管的新起点，有助于重塑我国金融生态。

金融科技借助电子信息技术与传统金融的融合，创新了金融业态，增加了金融服务的便利性，在众多领域提高了金融服务实体经济的质量。与此同时，金融科技的迅速发展增强了金融风险的隐蔽性，增加了许多新的金融风险点，对金融监管能力提出了更高的要求。个别机构打着"金融创新"的旗号，实际上干的却是非法集资、非法融资、非法吸收存款的事情。面对这些新变化，金融监管部门需要创新金融监管手段，平衡好金融创新和金融安全的关系，做到既鼓励有助于提高金融服务效率的金融创新，又能将金融风险控制在安全范围之内。英国金融行为监管局的"监管沙盒"制度值得借鉴。"监管沙盒"就是为金融创新提供一个试验区间和安全空间，测试机构可以在"沙盒"内创新其产品、服务、商业模式和营销模式，经过认证的金融消费者可以在"沙盒"内充分享受这些产品和服务带来的收益，同时承担风险。监管部门静观其变，对这个交易过程可能带来的风险进行评估。如果风险可控，则进一步放开；如果风险隐蔽且传染性过大，则抑制其发展。总之，"监管沙盒"旨在创建缩小版的真实市场和宽松版的监管环境，充分利用"先试点、再总结、后推广"的模式，为金融科技的发展找到一条有边界的道路。

（五）"广度"改革：推动人民币国际化

真正决定主权货币价值和国际化水平的是综合国力，我国经济稳定、高质量的增长是推动人民币国际化的重要因素。第一，我国经济高质量发展决定人民币国际化的未来。只要我国经济能够保持高质量的强劲增长势头，人民币国际化就会有一个较好的发展。这个过程中需要培育高质量发展、高水平开放的微观经济主体，重点是提高企业和产品的竞争力，增强货币选择和使用的话语权。第二，坚定不移地推动金融领域改革开放再出发。未来，应坚持人民币利率、汇率由市场决定，在遵循富有效率、稳健有效的原则下，循序渐进推进资本账户和金融市场的开放，让离岸人民币有更好的投资场所。第三，完善人民币国际化的基础设施建设。SWIFT 和 CHIPS 已经逐渐沦为美国长臂管辖的金融工具，对我国的金融安全构成挑战。CIPS 运行已有三年，目前有 30 多家直接参与的银行、800 多家间接参与的银行，但交易量和金额远低于 SWIFT，原因在于 CIPS 服务的便利性和可获得性不高。未来，CIPS 一方面需要熟悉业务，另一方面需要培育市场习惯和行为，努力实现哪里有人民币哪里就有 CIPS 的服务，发挥 CIPS 在人民币国际化中的基础设施作用。第四，数字人民币有助于完善全球金融基础设施并推动人民币国际化。数字货币对于解决全球金融基础设施及跨境支付方面的短板可发挥重要的作用，能够通过新的科技手段提高跨境支付效率、减少障碍。数字人民币可以借助 CIPS，绕过美元结算系统，成为推动人民币国际化的举措之一。海外使用数字人民币进行交易和结算将更加直接，推动人民币自成一个体系，不用再依赖美国控制的结算体系。当然，数字人民币的推出仅仅是推动人民币国际化的一个有利条件，货币国际化的影响因素较多，包括强大的经济贸易规模、币值稳定、开放发达的金融市场及强大的综合国力等。

第十二章

坚持"房住不炒"总基调是防范金融风险的关键一招

近年来，中央关于房地产市场的政策定位一直是坚持"房子是用来住的，不是用来炒的"，并强调"不将房地产作为短期刺激经济的手段"。从监管层面，防范资金违规进入房地产市场是监管部门一直以来的监管重点。从地方政府层面，一线城市和部分热点城市的限购、限贷、限售等行政性调控手段一直在持续。房地产与金融从来都是分不开的，房地产行业是资金密集型行业，房地产市场的快速发展离不开金融的支持：房地产开发企业需要通过融资获得资金的支持，购房者需要通过融资获得杠杆资金购房，按揭和预售制度也使房地产和金融密不可分。房地产金融包括房地产企业的开发贷款、个人抵押贷款、公积金贷款、居民住房抵押贷款支持证券（RMBS）及房地产信托投资基金（REITs）等。房地产金融规模的扩张又会增加暴发金融危机的概率，2008年国际金融危机的引爆点就是美国房地产市场次贷风险被点燃。近年来，地产周期和金融周期高度同质化的趋势越来越明显，房地产行业和金融行业的联系越发紧密，房地产行业正在从传统产销模式向金融深化模式转变，一套普通的房子不再是"低活的不动产"，已经转变为"高活的金融品"，实现了房地产与金融的深度融合。从我国的情况来看，在审慎住房信贷政策的指引下，房地产贷款的不良率显著低于全部贷款的不良率，且首付比例一直控制在 30% 以上，因此房地产金融风险总体可控。但房价过快上涨和房地产行业高杠杆的问题不容忽视，房地产行业引发系统性金融风险的可能性值得警惕。

房地产的形式是产业，本质却是金融，二者的关系错综复杂。在国际产业分类标准体系中，房地产被归类为金融业，因此从某种程度上看，"地产即金融"是有一定道理的。究其原因，一是金融机构的资金支持对房地产开发至关重要。从购地、开发到建设，房地产是资金需求大户，离开金融的支持，作为资金密集型行业的房地产业寸步难行。二是房价与货币供应量相互影响。一方面，房价的涨跌通过影响货币乘数进而影响货币供应量；另一方面，货币供应量直接关系到全社会物价水平和资产价格水平，当然也会影响到房价和房地产市场。三是房价波动直接关乎金融风险。房地产与金融的连接点就是资金的供求，房地产市场是主要的资金需求方，金融的功能就是资金的融通和风险的管理，房地产市场的稳定性和房价的波动直接影响金融的安全性。房地产与金融高度融合，为金融体系形成不可忽视的潜在金融风险，而且这种风险既可能由"黑天鹅"引发，又可能由"灰犀牛"引发。金融体系被房地产绑架是我国经济最大的问题之一。未来，我国经济能否持续健康发展，金融体系是否稳健，很大程度上取决于如何妥善解决房地产问题。

一、房地产市场现状分析

从 2019 年房地产市场运行情况来看，在"房住不炒"原则的引导下，促进房地产市场平稳发展的政策效果已经显现，种种迹象表明房地产市场拐点已经到来。但房地产市场存在的深层次问题仍需关注，房地产市场健康发展的长效机制尚未完善。

（一）房地产价格只涨不跌的预期发生基本扭转

从国家统计局公布的数据来看，2019 年 70 个大中城市新建商品房和二手住宅销售价格月度环比涨幅明显回落，分别累计上涨 6.81% 和 3.65%。分城市层级来看，一线城市延续了 2018 年的调控政策，价格基本稳定；二线城市和三线城市同比涨幅持续回落。从住房租赁的价格来看，2019 年各城市租金价格基本保持稳定或略有下降。总体来看，始于 2016 年的新一轮房地产调控政策持续保持从紧态势，通过毫不放松的行政手段来稳定房价，已经初步扭转了房地产价格只涨不跌的预期。这种预期的扭转反映在一线城市房价基本稳定，二线城市房价逐渐平稳，三线城市房价涨幅收窄，房价环比下跌的城市数量增加，房地产销售涨幅放缓，土地溢价率持续下降，土地拍卖价格有所下降。2020 年，受新冠肺炎疫情的影响，第一季度房价涨幅整体回落，需要防范因房价快速下跌对经济金融体系造成的冲击。

从国际比较来看，北京、上海和深圳的房价已居于世界前列。从房价收入比[①]来看，我国一线城市的房价收入比相对世界其他主要城市来说更高，深圳、北京、上海和广州分别排名第一、第三、第五、第七[②]。从区域差别来看，一、二线城市的住房市场是供不应求，三、四线城市却面临较大的去库存压力，尤其是中西部、东北及其他经济欠发达地区，明显存在过度投资。从空置率来看，2013 年全国城镇家庭住房空置率高达 22.4%[③]，明显高于美国、日本、欧盟等国家和地区，尤其是二、三、四线城市的空置率问题更严重。一线城市住房的空置跟过度投机有关，中小城市住房的空置则与过度建设有关。

（二）居住条件不断改善引发房地产业定位变化

我国房地产市场化开始于 1998 年，经过 20 年的发展，到 2018 年，我国户均住房已超过 1.1 套，人均住宅建筑面积为 39 平方米。对房地产业的定位已由之前的"经济发展的支柱产业"，转变为"房子是用来住的，不是

---

① 房价收入比是指一套住房价格与一个家庭年收入的比值，是大多数国家进行住房支付能力评价时所采用的主要指标。

② 资料来源：Numbeo、方正证券。

③ 资料来源：中国家庭金融调查与研究中心发布的《城镇住房空置率及住房市场发展趋势》，2014 年 6 月 10 日。

用来炒的"。2019年7月30日中央政治局会议明确提出："不将房地产作为短期刺激经济的手段"，这一政策取向决定了房地产业新的定位。2019年房地产业开发投资同比增长9.9%，但销售面积却下降了0.1%，这一"拐点"有可能引发的风险值得警惕。

（三）土地供需结构性失衡现象严重

从全国范围来看，我国房地产存在着高库存与高房价并存的现象，其根本原因在于供需错配：一些地区供给大于需求，所以房地产高库存现象严重；另一些地区需求大于供给，所以房地产价格居高不下；大城市的土地供给不足与中小城市的土地供给过剩并存。从一线城市的住房需求来看，源于三个方面：一是来自城市化的需求。城市能够提供更多的就业机会和更高的生活质量，吸引年轻人口的流入，形成人口的集聚。二是来自住房带来的其他好处。我国的一线大城市聚集了全国最优质的教育资源和医疗资源，老年人养老选择一线大城市，教育资源同学区房挂钩，这成为吸引人口流入的重要因素。三是来自投资的需求。金融压抑的现象在我国普遍存在，老百姓的投资渠道十分有限，这使房地产成为相当一部分人群的投资选择。在"房子是用来住的、不是用来炒的"的定位下，第三类需求是需要严格控制的，但前两类需求是要通过供给满足的。我国一线大城市的高房价，正是由于供给跟不上需求造成的。一方面，大城市住宅用地供给不足。耕地红线限制着大城市的土地供给，例如，上海依然有1800平方千米的耕地指标无法突破，限制了住宅用地的供给，导致地价大幅提高。不论上海还是北京，新房价格中超过一半都是地价。另一方面，中小城市供应了过多土地，导致房地产高库存。中小城市的财政收入严重依赖于土地出让金，政策制定者出于地区均衡的考虑也会将建设用地的指标向中西部倾斜。国际经验表明，大城市能够发挥极强的聚集效应和规模效应，更节约土地和资源，人口向大城市集中是城市化的基本规律。综上所述，从经济学基本的供需框架分析能够看出，我国高库存与高房价并存的根本原因在于供需在地区间的错配。根据供求原理，商品供不应求就会出现价格上涨，供过于求则价格下跌。我国大城市房价之所以居高不下，核心原因在于房供不足。只有做到供求平衡，才能抑制房价上涨。

（四）房地产调控重抑制需求轻增加供给

为了抑制房地产价格过快上涨，各地都采取了大量的行政手段加以调控，如限购、限贷及限价等，这些政策的出发点在于抑制需求，在实施过程中难免会误伤刚需购房者，导致房地产市场乱象丛生、房地产商变相涨价，调控政策松动后往往会出现大幅反弹。从供给侧来看，我国住房供给体系重销售轻租赁，保障房供给力度明显不足，购买保障房的门槛较高，无法真正发挥保障的功能。从房地产调控的实际效果来看，只从需求侧发力而供给侧用力不足会导致效果欠佳。限购和限贷等政策对于抑制投机性需求是有效的，但不利于解决供需矛盾突出的问题。

二、国内外房地产市场引发金融风险的教训与启示

房地产行业是高杠杆行业，房地产泡沫经常是金融危机的诱导因素。从全球历次金融危机的教训来看，都与房地产泡沫的破裂密切相关，甚至可以说十次危机九次源于房地产。

（一）2008 年美国次贷危机

美国次贷危机就是一场由房地产泡沫引发的危机。在房地产价格泡沫破裂之前，美国房地产价格已连续多年上涨，房价进一步上涨的预期非常强烈。从购房者的角度来看，在房价会进一步上涨的预期下，在美国发达金融体系的帮助下，居民通过撬动金融杠杆购买房产的愿望非常强烈，甚至高估自己的能力，过多地依靠贷款购买远超出自己支付能力的住房。从金融机构的角度来看，同样对住房价格继续上涨有强烈预期，而且可以通过发达的资产证券化产品对风险进行转移，因此金融机构往往通过零首付、低利率、宽审核等优惠条件大量投放住房抵押贷款。同时，美国提供住房抵押贷款的金融机构并不局限于商业银行，还包括大量的投资银行、一般贷款公司等非银行类机构，这极大地增加了房地产泡沫破裂后对金融

体系的冲击力。从监管者的角度来看，监管者既对房地产泡沫破裂的可能性没有一个准确的判断，甚至认为住房抵押贷款的风险极低，又过于相信金融机构的风险防范能力，认为金融机构为了自身利益也会规避风险。另外，美国对发放住房抵押贷款的金融机构的监管有很大的盲区，美联储和货币监理署都无权对投资银行从事此类业务进行监管。总之，资产泡沫是导致美国次贷危机的关键原因，泡沫的形成和破裂是金融风险的重要隐患，应该成为监管部门高度关注的问题。

（二）海南房地产泡沫

1992 年，中央提出加快住房改革步伐，海南省的特区效应全面释放，房地产市场骤然升温，房地产公司数量达到两万多家，大量资金被投入到房地产上，其中绝大多数资金来自银行。1992 年海南省固定资产投资中超过一半来源于房地产投资，其规模达到 87 亿元，仅海口的房地产开发面积就达到 800 万平方米，地价在短期内由每亩十几万元上涨到 600 多万元，全省商品房均价由 1991 年的每平方米 1400 元上涨到 1993 年的 7500 元。在房地产市场飞速发展的过程中，政府、银行和开发商结成了紧密的"铁三角"，构成了利益共同体，银行资金源源不断地进入房地产行业，几乎所有的开发商都成了银行的债务人，而代价就是把停留在图纸上的房子抵押给银行。1993 年 6 月，国务院发布《关于当前经济情况和加强宏观调控意见》，全面控制银行资金进入房地产业，严格控制信贷总规模、全面收紧银根，热火朝天的海南房地产市场瞬间被釜底抽薪，全省烂尾楼有 600 多栋，仅四大国有商业银行的坏账就达到 300 亿元，个别中小银行的不良贷款率达到 60% 以上。当各金融机构开始处理所谓的抵押资产时，才发现以天价抵押的楼盘仅仅是一堆钢筋混凝土，根本无法变现。海南发展银行出现挤兑风波，成为我国首家因支付危机被关闭的商业银行。

从上述两次房地产泡沫事件可以得出以下启示：第一，房地产泡沫的形成与金融的助推密不可分。房地产行业是典型的高杠杆行业，对资金的需求量巨大，银行资金大量涌入的过程就是房地产泡沫形成的过程。第二，金融监管的缺位对房地产泡沫的形成起到了推波助澜的作用。政府经常会基于发展经济的目的刺激房地产市场的发展，甚至采取宽松的货币政策和金融监管政策，导致过多的资金流入房地产领域。第三，房地产泡沫的破灭影响深远。房地产泡沫的破灭会导致经济长期陷入低迷，甚至引发经济危机和金融危机。

三、引发我国房地产领域暴发金融风险的"灰犀牛"与"黑天鹅"

房地产安全与金融安全息息相关，房地产风险与金融风险相伴而生，房地产泡沫的不断扩大终将引发经济金融危机。从我国房地产金融形势来看，房地产金融风险依旧是监管的重点，其中的风险点需要充分关注。

（一）房地产贷款"绑架"金融体系

房地产行业是资金密集型行业，房地产开发的高周转特征决定了其对资金的需求特别大。房地产金融风险的大小首先取决于其规模的大小，银行是房地产最重要的资金来源。2019年底，房地产贷款（包括房地产开发贷款和购房按揭贷款）余额为44.4万亿元，占各项贷款余额比重为28%（见图12-1），较上年增加5.7万亿元。从总量来看，作为单一行业，房地产贷款余额占各项贷款余额的比例高居第一，这也仅仅是房地产行业的直接贷款。房地产行业与其他很多行业的关联度非常高，如果将这些行业的贷款都算进去，房地产行业的相关贷款要占到总贷款的半壁江山。不仅如此，房地产通过信托渠道同样获得大量资金支持，截至2018年底，房地产信托余额为2.69万亿元，同比增长17.22%。发行债券是房地产企业融资的另外一种方式，2018年房地产企业公司债共发行190只，发行规模为2435亿元，同比增长177%。2018年房地产ABS产品共发行总规模2802亿元，同比增长74.4%。2017年，136家上市房企平均资产负债率为79.1%，其中有26家超过85%[1]。2018年，房地产企业总体负债规模达到67.4万亿元，是

---

[1] 中国人民银行发布的《中国金融稳定报告（2019）》，2019年11月。

房地产行业增加值的 10.43 倍，房地产业资产负债率高达 80.26%。总的来看，房地产企业债务负担明显增加，对融资的依赖度过高。一些房地产企业违反自有资金购地要求，资金杠杆率达到 7~8 倍，甚至购地保证金也靠负债获得。房地产企业的高负债率降低了其应对行业波动的能力，一旦房价出现下滑，房地产市场不景气，房地产企业就面临巨大的偿债压力和流动性风险。2018 年，广东、江苏、安徽、重庆等地均有房企因资金链断裂而破产。还有一些房地产企业融资渠道隐蔽，多层嵌套现象严重，增加了监管难度。

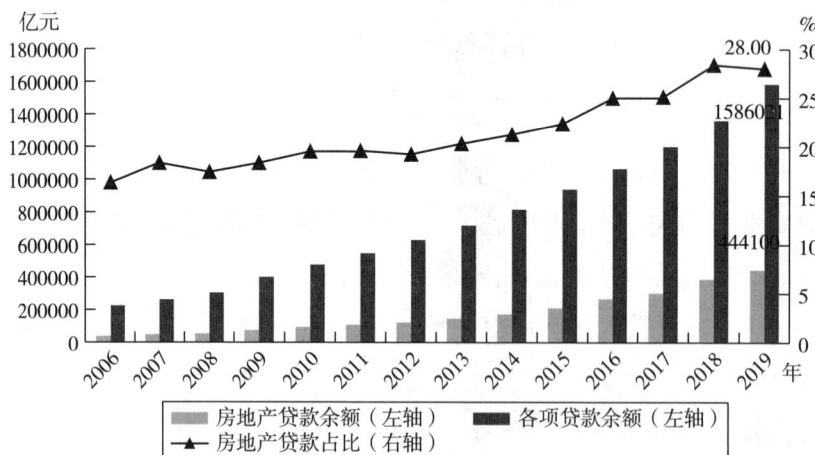

图 12-1　房地产贷款余额占比

（资料来源：Wind 资讯）

房地产企业除了从金融机构获得融资，也开始探索在金融领域布局，纷纷进入金融业，向综合性金融集团转型，使房地产和金融两大行业的相互渗透程度不断加深。部分房地产企业通过控股、参股的方式甚至拿到金融领域全牌照，从银行、证券、保险到信托、基金等，在各种业务领域都有布局。但房地产企业进军金融行业会大大增加关联交易的风险，部分房地产企业拿到金融牌照的目的就是为了方便自己融资，以产融结合的"名"行关联交易的"实"，极大地增加了金融机构暴发流动性危机的概率。

（二）居民杠杆率居高不下增加贷款违约风险

除了房地产企业，个人购房按揭贷款的规模同样庞大，个人住房贷款在住户部门总负债中一直占据主体地位。从 2008 年至 2018 年，我国个人住房贷款余额从 3 万亿元增加至 25.8 万亿元。2018 年底，个人住房贷款余额占住户部门债务余额的比例为 53.9%，同比增长 17.8%。住户部门全部贷款增速为 18.2%，自 2014 年以来，个人住房贷款增速首次低于住户部门全部贷款增速[①]。究其原因，随着各地房地产调控措施不断升级，2018 年房价增速持续放缓。住房贷款抵押物充足、违约率低，总体来看风险可控，但部分地区和低收入人群的债务风险不容忽视。

一是住户部门杠杆率增幅仍处于较高区间。2018 年美国住户部门杠杆率下降了 1.5 个百分点，我国则上升 3.4 个百分点（见图 12-2）。2019 年我国住户部门杠杆率仍在上升，达 55.8%，相比 2018 年底的 52.1% 上涨了 3.7 个百分点（见图 12-3）。

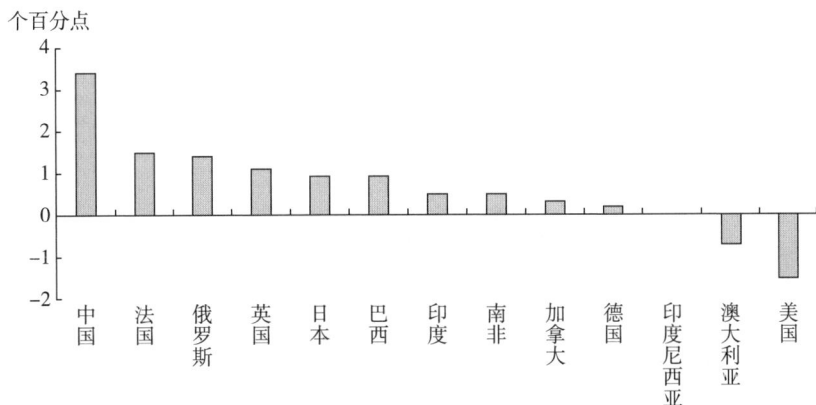

图 12-2　2018 年部分经济体住户部门杠杆率变化

（资料来源：中国人民银行发布的《中国金融稳定报告（2019）》，2019 年 11 月）

---

① 资料来源：中国人民银行发布的《中国金融稳定报告（2019）》，2019 年 11 月。

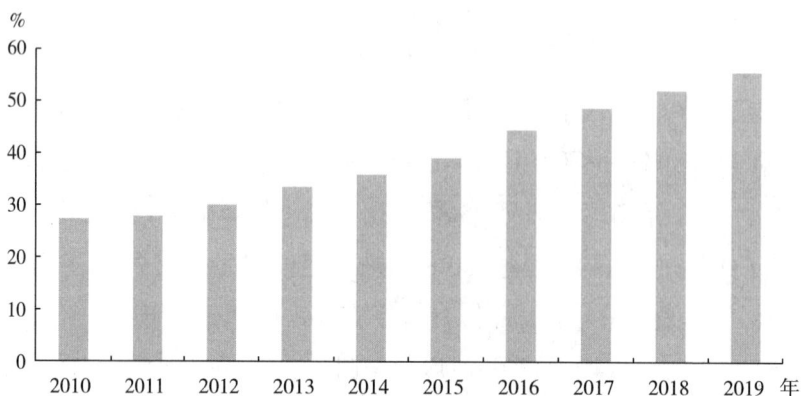

图 12-3　我国住户部门杠杆率变化

（资料来源：中国人民银行、国家统计局、Wind 资讯、国家资产负债表研究中心）

　　二是从债务收入比来看，2018 年我国为 99.9%，同比上升 6.5 个百分点。其中，房贷收入比为 47.4%，较 2017 年上升 3.7 个百分点（见图 12-4）。从房贷收入比的上升能够看出稳就业的重要性，一旦居民就业出现问题，会直接影响到收入水平，进而影响到还贷能力，关系到金融机构资产的安全性。

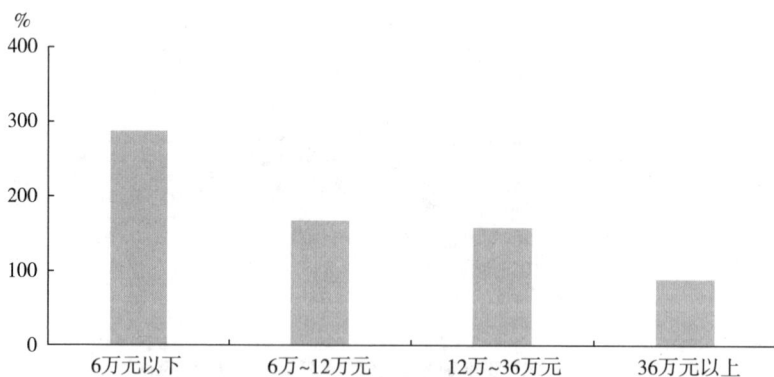

图 12-4　2018 年不同收入家庭的债务收入比

（资料来源：中国人民银行发布的《中国金融稳定报告（2019）》，2019 年 11 月）

　　三是从区域来看，不同地区住户部门债务风险差异较大。从全国情况来看，住户部门贷款与本地区生产总值的比例呈上升趋势。其中，浙江、上海、北京、广东、福建等地的居民债务负担较重（见图 12-5）。

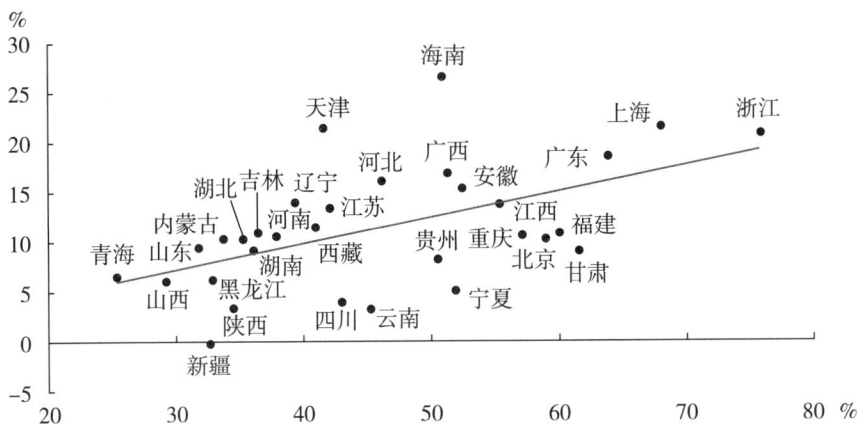

图 12-5　各省住户部门贷款与生产总值比例（2015—2018 年）

（资料来源：中国人民银行发布的《中国金融稳定报告（2019）》，2019 年 11 月）

四是居民购房存在违规加杠杆的情况。部分购房者为了凑齐首付，通过金融机构获得大量消费贷款，导致金融统计报表中的大量消费贷款也进入房地产市场，这种违规加杠杆的情况助长了房地产市场的投机行为，加大了金融机构不良贷款率上升的风险。

（三）土地财政增加地方政府债务违约风险

土地出让金在我国地方财政收入中一直占有较高比重，2012 年至 2018 年，土地出让金收入由 2.9 万亿元增加到 6.5 万亿元，占地方财政收入的比例由 20% 增加到 27%。巨额的土地出让金一方面支持地方政府完善基础设施、拉动地方经济增长，另一方面可以支撑地方政府发债。但问题随之而来，在房地产价格上涨预期不再强烈的背景下，一旦出现土地流拍，或者出让土地的价格大幅下降，土地出让金就会减少，无法偿还地方政府债务的本金和利息，甚至无法支撑地方政府债务的借新还旧，地方政府债务违约的风险就会大大增加。

（四）高房价和高地价严重抑制居民消费和经济转型

被房地产捆绑了的我国金融体系和经济体系，既恶化了财富分配，也不利于我国经济的长期稳定增长和经济转型，对居民消费也形成挤压。高房价使居民部门出现大量"百万负翁"，房贷占用大量日常现金流，对居民消费构成挤出效应。2008 年至 2018 年是房价快速上涨的十年，但社会消费品零售总额增速却从 22.7% 降为 8%。老百姓的绝大多数收入不是在攒首付，就是在还房贷，无力消费。同时，房价和地价的快速上涨增加了企业的用地成本，不利于企业的技术研发和转型升级。甚至部分制造业企业热衷于挣快钱，开工厂不如投资房地产，制造业微薄的利润无法与房地产行业的高额利润相提并论。长此以往，会对实体经济造成巨大冲击。只有经济强、经济兴，才有金融强、金融兴，实体经济的萧条是导致金融危机的最大的"灰犀牛"。

总之，房地产市场的平稳性与防范系统性金融风险密切相关，房地产风险是引发系统性金融风险的重要因素之一。第一，房地产市场的剧烈波动会增加银行业面临的信用风险。房地产的资金来源主要是银行贷款，有潜在的违约风险，这种风险源自房地产价格波动对房地产行业和金融市场体系的冲击。当房价上涨导致的房地产泡沫越来越大时，容易诱发系统性金融风险。在房价处于上涨预期中，房地产抵押品价值增加，银行向房地产行业的贷款也会增加，导致信贷风险扩大；在房价上涨的预期发生扭转之后，银行贷款减少，房地产行业流动性不足，抽贷、断贷现象发生，信贷违约风险增加，最终极有可能诱发系统性金融风险。这就是房地产价格波动引发系统性金融风险的传导机制。第二，整个经济体系过度依赖于房地产。近年来，大量的制造业、实体企业也都将投资转向房地产业，家庭部门的资产负债率急剧上升，房地产价格的快速上涨使房地产市场存在较大的泡沫危机，增加了商业银行的信贷风险及由此引发的系统性金融风险。第三，房地产企业融资方式五花八门，与金融机构的联系千丝万缕。大量的房地产企业通过信托、资管计划等各类非银渠道进行融资，多层嵌套、渠道隐蔽、模式复杂、风险链条加长等问题较为严重，极有可能将房地产领域的风险传导至整个金融体系。第四，房地产行业关乎整个经济体系，进而影响金融安全。房地产行业涉及众多上下游行业，其经营效益影响整个产业链的经营效益和偿债能力，进而关乎经济增长形势和金融安全状况。

四、防控房地产金融风险的对策

只有房地产市场平稳健康发展，才能从根本上防范房地产领域引发的金融风险。促进房地产市场平稳健康发展的根本原则就是要坚持"房住不炒"的总基调，积极推动房地产领域的供给侧结构性改革，解决住房供需失衡的问题。同时，建立防范房地产引发系统性金融风险的宏观审慎监管机制，并且稳步推进房产税改革。

（一）坚持"房住不炒"的总基调

坚持"房住不炒"的总基调，就是要让住房信贷政策既能够防范风险、抑制投机泡沫，又能够满足居民合理购房需求，让房地产回归实体经济和居住属性。中央反复强调"房住不炒"，意味着无论在什么情况下都不会出台大规模的房地产刺激措施，不会过分依靠房地产来拉动经济增长。尽管房地产对经济增长的贡献依然非常大，2019 年我国固定资产投资同比增长 5.4%，其中房地产投资增长 9.9%，对固定资产投资的拉动作用明显，并影响上下游诸多产业，但经济过度依赖房地产带来的负面效应更加明显，既增加了金融危机暴发的概率，又不利于经济转型。因此，需要坚持"房住不炒"的总基调。

（二）推动房地产领域的供给侧结构性改革

对高房价的调控，需要从供需框架展开，从供需两端同时用力。从需求端来看，大城市严格的限贷、限购政策能够抑制投资性需求，有利于稳定房地产价格。但我国房地产市场当前的主要矛盾在供给侧，是结构性问题，推动房地产领域的供给侧结构性改革才是治本之策。一是应根据人口规模和人口流动情况决定土地供应。有人担心增加大城市土地供应会减少耕地，但是，在中西部地区把耕地变成房地产库存，在一线大城市周围维持大量耕地，本来就是土地资源的浪费，120 万平方千米的耕地红线不应让北上广深等一线大城市来守。而且，城市化和人口集聚可以腾出更多的土地，增加耕地的面积；城市化和人口集聚也有利于推动服务业发展，有利于推动现有一线大城市的发展并形成新的一线大城市，作为拉动经济发展的新的增长极，通过规模经济的优势降低居民和企业的进入成本和生产经营成本。二是要增加住房供应主体。2017年底召开的中央经济工作会议强调要"加快建立多主体供应、多渠道保障、租购并举的住房制度"，目的就是要更多地从供给侧发力来促进房地产市场健康发展。未来的供应主体应从单一的开发商为主体转变为政府、开发商和长租公司等多方供给主体，尤其是开发商和政府两个主体要各归其位。从市场的角度看，房子是一种商品，应由市场来决定其价格；从政府角度看，房子关系到居民的基本民生问题，政府需要兜底。大力推动廉价住房建设，支持福利性公共住房建设，因贫困等原因找不到房子的家庭，政府应为其提供基本住房供其租住，租住后可同样享受教育、医疗等基本权利。三是建立房地产市场的长效机制。长效机制包括金融支持政策、土地供应制度、房地产相关税收制度、住房保障制度及租赁市场管理制度等。长效机制应避免短期调控政策的不稳定，通过制度建设完善住房供应机制。

（三）稳定房价而非打压房价是当前防范由房地产引爆金融风险的重点

房价一旦出现大幅度下跌，极有可能引发房贷风险。例如，一套价值900万元的房子，某人购买时首付为300万元，银行贷款为600万元；如果房价下跌一半，即由900万元降到450万元，该人一定不愿意继续向银行还房贷，房子抵押给银行仅值450万元，结果造成银行150万元的不良贷款，况且银行极有可能无法将450万元的房产变现，增加银行的流动性风险。因此，从房地产调控政策的角度来看，既要防止"大水漫灌"式的宽松货币政策催生房地产泡沫，又要防止"硬着陆"的紧缩政策引发重大金融风险，保持金融政策的稳定性，避免大幅度的调整引起房地产市场的剧烈波动，导致化解泡沫的风险；住房信贷政策既要抑制投机性需求，又要支持刚需和购房自住群体，支持房地产企业的合理融资需求，避免一刀切走极端。

（四）建立防范房地产引发系统性金融风险的宏观审慎监管机制

系统性金融风险的防范既需要健康稳定的房地产市场，通过货币政策在宏观经济和房地产市场领域进行调节，也需要对系统重要性金融机构进行重点管理，还需要综合监督金融机构和房地产市场之间的业务往来，严格遏制金融资源支持投机性需求。金融资源大量流入房地产行业，根本原因在于金融机构的导向和风险偏好。在房价持续上涨的预期中，信贷资源的过度流入助长了房地产市场的投机行为，也导致居民消费持续低迷。在抑制金融机构资金过度流向房地产市场的过程中，既要指导商业银行支持居民刚性居住需求，又要抑制投机炒房行为。加强对消费贷款的管理，防止消费贷款、经营性贷款等资金用于购房首付，强化个人住房贷款审慎管理，抑制居民部门杠杆继续过快增长。严格禁止以房地产作为风险抵押申请的消费贷款和经营性贷款流入房地产市场，进而影响房地产市场的健康平稳发展。同时，对房地产企业融资进行适当限制，尤其是具有囤房囤地、市场炒作、"明股实债"等行为的房地产企业，要严格落实对其自有资金的要求，严控购地加杠杆的行为。

（五）稳步推进房产税改革

随着存量房时代的来临，之前所依靠的土地财政难以为继，房产税改革被提上日程。从国际经验来看，大多数国家都将房产税作为地方财政收入的重要来源。房产税具有收益税的特点，用于支持地方公共设施建设和服务，取之于民用之于民。房产税提高了房屋的持有成本，同样能够降低房地产的金融资产属性。如果房产税改革滞后，随着土地出让金收入的下降，会极大增加地方政府财政收入压力和债务违约风险。我国未来房产税改革的方向就是逐步使其成为地方财政收入的稳定来源。开征房产税需要对建设、交易、保有环节的税种进行重新调整，简并税种，减少交易环节税负，优化税收结构。从重庆和上海的试点经验来看，征收房产税需要设置较高的免税面积，充分考虑刚需和改善性需求。

第十三章

发挥好资本市场"牵一发而动全身"的作用

党的十九大报告提出:"我国经济已由高速增长阶段转向高质量发展阶段,正处在转变发展方式、优化经济结构、转换增长动力的攻关期,建设现代化经济体系是跨越关口的迫切要求和我国发展的战略目标。"习近平总书记指出:"现代化经济体系,是由社会经济活动各个环节、各个层面、各个领域的相互关系和内在联系构成的一个有机整体",在这个有机整体中,就包括现代化的资本市场体系。党的十九大报告还提出:"深化金融体制改革,增强金融服务实体经济能力,提高直接融资比重,促进多层次资本市场健康发展。"2018年《政府工作报告》强调"提高直接融资特别是股权融资比重"。党中央国务院系列重大决策部署,赋予资本市场重大使命。2018年12月19日至21日召开的中央经济工作会议明确指出:"资本市场在金融运行中具有牵一发而动全身的作用,要通过深化改革,打造一个规范、透明、开放、有活力、有韧性的资本市场。"这次会议将资本市场的作用定位为"牵一发而动全身",这是一种前所未有的高规格定位。过去40年中,我国的经济发展成为全球最为亮丽的一道风景线。未来,以崭新姿态出现在世界舞台上的我国,既面临着巨大的挑战,也面临着崛起的历史性机遇。这种机遇,有很大一部分要依靠资本市场来创造。我国资本市场在我国经济未来应对"稳中有变、变中有忧，外部环境复杂严峻，经济面临下行压力"的背景下会发挥举足轻重的作用。

一、资本市场具备"牵一发而动全身"的功能

金融是实体经济的血脉，为实体经济服务是金融的天职，是金融的宗旨。党的十九大要求"深化金融体制改革，增强金融服务实体经济能力"，要求金融回归服务实体经济的本源。从现代金融体系的发展来看，资本市场是整个金融体系的核心。如果把商业银行、证券公司、保险公司、信托机构、基金公司等金融机构看作功能不同、吨位不同的舰群，那么资本市场就是保障这些舰群顺利航行的汪洋大海。所有船舰都只能在大海里行驶，否则就会搁浅。这就是资本市场在金融运行中"牵一发而动全身"作用的直接体现。因此，习近平总书记多次强调："为实体经济发展创造良好金融环境，疏通金融进入实体经济的渠道，积极规范发展多层次资本市场，扩大直接融资。"更好地发挥资本市场的作用，积极有序地发展股权融资，提高直接融资比重，就是在疏通金融为实体经济服务的渠道，就是在增强资本市场服务实体经济的功能。在实现"两个百年"目标的进程中，资本市场的不断发展从根本上推动我国金融体系的变革，使市场在金融资源配置中发挥决定性作用的基本动力来自资本市场的壮大，资本市场的发展程度在一定意义上代表着我国金融市场化的发展程度。资本市场的发展不仅为金融业的发展提供了新的平台和增长点，还会改变整个金融体系的结构。资本市场是金融体系中最有活力的平台，是使储蓄转化为投资最有效率的平台，是推进产业结构调整和升级最快速的平台，资本市场在现代金融体系中"牵一发而动全身"的核心地位已经形成，资本市场已经成为激活整个金融体系的最重要力量。可以认为，资本市场的规范与成熟是一国金融体系从传统模式走向现代模式的基本象征。

资本市场不仅在金融运行中具有"牵一发而动全身"的作用，而且对建设现代化经济体系同样具有关键性作用。从理论上说，习近平总书记提出的创新、协调、绿色、开放、共享的新发展理念，作为"管全局、管根

本、管方向、管长远的东西，是发展思路、发展方向、发展着力点的集中体现"，不仅是建设现代化经济体系的价值引领，而且是现代化经济体系的内在要求。这五大发展理念不是凭空得来的，是我们在深刻总结国内外发展经验教训的基础上形成的，也是在深刻分析国内外大势的基础上形成的，集中反映了我们党对经济社会发展规律认识的深化，也是针对我国发展中的突出矛盾和问题提出来的。建设现代化经济体系是跨越关口的迫切要求和我国发展的战略目标，必须坚持质量第一、效益优先，以供给侧结构性改革为主线，推动经济发展质量变革、效率变革、动力变革，提高全要素生产率，着力加快建设实体经济、科技创新、现代金融、人力资源协同发展的产业体系，着力构建市场机制有效、微观主体有活力、宏观调控有度的经济体制，不断增强我国经济创新力和竞争力。建设现代化经济体系，资本市场能够发挥重要的作用。

（一）深化供给侧结构性改革需要现代化的资本市场体系

资本市场的并购重组是其最基本、最核心的功能，没有这个功能，资本市场就没有生命力，也就没有存在的价值。融资是资本市场的功能之一，有它的某些现实性，但是资本市场的核心功能是并购，资本市场规则的重心是推动并购重组。供给侧结构性改革必须推动合理有序、透明的并购重组，着力发挥并购重组对产业整合、企业去产能、去杠杆、培育龙头骨干企业的支撑作用，这就需要资本市场发挥更加重要的作用，加快推进资本市场制度创新、产品创新，提升市场效率。我国要建立现代金融体系，一个非常重要的任务就是推动资本市场的发展。资本市场不发展，并购就很难，也就难以建设现代金融体系和现代化经济体系。传统金融主要是融资金融，但现代金融不是融资金融，其最重要的功能是风险配置和财富管理。只有资产流动，风险才能配置，这就是资本市场的作用。

（二）建设创新型国家需要现代化的资本市场体系

融资只是资本市场的表面，是资本市场支持实体经济过程中能看得见的具体结果。其实，资本市场更为根本的贡献在于推动创新的步伐，在于加速创新、创业成就的实现，在于培植、催化社会创新文化。因此，资本市场的融资功能是表面，激励创新、创业才是资本市场的根本。一方面，投机是人之常情，是资本市场不可或缺的一部分，也是各种技术创新的原动力，正因为科技创新是在创新，所以就有风险，去做高风险的事就要有投机冒险精神。由此可见，这里的投机并不是完全负面的东西。没有发达的股票市场，就不会出现风险投资基金、PE 投资基金，创业、创新风险就无法在更大范围内分散。正是华尔街的兴旺交易，才使美国过去 150 多年中不断涌现出大量的创新企业，真正实现了资本市场"不仅仅奖励过去、更奖励未来"的初衷。另一方面，通过资本市场上市能够加快财富实现的过程。成熟发达的股市既是给企业的未来做定价，同时也为创业者提供了提前兑现未来利润预期的可能。如果这些创业者愿意提前兑现已取得的企业成果，他们还可继续进行其他的创业和创新，从而加快创新的速度。因此，资本市场给社会提供的不只是表面上的融资，更重要的是提前估价创业者的成功，并加速实现其创新成果，同时还起到分散创新风险的作用。发达的多层次资本市场能够产生很强的社会示范效应，能够鼓励更多人去创业、创新，能够加快整个社会的科技创新速度。总之，有了充满活力的资本市场，就能催生快速的技术变革。

（三）打赢脱贫攻坚战和实施乡村振兴战略需要现代化的资本市场体系

资本市场在实施普惠金融，尤其是在打赢脱贫攻坚战、实施乡村振兴战略中具有一定的特色，能够发挥独特的作用。用市场化机制将资本、产业发展的元素汇聚到乡村，用市场的力量将资源禀赋化为生产要素，是发挥资本市场作用推动乡村振兴战略的宗旨。首先，通过 IPO 绿色通道政策，加快贫困地区融资步伐。中国证监会于 2016 年 9 月出台《关于发挥资本市场作用服务国家脱贫攻坚战略的意见》，对贫困地区企业在首发上市、新三板挂牌、发行债券等方面开辟绿色通道，做到"即报即审、审过即发"。通过运用市场化机制，引导资金、人才、技术流向贫困地区，解决贫困地区普遍存在的资本稀缺问题。截至 2018 年 8 月，已有 12 家贫困县企业通过绿色通道发行上市，募集资金共计 69 亿元，有 66 家拟上市企业正在筹备上市工作，98 家公司在新三板挂牌。其次，是发挥债券市场作用，为贫困地区发展"造血"。对符合条件的企业开通债券预审核及上市挂牌的绿色通道，实行"专人对接、专人专审、即报即审"，为贫困地区开发了扶贫资产支持证券、扶贫债等金融产品。最后，积极探索开发一批普惠性金融产品与金融工具。苹果产业是我国农业经济的重要组成部分，农业部认定的 122 个苹果重点县市有 33 个是国家级贫困县，涉及数千万果农，苹果种植是果农创收的主要来源。2010 年至 2016 年，我国苹果价格呈现出"过山车"式的涨跌交替行情，年均波幅达 125%。由于缺少有效的远期价格指导和避险工具，经常造成果农和企业盲目囤积苹果，出现果贱伤农、企业损失严重的情况。2017 年 12 月推出的苹果期货开辟了期货服务实体经济的新领域，为苹果主产区提供了实现信息化、标准化的有力工具，有效引导苹果产业提质升级，通过市场机制延长产业链，增强苹果主产区变资源优势为商品优势的能力。

（四）实施区域协调发展战略需要现代化的资本市场体系

从金融和资本市场整体发展水平、发展潜力和功能发挥上看，中西部地区和东部地区还存在较大差距，造成这些差距的原因有很多。一是中西部地区政策上重视传统金融，对股权、私募基金和证券化融资等新金融不够重视，或者对这类融资工具不会使用，造成中西部地区银行业发展比较成熟，但证券、基金、期货、资产证券化等发育不足，特别是基金公司规模不够，数量有限。二是中西部地区上市公司以国有企业为主，民营企业上市的很少，而且只集中在传统产业领域，新产业上市公司少。三是企业管理基础差，尤其是民营企业法人治理结构落后、经营管理粗放、规模小、产业落后，同时还存在企业素质不高、信用层级低、对接金融市场难等问题。四是营商环境不佳。中西部地区营商环境与东部地区相比有较大差距，企业普遍反映干部思想不解放、不担当，办事慢、办事难的现象普遍存在,这都限制了中西部地区资本市场作用的发挥。发达国家和发达地区的成功经验表明,培育发达的资本市场和不断提升实体经济直接融资比重,是促进充分竞争、要素合理流动、资源有效配置、科技创新、企业做大做强、经济健康稳定发展的重要依托。中西部地区普遍面临经济转型难、抗风险能力弱、市场化程度不高等问题,这与中西部地区资本市场不发达、资本运作不普及等有较大关系。健全市场经济体制,促进经济市场化,离不开完善的资本市场。破解中西部地区融资困局,必须借力资本市场大力发展直接融资手段,增加直接融资工具,增强社会资金向中西部地区实体企业投资的转化能力。

(五)推动形成全面开放新格局需要现代化的资本市场体系

首先,以"一带一路"沿线为重点,加快推进资本市场对外开放和国际化进程,全方位双向推进资本市场"引进来、走出去"战略。其次,支持企业利用资本市场特别是借助期货衍生品手段跨市场实现对冲风险、锁定成本,更好地服务我国企业积极参与全球化业务拓展和市场竞争,有效应对大国间贸易摩擦、汇率波动等挑战。再次,将资本市场开放和金融创新与人民币国际化、科技和生产要素国际流动等有机联系起来,统筹布局,高效发力,使资本市场成为人民币国际化的重要助力,通过资本市场的力量逐步替代政府的力量,为国际间科技竞争提供重要的市场化支撑。最后,加强与多个国家双边基金的建设,并依托于双边基金进行跟投,逐步培养和强化直接投资能力,发挥杠杆作用。在一些国家对我国收购国外公司越来越严格的背景下,通过设立共同基金以股权投资的形式进行收购,会增加收购成功的概率。

二、我国资本市场发展不平衡不充分问题突出

党的十九大报告指出:"中国特色社会主义进入新时代,我国社会主要矛盾已经转化为人民日益增长的美好生活需要和不平衡不充分的发展之间的矛盾。"这里的"不平衡不充分",就包括资本市场体系发展的不平衡不充

分。从 1990 年至今，我国资本市场从无到有，与经济改革开放相伴发展，市场建设取得了显著成就，已成为企业融资和居民投资理财的重要渠道、生产要素市场化配置的重要平台、经济结构调整和科技创新发展的重要推进平台，对我国经济社会产生了全方位的影响。2017 年，上海和深圳两家证券交易所拥有 3485 家上市公司，总市值为 56.75 万亿元；新三板挂牌企业 11630 家，总市值为 4.9 万亿元；全市场债券托管量达 75 万亿元；公募证券投资基金资产净值为 11.6 万亿元，私募基金规模为 11.1 万亿元。我国资本市场发展虽然取得了显著成就，但仍是我国金融市场体系的短板，具有明显的发展不平衡和不充分等特点，不能有效满足国家战略和经济转型升级的需要。

（一）资本市场总体规模较小

从市场体量来看，2017 年我国 GDP 规模是美国的 63.3%，而股票市场仅仅是美国的 27.1%，成交量仅及美国的 33.8%。从证券化率来看，2017 年我国股票市场占 GDP 比例为 77.8%，美国为 173%；我国债券余额占 GDP 的比例为 90.7%，美国为 209%。从资源配置来看，2017 年我国并购重组金额 2187 亿美元，美国为 1.08 万亿美元。从市场主体来看，2017 年我国上市公司有 3485 家，美国有 5235 家；世界排名前十的投资银行中，美国占据前五名，这五家投行净资产平均为 1772 亿美元，我国最大的中信证券净资产为 234 亿美元；我国公募基金、私募基金、保险公司和社保基金等机构投资者持有市值占比仅为 22.5%，美国各类机构投资者持有市值占比超过 80%。从基金规模来看，美国私募基金总规模是我国的 10 倍，单个基金平均规模是我国的 7 倍，私募基金种类也比我国丰富。总之，我国资本市场总体规模与美国相比存在较大差距。

（二）资本市场体系不完善

我国资本市场体系不丰富不完善，场内市场与场外市场、标准金融与非标金融、现货市场与期货衍生品市场等发展不协调不平衡，是制约资本市场融资功能和风险对冲功能的首要因素。我国资本市场融资长期局限于场内交易所，新三板近几年才刚刚起步，其他股权融资平台起步晚且不受重视。债券市场长期以政府债券和金融机构债券为主，企业债和公司债等信用债发展得较晚。从市场主体来看，我国证券公司和期货公司的资产规模小，金融产品创新能力不够，盈利模式单一，长期依赖通道模式，综合实力较弱。证券公司的国际化程度与国际大型金融服务机构的差距更大，不能有效服务企业海外并购重组。从投资者结构来看，机构投资者数量少、规模小，对冲基金、商品基金同样规模较小，银行保险和养老金等长期机构投资者介入力度不够，国际机构投资者也少，导致股市和债市池子小，产品提供能力不足，局限了市场功能发挥，构成了我国资本市场高质量发展的明显短板。

（三）市场运行不稳定

我国股市波动性大，缺少中长期稳定局面，不利于市场的发展。2015年股票市场的异常波动至今令人记忆犹新，给投资者带来的影响是巨大的。按照10%、15%和20%周涨幅三个波动档次划分，28年来股市波动分别有51次、15次和7次，波动幅度高于全球平均值。造成股市频繁剧烈波动的主要原因有：一是投资者结构问题。散户为主的不合理投资者结构，缺乏长期投资理念，投机心理严重。二是监管不成熟。长期以来监管部门的重心没有放在监督管理上，而是放在市场的发展和股价的上涨上，甚至将股票价格的上涨看作监管部门的"政绩"，这就背离了监管的初衷。同时，监管部门处罚力度不够，执法权威弱，违法成本低，导致违规行为屡禁不止。三是上市公司质量不高。一方面，上市公司股权结构和治理结构仍不健全，一股独大、契约精神和股权文化根基浅，资本约束机制还需加强。另一方面，大量的能够引领未来发展方向的高科技企业没有留在国内交易所上市，而是去海外上市，导致构成资本市场细胞的上市公司质量不高。

（四）市场开放力度不够

当前，我国资本市场与成熟的资本市场之间还有较大差距，尤其是开放程度和国际化程度较低。一是对境外投资者开放不够。2017 年合格境外机构投资者（QFII）总投资额为 971 亿美元，占流通 A 股的 0.21%；2017年底境外机构和个人持有境内股票 1.17 万亿元，占 A 股总市值的 2.06%。与此形成鲜明对比的是，2017 年外国投资者持有的美国股票总规模占股票市场的 22%。二是对境外机构开放不够。截至 2017 年底，我国仅有 11 家合资证券公司、45 家合资基金公司、3 家合资期货公司。目前尚没有境外企业到我国资本市场挂牌上市，与此形成鲜明对比的是，2017 年底美国共有境外上市公司 948 家。三是交易所和证券期货公司国际化程度较低。我国证券期货交易所市场开放和"走出去"不够，很少有证券公司和期货公司到国外设立分支机构，境外业务发展不理想。

三、我国需要一个规范、透明、开放、有活力、有韧性的资本市场

一个规范的资本市场，既要进一步提高上市公司质量，推进上市公司规范运作，又要促进资本市场中介服务机构规范发展，提高执业水平。一方面，上市公司质量是证券市场投资价值的源泉。好比一个健康的人体是由健康的组织和细胞组成的一样，一个健康的资本市场是由高质量的上市公司组成的。上市公司要把股东利益最大化和不断提高盈利水平作为工作的出发点和落脚点。完善上市公司法人治理结构，按照现代企业制度要求，真正形成权力机构、决策机构、监督机构和经营管理者之间的制衡机制。规范控股股东行为，对损害上市公司和中小股东利益的控股股东进行责任追究。另一方面，要把证券公司、期货公司建设成为具有竞争力的现代化金融企业。规范证券公司、期货公司的治理结构，规范其规定行为，强化董事会和经理人员的诚信责任。鼓励证券公司、期货公司通过兼并重组、优化整合做优做强。

一个透明的资本市场要强化上市公司信息披露的责任，切实保障信息披露的真实性、准确性、完整性和及时性。在资本市场中，大小股东在上市公司中所处的地位及获取上市公司信息的能力存在严重不对称，这种不

对称就有可能导致大股东侵害小股东利益的现象，尤其会发生在法制不健全、监管不严格的市场当中。透明度是衡量资本市场是否健康的一个最重要指标，公正、及时、准确的信息披露是资本市场健康发展的重要保证。否则，市场运行就会被内幕交易、操纵市场及大股东侵害小股东利益等现象所破坏。一个信用缺失、信息不对称的市场将严重损害投资者信心，危及资本市场最重要的信用基础。为了防止这些问题的发生，迫切要求监管部门加大对上市公司信息披露的监管力度，想方设法提高市场透明度，以维持资本市场公平、公正、公开的秩序。

一个开放的资本市场既要推进资本市场双向开放，提高股票、债券市场对外开放程度，放宽境内机构境外发行债券，以及境外机构境内发行、投资和交易人民币债券，还要求有序实现人民币资本项目可兑换，提高可兑换、可自由使用程度，稳步推进人民币国际化，推动人民币资本走出去，提高金融业国际化水平。发展开放的资本市场的首要任务就是要与国际资本市场接轨，成为国际资本市场的一个部分，成为国际资金集散池。这就要求我国的资本市场逐步扩大对海外投资者的开放程度，从而真正融入全球资本市场当中去；同时也要求我国的资本市场在法律制度框架、交易工具、市场规模与结构及市场参与者定位等方面作出根本性变革。

一个有活力的资本市场必然是一个"有进有出、进出有度"的市场。一方面，大力推进注册制改革。我国既有充裕的资金，又有大量的中小企业，这二者是我国经济社会发展的巨大动能，但现状却是资金找不到企业、企业找不到资金，导致宝贵的金融资源无法得到有效配置。注册制是实现金融资源市场化配置的重要手段，让一些有成长性的企业成为我国主板市场的主导型企业，是推进注册制改革的核心目标。注册制改革不是审批程序的简单变化，不是核准主体的简单变化而是基因式的变化、脱胎换骨的变化，是基因突变。另一方面，完善退市机制。资本市场健康发展的重要机制之一是不断吐故纳新，不断自我更新，促进金融资源合理配置。资本市场的一项重要功能是通过优化资源配置、加速资本向高效率产业集中来推动一国的产业升级换代。并购、重组及退市机制的建立就是要提高资本市场对存量上市公司进行优化、调整的力度，加速一国产业结构升级的进程。

一个有韧性的资本市场既能推动经济增长、有效配置资源，又能平滑经济波动、合理分散风险，同时还能使居民分享经济增长的财富效应。对于我国而言，建立这样一个结构合理、功能强大的资本市场意义重大，关系到全面建成小康社会的实现，也关系到社会主义现代化强国的建设。这样有韧性的资本市场一定是一个以机构投资者为主的市场，资本市场成熟和发展的必然路径就是投资者结构从散户时代向机构投资者时代的转变。因为以散户为主的市场容易出现非理性投机，导致市场价格经常处于大幅度波动状态中。因此，要在风险得到有效控制的前提下，采取多种方式鼓励合法合规的商业保险基金、社会保障基金、证券投资基金进入资本市场，成为稳定市场的中坚力量。

四、深化资本市场改革以更好发挥其"牵一发而动全身"的作用

我国资本市场是伴随着经济体制改革的进程逐步发展起来的。由于建立初期改革不配套和制度设计上的局限，资本市场还存在一些深层次问题和结构性矛盾，制约了市场功能的有效发挥。这些问题是资本市场发展中遇到的问题，也只能在发展中加以解决。围绕资本市场改革，需要加强制度建设，激发市场活力，才能促进资本市场长期健康发展。党的十九大明确指出，五年来的成就是全方位的、开创性的，五年来的变革是深层次的、根本性的。五年来，我们党以巨大的政治勇气和强烈的责任担当，提出一系列新理念、新思想、新战略，中国特色社会主义进入了新时代。站在新时代新起点，我们要认真思考我国究竟应该建设一个什么样的资本市场、怎样建设好我国资本市场，这一切均有赖于深化改革和扩大开放，推动资本市场发生深刻变革。

（一）明确深化资本市场改革的主要任务

党的十八届三中全会提出："健全多层次资本市场体系，推进股票发行

注册制改革，多渠道推动股权融资，发展并规范债券市场，提高直接融资比重。"习近平总书记在党的十九大报告中又一次明确指出："提高直接融资比重，促进多层次资本市场健康发展。"因此，推进资本市场改革开放和稳定发展的任务是：以扩大直接融资比重、完善现代市场体系、实现市场在资源配置中的决定性作用为目标，建设规范透明、开放高效、结构合理、机制健全、功能完善、运行安全的资本市场。围绕这一目标，一是既要发挥好资本市场的筹资功能，又要发挥好资本市场的投资功能，建立有利于各类企业筹集资金、满足多种投资需求和富有效率的资本市场体系。二是要发挥好资本市场价格发现和风险管理的功能。完善以市场为主导的产品创新机制，形成股票融资和债券融资相协调的资本市场产品结构。三是要培育诚实守信、运作规范、治理机制健全的上市公司和市场中介群体，强化市场主体的约束和优胜劣汰机制。四是要健全职责定位明确、风险控制有效、协调配合到位的市场监管体制，切实保护投资者合法权益。

（二）研究制定资本市场中长期发展规划

对标现代化经济体系，需要一个体系完善、制度完备、监管有效、功能有效、投资者保护有效和竞争有力的资本市场。首先，要从国家经济和金融体系结构特点上思考资本市场战略定位。总结世界发达国家金融体系特点，主要有美国和欧日两大结构类型。美国是资本市场和直接融资为主的投融资体系，欧日则是间接融资为主的金融体系，反映了两类经济体不同的结构特点。美国经济体量大，产业结构丰富，科技创新和高新技术产业发展活跃，这与美国发达的直接融资体系、创业投资体系、风险投资体系及功能强大的投行和金融市场体系有着很大的关系。我国的经济和产业结构与美国相似，创新发展需求强烈，经济体量也很大，传统间接融资增长空间有限，因此需要借鉴美国的金融体系为其创新带来巨大推动效应的经验，有针对性地构建符合国情特点和国际竞争力要求的中国特色和资本市场体系。其次，我国金融和资本市场体系建设的战略定位应当是：继续稳步健康发展银行间接金融，满足企业多样化的短期融资需要；大力提升股权融资比重，满足企业多样化的中长期融资需要；积极稳妥推动多层次债券融资。总之，我国需要的资本市场体系应该具有较强的创新支撑能力、较强的抗风险能力、较强的资源配置能力和较强的国际竞争力。

（三）加快建设丰富完善的多层次资本市场体系

在统筹考虑资本市场合理布局和功能定位的基础上，逐步建立满足不同类型企业融资需求的多层次资本市场体系，拓展中小企业融资渠道。我国经济发展不平衡的特点及经济成分和形态的多样化结构、区域分布广泛的状况，决定了新时代我国多层次资本市场体系架构应包括但不限于沪深主板、中小板、创业板、新三板、新四板等股权市场，不能光靠发行股票和债券，不能光靠沪深交易所和标准金融产品，要树立开放动态的市场发展理念，顺应实体经济多样化需求，尊重市场创新，着力推动标准市场与非标市场、场内交易与场外交易、股权市场与债权市场、公募市场与私募市场、现货市场与期货衍生品市场等统筹布局、协调发展、均衡发力，打造多层次"正金字塔"形资本市场结构。第一，从应对国际科技竞争、高科技贸易壁垒和人才竞争的战略高度出发，在上海和深圳证券交易所开设国际板，专门吸纳境外科技创新类企业上市。第二，大力发展私募基金市场，把发展私募基金作为提高直接融资比重和"积极去杠杆"的重要举措。从去杠杆、促进创新驱动的战略高度支持私募基金的发展，培育高质量的私募基金管理公司，允许证券公司和证券基金公司组建私募股权基金管理机构。第三，规范发展区域股权交易市场。在风险可控前提下，按照投资者合格、产品适合、规模适当的原则，鼓励地方政府引导推动区域性股权交易市场规范健康发展，支持股权交易中心以集合股权投资和债转股融资等方式开展中小企业融资服务。第四，积极稳妥发展债券市场。完善债券发行注册制和债券市场基础设施，稳妥推进债券产品创新，推进高收益债券及股债相结合的融资方式。在严格控制风险的基础上，鼓励符合条件的企业通过发行公司债券筹集资金，改变债券融资发展相对滞后的状况。总之，我国需要在规范的前提下发展更多层次的资本市场。

（四）积极推动资本市场制度改革

推动资本市场制度改革，目标是完善资本市场的功能。一是发行制度的改革。我国既有充裕的资金，又有大量的中小企业，这二者是我国经济社会发展的巨大动能，但现状却是资金找不到企业、企业找不到资金，导致宝贵的金融资源无法得到有效配置。注册制是实现金融资源市场化配置的重要手段，要让一些有成长性的企业成为我国主板市场的主导型企业，是推进注册制改革的核心目标。注册制改革不是审批程序的简单变化，不是核准主体的简单变化，而是基因式的变化，脱胎换骨的变化，是基因突变。二是上市标准的改革。资本市场应本着"既奖励过去、又奖励未来"的原则，对于创业初期的中小微企业，尤其是创新类（包括新技术新产业新业态新模式）企业，应在资产规模和盈利指标上降低要求，在中小微企业发展最困难的初创期给予支持。同时，应本着"资本市场为实体经济服务"的原则，改变一些不合理的上市标准，甚至单独为个别龙头企业改变标准，将更多的优质企业、能引领未来发展方向的高科技企业留在沪深交易所上市。三是研究推动市场交易制度改革，适时启动"T+0"交易机制。

（五）积极稳妥推进资本市场对外开放

扩大资本市场对外开放，有助于促进我国资本市场和相关行业做大做强，走向成熟，还能有力配合人民币国际化和"一带一路"倡议的推进。首先，做大股票市场现有国际通道。增加投资便利性，继续扩大 QFII、RQFII的投资额度，优先引进国外养老基金等长期稳定投资者。不断扩大沪港通交易规模，将沪港通机制向其他国际市场延展。在股票债券市场对外开放中，鼓励通过组建私募证券投资基金的方式吸纳海外投资者，并引入我方劣后机制，有利于对资本外流进行有效控制。其次，推进债券市场对外开放。向境外投资者开放境内公司债和地方债市场，吸引国外政府、金融机构和企业在国内发行人民币债券，承销和投资人民币债券；支持国内企业到境外发行外币债券。最后，支持国内证券公司、期货公司在境外及"一带一路"沿线开设分支机构，收购境外证券期货类经营机构，成为国际主要交易所的结算会员。

（六）提高资本市场监管水平

加大违法犯罪打击力度，防范化解资本市场风险。2015 年资本市场的异常波动说明，当时的监管框架存在着不适应我国金融业发展的体制性矛盾，也再次提醒我们必须通过改革保障金融安全，有效防范系统性风险。要坚持市场化改革方向，加快建立符合现代金融特点、统筹协调监管、有力有效的现代金融监管框架，坚守住不发生系统性风险的底线。按照大力发展资本市场的总体部署，健全有利于资本市场稳定发展和投资者权益保护的法规体系。树立与时俱进的监管理念，建立健全与资本市场发展阶段相适应的监管方式，完善监管手段，提高监管效率。进一步充实监管力量，整合监管资源，培养一支政治素质和专业素质过硬的监管队伍。通过实施有效的市场监管，努力提高市场的公正性、透明度和效率，降低市场系统性风险，保障市场参与者的合法权益。资本市场的风险防范关系到国家的金融安全和国民经济的健康发展。资本市场的改革要充分考虑资本市场的敏感性、复杂性和特殊性，建立信息共享、沟通便捷、职责明确的协调配合机制，为市场稳定发展创造良好的环境和条件。既要采取有效措施防止和及时纠正发起人虚假出资、大股东和实际控制人侵占上市公司资产的行为，又要加大违法犯罪打击力度。重点查处打击欺诈发行、违规信息披露、市场操纵、内幕交易等危害投资者利益和资本市场秩序的违法违规行为，加大违法违规的行政处罚成本。保持资本市场依法全面从严监管态势，严厉打击资本市场的趁火打劫和恶意投机，管控好社会舆论，控制不利因素对资本市场的冲击，营造资本市场良好和谐的投资环境。

（七）完善资本市场的相关配套制度

资本市场不是孤立发展的，要推动资本市场工作与各级政府的合作，建立联合推进工作机制，最大限度地凝聚合力，着力推动资本市场相关基础设施、基础工程、配套工程建设。第一，要重视资本市场的投资回报。要采取切实措施，改变部分上市公司重上市、重筹资、轻回报的状况，提高上市公司整体质量，为投资者提供分享经济增长成果、增加财富的机会。第二，鼓励合规资金入市。继续大力发展证券投资基金，改变我国当前以散户为主的投资者结构。支持合法合规的保险资金以多种方式投资资本市场，逐步提高社会保障基金投入资本市场的资金比例。要培养一批诚信、守法、专业的机构投资者，使基金管理公司等机构投资者成为资本市场的主导力量。第三，加强资本市场中介机构诚信建设，更好地发挥会计师、律师、评估师等中介机构在强化市场诚信建设中的基础作用。第四，提升资本市场科技监管能力、大数据资源运用能力、风险预警分析能力，进一步提高市场风险监测效能，建立跨市场监测稽查、穿透式监测和信息共享机制，为"看得见、说得清、管得住"提供切实保障。第五，资本市场发展成效和功能发挥有时还需"功夫在外"：地方政府要推进企业改制，培育规范化骨干企业，支持上市公司规范运作，积极构建和维护诚信环境，改善行政效率。

第十四章

中美贸易摩擦背景下人民币国际化战略与维护金融稳定

自2017年以来，美国主动挑起中美贸易摩擦能够说明，至少在美国精英阶层，对华政策已经形成共识。中美关系开始变质，美国对我国政策由"接触"调整为"规锁"。在这一系列事件的背后，学界、政界和业界不禁有一个疑问：美国的目的是什么？首先，其目的不仅仅是拉平贸易赤字。加入世界贸易组织（WTO）给我国带来了极大的发展机遇，我国不仅没有被美国的政治和经济发展道路影响，反而在经济总量和产业发展上与美国的差距逐步缩小，这是美国没有预料到的，作为世界霸主的美国也不愿意看到挑战者的出现。其次，我国需要认真挖掘贸易摩擦背后真正对我国危害最大的金融摩擦的影响。2017年底召开的中央经济工作会议明确将防范化解金融风险列为全面建成小康社会的三大攻坚战之一，这里的金融风险就包括外部冲击的风险，特别是美国作为国际金融规则制定者和美元作为核心国际储备货币带来的风险。我国需要运用全方位的战略思维，维护自身的金融安全。我国成为世界第二大经济体，为人民币国际化奠定了经济基础。稳步推动人民币国际化，必将增强我国应对外部冲击风险的能力。

100多年以来，国际货币体系风云变幻。19世纪是英镑的世纪，但历经两次世界大战，战火都没有烧到美国本土，英国在国际经济中的地位却受到了极大影响。第二次世界大战结束时，美国的黄金储备量占全球的75%，工业产值占全球的50%，贸易总额占全球的40%。美国依仗强大的实力在布雷顿森林协定中确定了以美元为中心的国际货币体系。该货币体系的基本特征是"双挂钩一固定"。一方面，美元与黄金挂钩，即以35美元等于1盎司黄金的比例保持两者之间的固定比价；另一方面，各国货币与美元挂钩，即各国货币与美元之间保持可调整的盯住汇率制度。由此可见，以美元为中心的布雷顿森林体系实际上是一种变相的金汇兑本位制，但同时又与金汇兑本位制有明显的区别，因为美国只允许外国货币当局在特定条件下才能用美元兑换黄金。布雷顿森林体系实际上使美元凌驾于其他货币之上，因此其本质是美元本位制。20世纪70年代，随着"特里芬难题"内在矛盾的进一步展开，美国的黄金储备已无法支撑其日益沉重的对外负债。1971年美国尼克松政府单方面宣布终止美元与黄金的兑换，从而意味着美国放弃了"双挂钩一固定"的责任，此后，国际货币体系陷入动荡之中。1976年，各国签订了《牙买加协议》，国际货币体系进入牙买加体系时期。牙买加体系形成了以美元为主导的多元货币格局。美元仍是各国货币汇率的驻锚目标，是事实上的锚货币。布雷顿森林体系下，锚是稳定的，是与黄金挂钩的。但在牙买加体系下，锚的稳定就取决于美国的宏观经济政策，尤其是货币政策。这就要求美联储不仅要对美国的宏观经济稳定负责，还要对世界宏观经济稳定负责。然而，这仅仅是美国以外其他国家的一厢情愿。

Mckinnon（2005）的研究指出，以东亚国家"米德冲突"[①]为代表，世界各国正在落入美元本位制陷阱。2008年美国金融危机暴发之后，世界各国反思美元为核心的国际货币体系，理论界开始关注建立多元主权货币国际化的可行性。邓肯（2009）认为，当前国际货币体系使美元存在特权，这种特权会导致世界经济不稳定。Walker（2009）认为，美元在国际货币体系

---

① 米德冲突（Meade Conflict）是指在开放的经济环境中，稳定通货、充分就业和实现经济增长等内部均衡同保持国际收支平衡等外部均衡之间的冲突。

的过度垄断地位虽然给美国带来了铸币税收益，外国人购买美国国债导致美元利率下降，有利于美国人借债等好处，同时也有很大的成本，比如，外资流入美国在 2008 年推高美元汇率 5%~8%。因此，多元货币体系应该是符合各方包括美国利益的国际货币体系改革方向。

在没有全球统一货币的情况下，选择某一国的主权货币作为国际货币就成为次优选择，而哪一国的主权货币能成为国际货币则取决于其宏观和微观条件。一是经济规模，这是构成一国货币国际化的重要基础。Coppola（1967）从历史的维度总结了国际货币的三个共同特征[①]，其中之一就是该货币由具有全球影响力的经济强国所发行。Chinn 和 Fraenkel（2007）的研究同样认为，GDP 是影响一国货币能否成为国际货币的最重要因素。二是国际贸易地位，国际贸易既为货币国际化提供环境，又需要国际货币的支撑。Shin（2002）的研究认为，占有世界贸易最大份额的国家的货币理所当然会承担国际货币职能，因为其拥有更好的机会。Goldberg（2004）的研究同样认为，一国国际贸易发展是本国货币成为国际货币的重要条件。三是金融市场发达程度。Helleiner（2005）等学者的研究指出，规模大、流动性强的发达金融市场是一国货币发挥功能的潜力保障和制度支持，有助于贸易商在国际贸易活动中通过外汇市场规避汇率风险。四是货币的公信力。蒙代尔（2003）指出，国际货币取决于人们对该货币保持稳定的信心。

从国内的研究来看，首先关注的是美元作为核心国际储备货币带来的风险。吴敬琏（2008）指出，"我国掉进美元陷阱有苦难言"，美元作为核心国际储备货币，包括日本、欧盟等发达经济体在内的所有国家都面临着"美元陷阱"的困扰，对外交往中都离不开美元这个支付手段。向松祚（2014）指出，人民币陷入了"被美元化"的困局，并针对这一困境提出相应的政策主张。陶士贵和陈建宇（2015）的研究表明，美国的经济政策和金融战略深刻影响着世界各国的经济活动，国际社会逐渐开始关注"美元陷阱"和"被

---

① 茨坡拉（1967）分析中世纪早期和后期的货币发展得出关于不同的国际货币的三个共同特征：一是单位价值高，二是内在稳定性强，三是由国际贸易活跃的经济强国发行。

美元化"问题。其次是推动人民币国际化以消减美元风险。周小川（2008）提出了彻底改革全球货币体系的大胆建议，提出超国家主权的单一货币设想[①]。李稻葵（2010）的研究认为，由于美元的信用基础发生了根本性变化，现行国际货币体系难以持续，未来国际货币体系改革的方向有两个：一是创造超主权货币，二是形成美元、欧元、人民币三足鼎立的新体系，而且后者在现实中更有可能实现。丁剑平等（2011）和巴曙松（2011）的研究都认为锚货币国能够更加有效地降低海外贸易风险和投资汇兑风险。曹彤（2014）提出了多核心货币区和区域核心货币的概念，认为全球各区域的货币体系基本都是由多核心货币共同主导的，而不是由单一货币主导，以东盟为例，已经转变为由美元和人民币共同主导的货币区。

上述文献从不同视角论述了美元主导的国际货币体系给全球经济带来的问题。一方面，美元作为国际核心储备货币，很容易就可以将自身的债务危机转变为其他债权国的"美元陷阱"。我国是美国国债最大的持有者，如果美国国债出现大面积违约或者价格下跌，除了美国民众福利受损，包括我国在内的所有债权国都会受到巨大损失。另一方面，世界各国面临着去美元化的问题，这为推动人民币国际化创造了现实背景。

一、中美贸易摩擦背景下我国需要重点防范的金融风险

从金融学的角度理解，信用货币制度是以中央银行发行的纸币作为本位币的货币制度。这种货币是国家强制发行的，不与黄金挂钩，也不能直接兑换黄金，其发行的基础是国家信用，在本国具有无限清偿力。美元作为世界通用的结算货币，在全球金融体系中占有霸主地位，其发行机构美联储实际上就是一个世界中央银行。当国际货币由一个隶属于某个主权国家的"世界中央银行"发行时，极易导致世界各个国家货币体系的紊乱。在中美贸易摩擦的背景下，当前的国际货币体系极易对我国的金融稳定和经

[①] 周小川. 关于改革国际货币体系的思考［J/OL］.http: www.pbc.gov.cn.2008-11-13.

济平稳发展带来风险。

（一）中美贸易摩擦增加了人民币汇率波动的风险

布雷顿森林体系崩溃之后，美元与黄金脱钩，增加了锚货币——美元指数的不确定性，伴随而来的是各国货币汇率波动幅度的加大，货币本身在一定程度上被虚拟化，即美元本身只是一张纸，只有在美联储信用的支持下才有价值。由于美元与黄金脱钩后仅靠政府的信用来发行，因此政治因素会对其他国家的汇率产生影响。如果国际经济形势紧张，那么必定会使外汇市场动荡，导致汇率大幅波动。由此可见，政治环境的稳定关系着汇率的稳定，是汇率稳定的重要保障。近年来，随着我国经济高速发展，经济体量不断增加，国际地位逐步提高，人民币汇率问题越来越多地受到国际社会的密切关注。因此，人民币的汇率水平是否合理、币值能否稳定等问题已经成为关乎我国国计民生的重大问题，必须慎重对待。我国应该努力减少外部因素对人民币汇率冲击的影响。但在美元主导的国际货币体系中，美联储的货币政策具有极强的外部效应，严重影响着人民币汇率的稳定。

（二）中美贸易摩擦增加我国资本流出的风险

在金融国际化快速发展的背景下，大量资本流进流出，增加了监管的难度。尤其是热钱对金融市场的破坏性日趋明显，成为引发金融危机的重要推手，从欧美发达国家到新兴市场国家都面临受到热钱冲击的危害。从1977年的墨西哥金融危机、1987年的日本金融危机，再到1997年的亚洲金融危机，都与国际资本的进入和炒作有着密切关系。热钱博弈已经成为我国进行宏观调控的一项重要内容，防止资本大幅度流出成为我国进行宏观调控的一项重要目标。国际资本流动非常复杂，尤其是在中美贸易摩擦导致经济前景不明朗的背景下，资本流出问题已经开始影响我国短期金融形势，给我国经济带来很大的风险，给金融安全造成潜在威胁，并增加宏观经济政策调控的难度。

（三）金融制裁极有可能成为美国手中的一把利器

在中美贸易摩擦不断扩大的背景下，我国需要谨防美国金融制裁带来的风险。金融制裁是国际经济制裁的重要内容之一，随着全球经济金融化、全球金融美元化的发展，金融制裁的影响性日益凸显，其影响力比贸易制裁更大，且更容易被执行，更难以被规避。就金融制裁的手段来看，一是可以以各种理由冻结被制裁国的资产，甚至联合其他国家对被制裁国施压。二是可以利用其在国际金融组织中的影响力切断被制裁国使用美元的渠道。美国掌控全球两大交易支付结算系统[①]，与其他国家形成了明显的新型不对称权力。2018 年 11 月 13 日，美国财政部突然对外宣布，SWIFT已经中断了对伊朗中央银行的结算服务。三是禁止全球金融机构与被制裁国进行交易。美国影响和控制全球金融体系的重要工具就是美元，每一个从事美元业务的金融机构都在美联储开立账户，如果金融机构不遵照美国的意志行事，美国轻则可以吊销该金融机构的信用证[②]，重则对该金融机构进行巨额处罚，或者吊销其美国业务牌照。因此，大多数金融机构不会选择去冒犯美国，只能遵从美国的意志和规则。由此可见，与贸易制裁相比，金融制裁的影响力更大，不对称性更强，而这种不对称性来源于美元的霸权地位。

（四）巨额的外汇储备使我国深陷"美元陷阱"

由于现行的国际货币体系下美元是国际结算的主要货币，所以美元在我国外汇储备中占有很高比例。从币种结构匹配要求来看，多配置美元资产是必要的。外汇储备主要购买美国国债也是一个迫不得已的选择。从市场容量上看，美国作为世界第一大经济体和最大的负债消费国，只有美国能消化我国如此规模的一笔外汇储备，我国很难再找到第二个有如此规模

---

① 当前，国际贸易的美元支付和结算主要通过环球银行间金融电讯协会（SWIFT）和纽约清算所银行同业支付系统（CHIPS）。

② 信用证是国际贸易中采用最多的一种结算方式。

且相对安全的金融投资市场，其他任何一个经济体也难以消化我国巨额的外汇储备。当我国的外汇储备只能选择投资美国国债的时候，就是"将所有鸡蛋放在了一个篮子里"，同时将自己的命运交给了美国，我国的外汇储备不得已陷入了巨大风险中。因为美国掌握着印钞权，不论是美国采取量化宽松货币政策而大印钞票，还是投资者对美国信心下滑，都会令我国财富缩水，最大债主我国首当其冲会受到巨大损失。我国一方面承担着美元资产不断缩水的风险，另一方面却又不能抛售美国国债。我国一旦大幅抛出美国国债，势必造成其他债主的恐慌，产生足以压垮债券价格的连锁反应，最终吃亏最大的还是我国。即使真能抛掉全部美国国债，但在目前的国际货币体系下，我国巨额的外汇储备依旧是个"烫手的山芋"：没有美元储备无法进行国际贸易，过多的美元储备却又无法做到保值增值。

（五）美元主导的国际货币体系存在严重缺陷

由于美联储拥有无限量及无中生有地创造货币的不受制约的权力，因此它可以不计后果地加大货币供应量。许多国家认为美元是与黄金一样好的东西，只要有美元，就能与其他任何国家进行贸易结算。正是上述各国都认定的事实让美国可以肆无忌惮地进行发债，打开印钞机大搞量化宽松，给全球各主要经济体输出通货膨胀，导致各国中央银行的美元储备资产严重缩水。在这个过程中，包括我国在内的发展中国家只能被动接受发达国家的宏观政策调整，无法维护其正当权益和合理诉求。我国经济的快速发展让美国感受到压力很大，集中反应就是这一轮的中美贸易摩擦。美国为了遏制我国经济快速发展，必然会动用美元工具。在美元主导的国际货币体系和美国主导的全球化当中，虽然发展中国家在经济领域取得了一定的成就，但全球经济命运被"捏在"美国人的消费和投资当中，美元以信用担保的纸币换取世界各国的产品、资源和服务，同时又以发行国债的方式吸引美元回流，以支撑美国经济发展，这个过程必然会加大美国和其他国家间经济波动的风险。美元充当核心国际储备货币的本质就是建立美国在经济领域和政治领域的霸权地位，全球经济将被迫纳入美国领导下的生产循环中去。

二、发挥人民币国际化防范外部冲击风险的积极作用

按照国际货币基金组织（IMF）的定义，全球经济失衡主要是经常账户的不平衡。2008 年国际金融危机是对全球经济失衡积累的系统性风险的释放。在中美贸易摩擦中，贸易和美元是美国依赖的武器。美国在 20 世纪 70 年代逼迫日本签下《广场协议》，目的是减少美日贸易中美国的巨额逆差。一方面，我国的情况不同于《广场协议》时期的日本，我国幅员辽阔，有 14 亿人口的消费市场，经济对出口的依赖已经有所缓解，内需对经济的贡献程度逐步提高，创新能力不断提升。另一方面，美国一旦全面对我国商品加征关税，那么美国消费者不得不面对消费整体价格大幅度上涨带来的压力，可谓"杀敌一千自损八百"，但中美贸易摩擦对我国金融安全的影响不可低估。人民币国际化是我国为了维护自身利益而推出的一项制度安排：通过让人民币成为贸易计价结算货币、金融交易货币和各国中央银行的官方储备货币，实现规避美元风险的目的。2009 年，人民币开始在上海、广东等 5 个地区实施跨境贸易人民币结算试点，2011 年这一范围扩大至全国。从推进状况来看，由于我国经济的强劲表现和人民币币值稳定的态势，国际贸易中各国普遍接受人民币作为结算货币，这为推动人民币国际化创造了良好的条件。

（一）人民币国际化有利于企业防范流动性短缺的风险

企业本身会产生对货币的使用惯性，在过去的 20 世纪，英国的经济份额尽管被美国侵占，但英镑在国际贸易中的作用得以保持，仅是因为这种简单的惯性。在 21 世纪，美元也可能具备这样的惯性优势。展望未来，企业如何规避外汇风险并管理本币对美元的价值成为一个重要的问题。我国的外汇交易系统已经允许人民币对一定数量的发展中国家货币进行报价，这将产生广泛的影响。在计价和贸易结算中，更广泛地使用人民币不仅对个体企业有好处，对全球经济也是有利的。随着人民币使用成为全球贸易

支付的关键组成部分，类似 2007—2009 年国际金融危机中出现的流动性短缺的现象会大大减少，贸易融资的整体状况会更加稳定。在实践中，人民银行已经与相当一部分国家的中央银行达成了额度互换协议，这能确保在新的市场动荡中有备用的人民币流动性可供使用。

（二）人民币国际化有利于实现全球外汇储备的稳定

在过去的 20 年，全球的外汇储备持有总量一直在快速增长，而且美元占据了大多数新兴国家外汇储备的主要部分。巨额的外汇储备流动可能会破坏全球经济，因为这些资本流动将引起全球经济的内外部失衡。大规模资本流入美国可能引发信贷创造，并再次酝酿出类似 2007—2009 年那样的信贷危机。因此，人民币需要在消减美元占比过高带来的风险方面发挥更大的作用。不管构建外汇储备的原因如何，在某种程度上，中央银行仅是将其看作一种投资，因此稳定的、有吸引力的人民币就成为各国中央银行的一种不错选择。尤其是在近年来持续的金融危机背景下，中央银行持有官方储备可以在全球金融体系"停滞"时发挥关键作用：中央银行可以作为外币流动性的最终提供者。人民币国际化是一项大胆"竞标"，鼓励各国中央银行及其他部门使用和储备人民币。

（三）人民币国际化有利于使人民币成为"锚货币"

2015 年，人民币被正式纳入特别提款权（SDR）篮子，加之我国经济规模和对外贸易体量的不断增加，人民币在国际货币体系中的地位有所提升，成为更多国家的"货币锚"。尤其是"一带一路"沿线国家，在美联储持续加息的背景之下，普遍面临着美元回流的问题，人民币获得更多的机会填补美元短缺的窗口，有利于人民币被"一带一路"沿线国家当作"隐性锚"，最大限度地降低"一带一路"沿线国家的海外贸易风险和投资汇兑风险。

（四）人民币国际化是全球经济发展再平衡的需要

就我国而言，在成为新一代世界制造中心后，由于内需不足，而发达的美国经济及美国所处的国际货币体系中心位置让美国成为巨大的消费市场，从而使我国依赖于美国这个外需市场来完成生产与消费的循环。中美贸易摩擦揭示了我国成为国际生产体系中心后构建起的全球经济循环模式不具有可持续性，同时也意味着我国依赖于外部市场的出口导向型经济发展战略走到了尽头。我国转变经济发展方式的动力机制正在形成中，以居民消费为基本内容的内需扩大带动经济发展模式将逐步发挥作用，这对世界经济平衡发展具有重要意义，它表明我国正在为全球经济再平衡作出贡献。正是在全球经济再平衡的背景下，人民币国际化开始出现。人民币国际化满足了国际需要，有世界经济的真实需求。1997 年亚洲金融危机暴发的一个重要原因是货币错配，亚洲国家之间贸易都使用美元计价、结算和支付。2008 年国际金融危机同样造成各国贸易、计价、结算和支付的严重困难。因此，人民币需求增加，不仅有助于分散各国外汇储备的风险，而且从长期来看将减弱对美元的系统性依赖。

三、人民币国际化面临的主要挑战

依据货币银行学基本原理，中央银行能够控制一个封闭经济体的货币供应量，但开放经济体的货币政策将受到跨境资本流动的严重影响，货币供应量将由外生属性转向内生属性，货币政策的独立性会受到威胁。推动人民币国际化，既要做到积极作为，又要做到顺其自然，尊重市场规律，更要防范人民币国际化带来的新的风险，要在保障经济和金融平稳运行中推动人民币国际化。2010 年初，人民币国际化指数[①]只有 0.02，人民币在国际市场上的使用几乎完全空白。2015 年随着人民币加入 SDR 货币篮子的制度红利逐步释放，人民币的国际使用率稳步提升。截至 2017 年，人民币国际化指数已升至 3.13[②]。在人民币国际化快速推进的过程中，需要谨防人民

---

① 人民币国际化指数是指从国际货币职能角度出发，对人民币各项职能的全球占比进行加权平均后计算出来的指数，用于反映人民币国际化的程度。

② 资料来源：中国人民大学国际货币研究所发布的《2018 人民币国际化报告》，2018 年 7 月。

币国际化带来的挑战。

（一）人民币国际化倒逼人民币实现全面可兑换

吴念鲁（2009）认为，资本项目开放与货币国际化是既有区别又有联系的两个概念，一方面，资本项目开放不等于货币国际化；另一方面，全面可兑换是主权货币国际化的基本条件之一。进一步推动人民币跨境贸易结算、发挥人民币加入 SDR 的实质性作用、保证贸易投资便利化都需要人民币可兑换。近年来，随着人民币国际化的加快推进，人民币结算方式的广泛采用，人民币流出规模不断加大，境外居民拥有更多的人民币，从而对我国的国际收支管理模式带来巨大挑战。就目前来看，保持我国国际收支资本项下的管制仍属必要。中东欧国家因为过早过快地放松或放弃国际收支资本项下管制，招致国际资本冲击，其后果被证明是灾难性的。与此相对应，在亚洲金融危机和 2008 年国际金融危机中，我国金融体系尚属健康，一个重要的因素是得益于资本项下的管制，因管制而未受冲击。但是人民币国际化的快速推进需要进一步提高其可兑换程度，否则人民币国际化的进程会受到阻碍。当资本项目大范围处于管制状态时，境外人民币缺乏稳定的回流渠道，就无法形成货币流出与回流的双向互动机制，必然导致国际市场对人民币需求的减弱。同时，一个封闭的金融市场如果无法满足离岸市场投资者所持有金融资产的安全性、流动性和盈利性要求，就会影响国际市场对人民币的需求。因此，人民币国际化过程中资本项目可兑换是个必然的趋势。而这个过程就如同褪去了保护措施，人民币将完全暴露在各种风险之下。

（二）人民币国际化将面临"特里芬难题"

"特里芬难题"是指一方面国际货币为保持币值稳定，应具有稀缺性，逆差不能过大；另一方面又要保障国际贸易的需要，流动性要足够充裕，需要一定量的逆差，这两个方面分别反映了国际收支顺差需求与逆差需求之间的冲突。"特里芬难题"揭示了主权货币国际化存在的内在不稳定性。美元作为核心国际储备货币，也面临"特里芬难题"，既享受着逆差带来的国际铸币税收益，又担心逆差过大影响美元币值的稳定。就我国而言，我国对外提供人民币储备资产，必然要以国际贸易逆差为实现途径，人民币国际化不可避免地面临"特里芬难题"的考验，不可避免地增大金融市场的对外风险。

（三）人民币国际化会增加中央银行宏观调控的难度

人民币国际化需要稳定的宏观金融环境，但国际化的过程本身就是放松监管的过程。人民币国际化会对外汇市场产生影响，进而导致汇率的波动。外汇市场是金融市场的重要组成部分，外汇市场的波动向金融市场的传导自然不可避免，一个不稳定的金融市场无法提供一个稳定的金融环境来保障人民币国际化的顺利实施。从货币政策目标的实现来看，人民币国际化后，如果国内出现通货膨胀，中央银行会紧缩银根来抑制通货膨胀，利率会上升，资金出于增值的动机会流向国内，国内货币供应增加，相对削弱中央银行紧缩银根的效果，使中央银行抑制通货膨胀的目标无法实现。维持一个稳定的金融市场，中央银行需要方法，需要经验，需要工具，需要人才，这些都需要未雨绸缪。

四、推进人民币国际化的主要路径

由于研究角度不同，学界对推进人民币国际化的方式提出了"三步走"的有限目标论、自然发展论和跨越推动论等。"三步走"的有限目标论主张人民币的使用范围应从周边化到区域化再到国际化；自然发展论认为我国经济体量和贸易规模增长的过程本身就是人民币国际化的过程；跨越推动论认为国际金融危机加剧了世界经济的不平衡，应把握机遇推进人民币国际化，最大限度地遏制美元本位制的缺陷。学界尽管各持己见，但都认为推动人民币国际化有助于实现世界经济再平衡。本章在已有研究的基础上，从以下四个方面完善人民币国际化的推进路径。

（一）发挥自贸区金融市场"资本水坝"的作用

在人民币跨境贸易结算快速推进的同时，如何进行人民币回流机制建设是人民币国际化面临的特殊问题，这意味着需将资本项目开放和人民币全面自由可兑换适当分离。因此，建设自贸区人民币金融市场就具有现实意义。在特殊历史背景下起步的人民币国际化，决定了其不同于一般主权货币国际化的特殊处境及由此产生的特殊路径。一般主权货币的国际化是在本币与外币全面可兑换的基础上自然发展起来的，但以跨境贸易结算为基本内容的人民币国际化则是在尚未完全恢复兑换性、国际收支资本项下仍有实质性管制的基础上开始的。特殊方式带来了特殊矛盾：一方面形成了规模巨大的海外沉淀，需要一个合理的金融市场供其投资；另一方面金融市场的开放意味着资本账户的放开，加大了国内金融体系风险。这就需要发挥自贸区"资本水坝"的作用。一是实现境外人民币资金在自贸区的完全可自由兑换，将人民币的可兑换和人民币资本项下开放分为两件事来处理。自贸区将成为地理位置在境内的离岸市场，通过在岸和离岸市场调节境内外人民币资本流动，实现自贸区"资本水坝"的作用。二是通过"资本水坝"的作用，既可以顶住资本回流境内的压力，让人民币在自贸区市场沉淀，又可以拦截国际资本可能发起的对人民币的流动性冲击。三是通过"资本水坝"促进人民币在第三国结算、交易、投资和储备，推动人民币在第三国使用，实现真正的国际化。

（二）以货币互换推动人民币成为储备货币

2008年国际金融危机增加了持有大量美元国家经济的波动性。为了缓解对美元的依赖，不少国家开始寻找美元的替代品，使用其他货币进行国际支付与结算，稳中有升的人民币成为很多国家中央银行的选择，尤其是我国周边国家纷纷与人民银行签订货币互换协议。近几年，我国与他国货币互换协议与日俱增，实现了我国与周边国家的双赢。货币互换旨在避免金融危机下的汇率结算损失，促进一些与我国贸易往来紧密的国家使用比较坚挺的人民币购买我国产品，消减美元汇价波动的风险。货币互换对于推动人民币国际化具有非常重要的意义：第一，通过货币互换使贸易双方使用彼此的货币进行结算，减少对美元的依赖，既可以保障在美元流动性短缺的情况下实现正常交易，又不会因为美元指数的变动带来损失。第二，通过货币互换到达离岸市场上的人民币，用于与我国的贸易结算、储备，这就无形之中扩大了人民币在境外地区流通的范围。第三，在结算的同时不可能一次性全部用完，在一定程度上实现了人民币的储备功能。第四，当第三方国家普遍接受并认可人民币之后，第三方国家之间的贸易就可以实现人民币结算，能够推动真正意义上的人民币国际化。

（三）发挥人民币跨境支付系统（CIPS）的积极作用

建立 CIPS 的目的是集中渠道和资源，推动并全面整合跨境人民币结算业务。通过处理投资和贸易中的人民币跨境支付业务，满足人民币结算需求。我国在 2009 年推出了 CIPS，截至 2018 年底，CIPS 共有 695 家境内外间接参与者、8 家国外清算行加入，实际业务范围更是延伸到了 140 多个国家，清算规模已经从一年几百亿元增加到 3 万多亿元。伊朗中央银行正式把人民币列为三大主要换汇货币后，伊朗也可以用人民币购买我国的商品，增加贸易往来并为伊朗经济注入新活力。CIPS 打造人民币跨境支付清算的高速公路，承担境外人民币回流和离岸人民币存款定价等职能，也将不再完全依赖 SWIFT 传递报文，这将大幅提高我国金融安全性和独立性，为人民币国际化提供重要支撑。但当前的规模与我国整个进出口贸易总量相比相去甚远，只有不断增大以人民币结算的数量，才能从根本上解决汇率波动的风险。

（四）以"一带一路"建设为契机推动人民币国际化

严佳佳和辛文婷（2017）的研究认为，国际货币的形成与发展离不开政府政策的推动，"一带一路"倡议为人民币国际化提供了难能可贵的历史机遇。"一带一路"是我国扩大开放的重要举措，在为全球治理提供重要公共产品的同时，也为人民币国际化提供了良好条件。最优货币区理论表明，生产要素流动、经济开放、贸易结构互补和政策协调等要素条件能够为货币国际化创造良好条件。"一带一路"建设所追求的设施联通需要大量资金投入，这个过程激发了国际社会对人民币的资金需求，以解决"一带一路"

建设过程中的资金缺口问题，这有利于人民币形成在资本项目下输出、经常项目下回流的机制。"一带一路"沿线投资将成为推动人民币国际化的重要动力。"一带一路"建设所追求的贸易畅通需要投资和贸易的便利化，更需要有效规避汇率波动风险的机制，加大人民币在贸易结算中使用的比例能够满足贸易各方的需求。"一带一路"建设所追求的资金融通既有助于推动人民币跨境支付系统的使用，更好地发挥人民币支付和结算的功能，还有助于加大"一带一路"沿线国家货币互换的规模。

第十五章
新冠肺炎疫情之后的国际货币体系改革

2020 年新冠肺炎疫情在全球暴发之后，对全球经济金融体系造成巨大冲击，反映出现行的经济金融体系中存在的不合理问题，也带来全球金融体系在危机和动荡中重塑的新趋势。疫情冲击美国金融市场之后，美联储紧急宣布降息 100 个基点至 0~0.25% 的水平，并宣布启动了一项规模达 7000 亿美元的宽松计划。几天之后美联储又推出无限量化宽松政策。现行的美元体系的运转，一靠美国贸易赤字输出美元，二靠美元资产的吸引力回流美元。但疫情期间美国不断扩张的政府债务规模和无限量化宽松政策，利用美元的支配地位让全球为其分担成本的做法，破坏了美元体系的运转，必将影响美元的权威性和美元资产的吸引力，导致美元信用的衰退。虽然短期内国际货币体系难以与美元脱钩，但去美元化的暗流会进一步涌动，各国需要重新考虑国际货币体系的合理性。

一、新冠肺炎疫情下的国际货币格局演进趋势

从未来国际货币体系的发展方向来看，有如下判断。

（一）改革现行国际货币体系的呼声会越来越高

国际货币体系合理与否关乎全球经济金融稳定。历史上的银本位、金本位、金汇兑本位和布雷顿森林体系都是为建立国际货币体系而形成的

不同制度安排。本次疫情暴发之后，美国的货币政策再一次反映出当前国际货币体系存在缺陷，尤其是主权信用货币作为储备货币的内在缺陷。美国采取无限量的量化宽松政策应对金融市场波动，短期来看是有效的，但长期来看就是在透支美元的信用。第一，美元享受了国际货币的权利，却没有承担相应的义务。美国的货币政策更加偏向国内失业目标，而不会考虑对外目标，不论是推出还是退出量化宽松货币政策，都会引起美元汇率大起大落，其他经济体都会受到汇率波动和资本非正常流动带来的冲击。对于美联储而言，国内货币政策目标和各国对储备货币的要求经常是矛盾的，尤其是在发生金融危机期间。美国为了拉动本国经济可以不受限制地向全世界举债，然后通过量化宽松减轻外债负担。其他国家只能被动防范汇率波动带来的风险。第二，各国外汇储备管理的风险加大。各国的外汇储备面临两难境地：一方面，大多数国家不得不积累大量的外汇储备以应对国际收支偿付风险；另一方面，由于国际汇率制度的不稳定，积累的外汇储备数额越多，面临的汇率风险越严重。第三，"特里芬难题"一直存在。

（二）美元的主导地位短期内无法改变

在新冠肺炎疫情的冲击下，全球金融市场动荡，投资者在恐慌中抛售资产，争相持有美元，出现了"美元荒"。这就说明在金融市场恐慌时，投资者在权衡各种金融资产后还是觉得美元是最安全的资产，没有哪种货币可以挑战美元的优势支配地位。美国出于自己利益的考虑，不会将美元的国际货币地位拱手相让，而会想方设法维持美元的地位，与多个国家中央银行建立临时性货币互换就是例证；除美国外的其他国家迫于无奈，以及出于本国利益的考虑，只能在不合理的国际货币体系下选择相对安全的美元。同时，现行国际经济金融组织、国际金融规则、全球金融市场、基础设施和各国贸易投资使用惯性都是以美元为中心的，在短期内找到一个替代现行国际货币体系的方案并付诸实施是困难的，国际货币体系改革还需要较长时间。

（三）去美元化背景下的多元国际货币体系发挥更大作用

虽然短期内美元地位无法撼动，但去美元化的共识会进一步达成，欧元、日元、英镑和人民币等国际货币会争取发挥更大的作用。众多国家减少美元使用，推进国际贸易本币结算。多国会从美联储运回黄金，或在市场上加快增持黄金的交易，以黄金替代美元储备。原油去美元化的格局会更加清晰，冲击美元计价权。实力较强的经济体会着手创建独立的支付结算体系，从基础设施上摆脱美国的"长臂管辖"。综观多元国际货币格局，美元依然处于中心地位，欧元面临自身的制度性缺陷，日元和英镑背后的经济体量有限，人民币尚处于成长阶段。即便如此，国际货币秩序从美元一家独大向多元化体系迈进的趋势已经形成，"石油—美元—美债"的循环链条会被打破。

（四）人民币国际化迎来新的机遇

随着新冠肺炎疫情在全球的扩散和我国疫情高峰已经过去，加之我国复工复产有序推进、经济活力快速恢复、经济发展形势向好，人民币汇率保持较高稳定性，在全球外汇市场，人民币有可能确立更大的优势，避险资金可能会选择人民币市场，人民币有望发挥更大的金融交易和储备资产功能。现在是推进人民币国际化的有利时机，也是人民币深耕全球金融市场的有利时期。如果能够抓住机遇，人民币结算在全球支付结算中会出现大幅提升，人民币国际化有望出现加速阶段。

（五）国际货币体系改革的终极目标是建立超主权储备货币发行机制

2020年新冠肺炎疫情警示各国，现行国际货币体系需要进一步改革和完善，基本的方向就是供应有序、总量可控、币值稳定，为维护全球的经济金融稳定担负责任。实现这个目标的基本思路就是建立超主权储备货币发行机制。超主权储备货币由全球性机构来管理，不作为任何一个国家的主权货币。超主权储备货币的优势表现在五个方面：一是既能够克服主权信用货币的内在风险，又能够调节全球流动性，还能够降低国际金融危机发生的概率；二是摆脱美元作为储备资产带来的价值波动问题，保障各国储备资产的安全性；三是减少汇率波动的风险和简化国际货币汇兑过程，有利于稳定国际收支和汇率水平；四是解决"特里芬难题"；五是有利于限制美国无节制扩大债务规模，从而降低全球金融资产贬值的风险。超主权储备货币应具备以下三项功能：一是支付功能。超主权储备货币应成为国际贸易和金融交易公认的支付手段。二是计价功能。超主权储备货币应在国际贸易、大宗商品定价、投资和企业记账中发挥计价功能，有利于减少和避免主权储备货币带来的流动性风险和资产价格波动风险。三是储备功能。超主权储备货币能够真正替代黄金。

二、国际货币体系发展的经验总结

在过去的 3000 年里，每个时代都有其国际货币。在凯撒大帝时期，罗马的奥里斯是国际货币。1000 年之前拜占庭金币是国际货币。从 1815 年到 1873 年，国际货币体系是金银复本位制，金和银的相对价格变动幅度很小，法国是主导国家。19 世纪 70 年代法国与德国开战，法国放弃货币与贵金属的兑换，复本位制从此成为历史。之后银的货币职能被极大削弱，金本位制成为主流。尤其是 1896 年南非发现了大量黄金，加之提炼黄金的技术大大提高，黄金在国际货币体系中的作用得到极大增强。在布雷顿森林会议之后，美元是唯一继续钉住黄金的货币，所有其他国家货币与美元挂钩。1971 年 8 月，尼克松总统宣布美元与黄金脱钩，国际货币体系转变为纯粹的美元本位制。但之后的美元发行没有任何约束，大量美元流向世界各地，各国纷纷采取浮动汇率制。同时，美元的滥发直接推动了欧元的诞生。

（一）黄金是国际货币体系稳定的"压舱石"

一直以来，黄金对国际货币体系的改革都非常重要。在全球各国中央银行的储备资产中，黄金是仅次于美元的第二大储备资产。即使被称为"纸黄金"的 SDR，也需要以黄金作为保证。黄金从来都不是普通的金属，它在货币领域极具吸引力。在 1914 年之前，黄金是国际货币体系的基石，保证了物价水平的长期稳定。以英国为例，从 1560 年到 1914 年的 350 多年的时间里，英国的物价指数几乎保持不变。1929 年经济危机暴发之后，英国脱离了金本位制，货币政策失去了约束。尤其是 1971 年钉住美元本位制崩溃之后，20 多年的时间里物价水平上涨了 7.5 倍。不仅仅是英国，20 世纪 30 年代之后大多数国家都放弃了以黄金储备作为货币发行的约束条件。1971 年美元与黄金脱钩，黄金与国际货币体系的连接彻底割裂，1973 年开始各国普遍采用浮动汇率制。在国际货币体系与黄金挂钩的时代，黄金是固定汇率体系的"锚"，有利于保证货币币值的稳定，避免通货膨胀的发生。在金本位制崩溃之后，金本位制的稳定机制不复存在，取而代之的是超级大国的不对称权力和各国货币政策的短视行为，世界有可能陷入长期的、不可避免的通货膨胀中。

（二）超级大国的货币能够在国际货币体系中发挥中心作用

100 年之前，英镑是国际货币，自 1944 年以来美元是国际货币。从曾经的英镑到今天的美元，大国的崛起必然伴随着货币的崛起。超级大国主导国际货币体系的建立，它的货币会成为国际货币体系的中心货币。成为中心货币能够给超级大国带来巨大利益，所以任何用其他货币取代超级大国货币的方案都很难通过。19 世纪 70 年代，美国和法国试图建立标准的国际记账单位取代英镑，英国不同意；20 世纪 40 年代，英国代表团在布雷顿森林会议上提出建立世界货币"班科"的计划，美国不同意。从国家利益的角度，任何一个超级大国都不会倡导或同意建立一个新的国际货币体系来取代它目前的地位，因为作为中心货币能够为其带来巨额的国际铸币税收入。

（三）全球经济需要一种全球货币

当前，国际货币体系的主要缺陷及对世界经济繁荣的威胁就在于美元的不稳定，以及由此导致的重要货币之间汇率的波动。世界经济周期与美元周期高度重合，量化宽松下的弱势美元伴随着高通货膨胀率、低利率及不断上涨的黄金和石油价格，加息背景下的强势美元伴随着通货紧缩、高利率及不断下降的黄金和石油价格。十几年来，国际金融危机频发，国际货币体系的不合理性不断暴露，全球经济稳定需要重构国际货币体系。同时，美元本位造成的困境甚至使美国本身陷入困境，一是面临"特里芬难题"：如果美国长期逆差，就会有货币危机和国际货币体系的崩溃；如果美国长期顺差，全球就面临通货紧缩。二是美国经济更为脆弱，突出表现就是美国国内的低储蓄率，需要从世界市场大量借款，以防止引起美国国内信贷不足。三是世界经济的总需求依赖于美国的进口，美国政府无法阻止储蓄的长期下降。因此，美元本位不仅造成了全球处在金融困境之中，也导致美国经济的失衡。

三、超主权储备货币的具体设计方案

首先，超主权储备货币由 SDR 升级而来，国际货币基金组织升级为世界中央银行，负责超主权储备货币的发行和管理。要实现国际货币体系改革目标，需要提供一种比美元和其他储备货币更为稳定的国际储备资产，一种有效的方法就是将现有的 SDR 升级为超主权储备货币。与 SDR 不同的是，超主权储备货币是在国际贸易和金融交易中广泛使用的国际货币，而不仅仅是中央银行之间结算的账面资产。要构建超越主权货币的超主权储备货币，需要成立专门的发行机构，即世界中央银行，类似于凯恩斯在1943年提出的清算同盟。世界中央银行可以在国际货币基金组织的基础上成立，但又超越当前国际货币基金组织的职能：既负责各国中央银行之间的清算，又负责超主权储备货币的发行。世界中央银行的资本由成员国提供，成员国参照国际货币基金组织的规则缴纳份额，成员国向世界中央银行缴纳的基金包括黄金、外汇储备资产和本币资产。世界中央银行的管理体制类似于欧洲中央银行和国际货币基金组织，具有极高的独立性，不应被少数几个国家所左右，防止出现少数几个国家否决世界中央银行决议的现象。世界中央银行应具备以下三项职能。一是发行货币的职能。负责发

行和管理超主权储备货币，作为单一国际货币，使其成为计价结算货币、投资交易货币和价值储备货币。二是清算的职能。负责各国中央银行之间的清算业务。三是维护世界金融体系稳定的职能。维持汇率体系的稳定，并通过发放贷款的方式帮助各国解决国际收支困难的问题。

其次，超主权储备货币的发行以 SDR 篮子货币作为资产保证，形式包括存款货币和通货。超主权储备货币的产生并不意味着立即废除现有的国际储备货币，而是与现有的国际储备货币同时运行一段时间。超主权储备货币以 SDR 篮子中的五种货币作为资产保证，就保证了超主权储备货币与 SDR 篮子货币的可兑换性，各国中央银行可以用超主权储备货币兑换 SDR 篮子货币，以此保证超主权储备货币的购买力；各国企业和居民可以用本国货币在各自国家的中央银行兑换超主权储备货币，以此用于国际贸易和金融交易。超主权储备货币通货可以在全世界范围内流通，可以用超主权储备货币通货兑换所在国通货。

再次，超主权储备货币的价值由 SDR 篮子五种货币的汇率决定，各成员国的货币与超主权储备货币形成确定的汇率，国际贸易中的商品以超主权储备货币标价。决定超主权储备货币价值的五种货币的权重可根据国内生产总值、国际收支和国际储备三个因素来确定。超主权储备货币的价值是稳定的，各成员国货币与超主权储备货币形成的汇率是浮动的，由外汇市场的供求来决定。由于超主权储备货币不是由某个国家发行的，而是由世界中央银行发行的，有利于在全球形成稳定的、以超主权储备货币为本位的汇率制度。

最后，超主权储备货币推出的最大障碍在于美国，需要充分考虑美国的利益；最大的推动力在于新兴市场国家，需要充分发挥国际货币基金组织的作用。在牙买加体系下，最大的既得利益者是美国，美国从作为国际储备货币的美元中得到巨大的铸币税收益。超主权储备货币要想成功推出就要充分考虑到美国的利益。第一，美元是超主权储备货币中最重要的组成货币。在决定超主权储备货币价值的五种货币中，美元的权重最大。第二，在较长的时间内，超主权储备货币将与现行的美元主导的国际储备货币制度并存。第三，超主权储备货币不是取代美元，而是让美元在新的形势下继续发挥作用，避免遇到"特里芬难题"。但无论如何，超主权储备货币的推出与现行的国际储备货币制度相比，美国的特权明显减少。要充分发挥国际货币基金组织的作用，增加新兴市场国家的话语权。越来越多的国际机构和各国政府官员认识到现行的国际货币制度必须改革，新兴市场国家的力量也在增强，这为超主权储备货币的推出增加了成功的概率。

四、通过提高人民币份额为超主权储备货币的推出增加筹码

超主权储备货币的推出和发行需要一个漫长的过程。从短期来看，为了维护我国的金融稳定，需要加快推进人民币国际化。而且人民币在储备货币中的份额越大，我国在推进国际货币体系改革中的话语权就越大，也就越有利于建立超主权储备货币。人民币国际化需要提上议事日程，在当前新冠肺炎疫情背景下更需要积极探索提升人民币国际化水平的多种路径。

第一，为有关疫情严重的国家提供人民币信贷支持，为国际市场提供人民币流动性。"一带一路"倡议是我国提出来的，许多疫情严重的国家都是"一带一路"关键节点国家，我国需提供必要的帮助，在此过程中为人民币国际化寻找机会，可以通过国家开发银行、亚投行等机构对需要贷款的国家提供人民币贷款。我国在对外援助时尽可能使用人民币资金，使用人民币来弥补美元流动性的不足。鼓励受援国使用我国援助的人民币资金购买我国商品，有效带动出口，这样既能扩大人民币使用，又能缓解企业订单大幅下滑压力。同时，还可通过扩大对外投资、增加进口、增加离岸人民币存款等方式为国际市场注入人民币流动性。

第二，鼓励采取人民币计价和结算应急医疗物资，争取突破美元作为计价货币的使用惯性。当前，海外对预防和治疗新冠肺炎的医疗物资需求激增，我国应积极向有关国家出口所需的应急医疗物资。与此同时，考虑到医疗物资的产业链主要在我国，并以人民币计价，为了降低国际金融市场大幅震荡给各国带来的汇率风险，应鼓励各个国家在进口我国的应急医疗物资时，采取人民币计价和结算。对于缺少人民币流动性的国家，可以

采取货币互换的方式为其提供人民币，这样既能缓解各国美元流动性不足的问题，又能推动人民币国际化。

第三，快速加大采用人民币计价的原油进口，减轻我国进口石油对美元的依赖。成为大宗商品计价货币是货币国际化的必要前提。我国可利用油价大幅下跌的机会，重点推进大宗商品领域的人民币计价，使用人民币加大原油进口。一是寻求创造"石油人民币"的机会。我国是石油消费大国，已有不少石油出口国表示愿意接受用人民币进行结算。利用我国在进口和出口领域的话语权，大力推动原油和铁矿石等大宗进口物资的人民币结算。这有利于突破美元在大宗商品定价方面的垄断地位，促进人民币国际化。二是大力发展人民币计价的大宗商品期货市场。上海国际能源交易中心以人民币计价，已成为全球第三大原油期货交易市场。我国原油进口国大多数为"一带一路"沿线国家，可将原油期货人民币计价、石油人民币回流机制建设与"一带一路"建设结合起来，鼓励"一带一路"沿线国家使用人民币投资原油期货市场。三是进一步推动期货等金融市场开放，推出人民币计价的铁矿石、天然气期货产品，吸引更多的人民币回流投资，既有利于形成人民币流出—回流机制，又能提升人民币作为金融计价货币的地位，为国际资本投资人民币资产打通渠道。

第四，推出中央银行数字货币，利用我国金融科技的优势推动人民币国际化。币值稳定、安全可靠的货币是经济繁荣发展的基础，发行货币是一个国家主权的重要体现，是中央银行的基本职责，各国中央银行是数字货币的主导者。纵观货币发展历程，货币要成为被大众接受的一般等价物，需要满足三个条件：一是要有政府信用担保和政府主权背书；二是币值稳定；三是不容易被伪造。只有由中央银行发行的数字货币才能满足上述三个条件，其他私人或机构发行的数字货币只能是投资标的物，不能作为流通中使用的货币。数字人民币由中央银行发行能够防止货币发行权旁落，保证数字人民币的法偿性、安全性和币值稳定。

第十六章
金融格局的变化及其对金融监管的影响

自从现代意义上的金融体系诞生以来，全球金融发展表现出强烈的创新与加速发展的趋势。一是经济的金融化趋势越来越凸显出来，即金融体系的份额相对于实体经济而言是超常规增长，表现为经济的货币化和信贷规模的膨胀。二是金融发展的市场化趋势越来越凸显出来，在世界各国的金融体系中，资本市场相对于商业银行体系而言，规模越来越大，活跃程度越来越高，对实体经济的促进发挥着越来越重要的金融功能。三是进入建立在资本市场基础上的证券化阶段，表现为银行与资本市场的融合及蓬勃发展的金融创新。以上三个趋势在我国同样有着显著的发展。进入21世纪，我国的企业、家庭、政府和金融机构各部门在经济上的联系更加紧密。不断完善的金融体系能够带来更多的好处，一方面能够提供更便捷的金融服务，另一方面能够更好地分散金融风险，避免风险在单个金融市场过度集中。但2008年的国际金融危机向我们展示了金融风险如何从一个市场迅速蔓延到其他市场，同样证明了我们需要一个宏观审慎的监管政策和监管框架。关联性日益增强的金融系统需要宏观审慎监管和微观审慎监管之间的协调，甚至包括财政政策和货币政策之间的协调。

当前，分析我国的金融风险问题，有两个基本的背景：一个是我国经济增长速度放缓，另一个是我国正在大力推进金融市场化改革。经济增长速度放缓会导致不良贷款率的提升，增加银行的信贷风险、市场风险和流动性风险，推动银行进军新的资产类别和业务模式。与此同时，金融市场化改革允许更多的银行超越之前简单的存贷款业务，促使各种非银行金融机构和金融市场业务快速增长，混业经营的趋势已经非常明显。而当前的金融监管现状还跟不上金融机构的混业经营的步伐，导致监管的空白和重叠，这就需要监管机构之间更加密切的合作和协调。我国正在完善关于加强金融监管协调的制度安排，但重点仍然是发挥各自监管机构的作用。然而，我们的目标是要解决不断变化和不断增加的系统性金融风险，这就需要从战略协调的层面来进行监管制度的设计。在此背景下，需要回答三个主要问题：第一，我国的金融格局发生了哪些变化？第二，金融风险的关联性体现在哪些方面？第三，如何加强监管制度的协调，以防范潜在的系统性金融风险？

一、我国金融格局的变化

我国的金融机构逐渐向混业经营的方向转变，其中一个关键因素就是经济增速的放缓。经济增速放缓增加了金融体系整体风险水平，包括宏观经济的金融风险和微观企业的违约风险，这直接关系到银行信贷的安全性。同时，我国的融资结构主要以间接融资为主，对银行的依赖度非常高，经济增速放缓已经对银行资产负债表构成沉重负担，因此银行想方设法拓展表外业务，既规避严格的针对资本和流动性的监管，又开拓新的业务，这些新业务增加了金融体系的风险。

（一）商业银行表外业务发展迅猛

商业银行表外业务的发展是由多方面因素推动的。第一，国际金融危机暴发后，我国推出4万亿元经济刺激计划，大力推动基建投资，同时也带动了政府平台和房地产投资的迅速扩张。基础建设投资的后续融资有较强刚性，银行贷款规模受到限制后，需通过其他渠道来满足，这就促进了表外业务的发展。第二，银行客户对资产保值增值的诉求不断提高，存款渠道收益有限，而表外业务顺应了这种诉求。因此，银行为了争夺资源，不断创新各类表外业务。第三，利率市场化严重挤压了银行的存贷利差空间，各商业银行纷纷将目标转向了表外业务。表外业务通过与信托公司和资产管理公司合作，规避资本充足率和准备金的要求，达到降低成本和有效规避资产方面监管的目标。

（二）影子银行等非银行金融机构的数量和规模都大幅增加

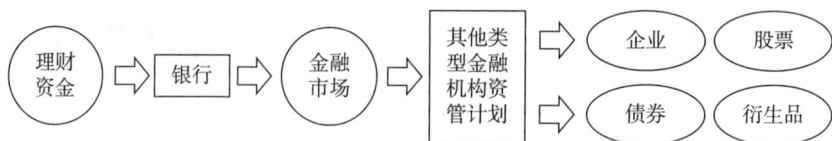

图 16-1　影子银行与其他金融机构间风险的交叉传递

自 2010 年以来，在传统银行信贷不能满足实体经济需求的背景下，企业开始寻求其他的融资方式，影子银行业务也应运而生，货币市场共同基金、信托公司、资产管理公司等都快速发展。以信托公司为例，信托机构一方面发行信托产品，向实体企业提供资金，另一方面与银行理财资金对接，将产品转卖给银行，这种发行并转售的方式，被称为通道业务。在需求方，企业通过以通道业务为代表的影子银行体系获得资金；在供给方，银行将自身的表外业务与影子银行对接，规避了监管。在供求力量共同作用下，我国影子银行体系在 2011 年后得到了快速的发展。从整体来看，我国影子银行系统在我国金融体系中的重要性不断提升，影响日益深远。

（三）我国的金融体系变得更加互联

在传统的以银行为中心的金融体系中，信贷只能通过银行来进行。目前的金融体系允许各种非银行机构和金融市场在信用创造中发挥重要的作用，从而导致更多元化的金融体系。针对我国银行表外业务及影子银行的分析表明，我国金融体系的格局已经悄然发生了变化，不同类型金融机构间、金融机构与金融市场间及不同金融市场之间出现了更为紧密的联系，越来越多的资本通过非银行渠道成为表外业务。与传统银行业不同，这些新渠道将各类金融机构联系到一起。也就是说，不同业态的分界越来越模糊，甚至出现了一定程度的交叠，银行业正在从传统的分业经营模式转为混业经营的模式。

二、新金融格局下金融风险点剖析

正在推进的金融市场化改革从资产和负债两个方面给金融体系带来巨大的影响：在资产方面，银行面临前所未有的竞争和不太乐观的利润增长前景，高质量的企业客户正在通过资本市场获得融资，从而减少对银行的依赖；在负债方面，不仅是活期存款受到货币市场共同基金的挑战，定期存款也面临来自信托公司和债券市场的日益激烈的竞争。同时，目前的金融市场化改革也为银行和非银行金融机构绕过现有的监管和开拓新业务创造了机会，因此极有可能引入新的风险，带来新的挑战。

（一）房地产泡沫的风险加大

房地产吸收了大量金融资源，房地产投资和销售的数量、房价的高低直接影响到银行资产质量，影响到股市和汇市，关乎系统性金融风险。我国房地产市场在过去的 20 年中表现强劲，部分城市房地产价格的快速上涨，使金融机构有强烈的动机去投资这一领域。房地产泡沫和财务杠杆之间的相互作用可能对金融体系构成重大风险。事实上，我国的房价上涨速度已经快于处于繁荣时期的韩国、英国和美国。随着房价上涨，房地产贷款迅速增加，地方政府融资平台快速发展。此外，部分影子银行（如信托公司）投资房地产。因此，房地产已经成为国内各金融机构的联系枢纽、多种融资方式的最终担保和各类金融风险的引爆点。房价的快速上涨引发了人们对房价下跌和银行信贷资产质量的担忧。房地产市场与银行信贷有两个重要的联系：一是抵押按揭贷款和房地产开发贷款的违约可能损害银行资产负债表；二是土地和房屋价格的下降会影响地方政府融资平台偿还贷款的能力，从而影响银行的信贷资产质量。

（二）股票市场与金融机构的关联性影响金融体系的稳定

当前我国另一个金融风险来源是股票市场，由于股票市场与金融体系联系紧密，股票市场波动会对整个金融系统产生极大的影响。2015年股票市场的异常波动有力地说明了这一点。股票市场关乎整个金融体系的稳定，与银行机构和非银行金融机构都密切关联。

第一，股票市场与快速发展的银行表外业务及非银行机构的信贷高度关联。特别是融资融券，增长非常迅速。两融余额与沪深300指数高度相关，总体而言涨跌同步。保证金交易余额在2015年前6个月大幅上升，由2014年9月的6000亿元上升至2015年6月的2.2万亿元。相比美国，我国的融资融券规模更为庞大。我国股票市场与非银行机构的相互依赖性不断增强，非银行机构受到股票市场的影响也越来越大。券商、信托公司、保险公司和P2P贷款平台等机构不仅通过传统渠道借钱给股票投资者，还通过其他创新渠道借钱给股票投资者，如结构化共同基金公司与线下私募基金配资公司。结构化的共同基金允许一个投资者以固定利率借钱给其他投资者，这类基金的杠杆率是2~3倍。除了结构化的共同基金，线下基金配资公司向股票投资者提供的杠杆率高达8~9倍，利率达20%。由于P2P借贷平台的快速发展和HOMS（一个电子融资平台，能够逃避监管机构的审查）的出现，在股票市场泡沫期间最引人注目的进展之一是线上基金配资业务。P2P平台允许基金配资公司吸引大量的借款人，从而导致大量资金在短时间内进入股票市场。

第二，股票质押贷款将股票市场和信贷市场的风险紧紧地绑在了一起。根据Wind的数据，2015年6月股票抵押的总价值达到2万亿元，这些股票中60%抵押给券商，20%抵押给银行，10%抵押给信托公司。虽然抵押给银行的占比不大，但需要注意的是信托公司和券商的资金中有很大一部分来自银行的理财产品，因此银行通过股票质押贷款带来的风险大大增加。

第三，层出不穷的投资工具为资金从银行流入股市提供了通道。以伞形信托为例，通常情况下，银行的理财产品、券商（资产管理公司、信托公司）和股票投资者会形成夹层结构型基金。具体来说，就是用银行理财资金借道信托产品，通过配资、融资等方式，增加杠杆后投资于股市。这种投资结构由银行发行理财产品认购信托计划优先级受益权，其他潜在客户认购劣后级受益权，根据证券投资信托的投资表现，剔除各项支出后，由劣后级投资者获取剩余收益。伞形信托针对的劣后级投资者主要是自然人大户、机构客户及一些集团旗下的财务公司。这种安排相当于劣后级投资者向优先级投资者借钱，以 2~5 倍的杠杆率进行投资。由于优先级投资者的部分资金由银行的理财产品提供，因此这就成为理财产品资金流入股票市场的一个渠道。据统计，截至 2015 年 6 月，伞形信托规模已达 4800 亿元。

第四，同业拆借市场将银行与证券公司紧紧地联结在了一起。券商和大型资产管理公司允许在银行间同业拆借市场进行同业拆借，即可以直接从银行获得短期贷款。当贷款到期时，在正常情况下可以很容易地实施展期操作。证券公司的风险可以通过同业拆借市场传导给银行。

第五，存在银行信贷资金流入股票市场的渠道。银行对公司的贷款也可能流入股票市场。虽然中国银保监会有严格的规定，禁止企业使用银行贷款投资股票市场，但是监测难度较大。尤其在当前经济下行压力加大的背景下，许多企业利润率大幅度下降。证券市场吸引了一些公司将其商业贷款投资于股票市场。虽然无法确定具体的金额，但至少有一部分银行贷款进入股票市场，增加了银行的风险。

总体来看，我国的股票市场与整个金融体系的联系越来越紧密。银行、证券公司、资产管理公司和信托公司之间的网络使资本拥有更多的渠道流入股票市场。在经济增速放缓和金融市场化改革的大背景下，投资者拥有强烈的动机去寻找高收益的投资机会。金融市场化改革允许更多的金融机构不断创新各类投资工具，这不仅帮助银行将资产从资产负债表中转移出去，而且促进了个人的资金转移。这就需要监管当局注重系统性监管，重视资本流动和金融机构之间的相互联系。

（三）表外业务和影子银行导致金融机构的隐性杠杆率大幅提高

对于大多数的理财产品，银行没有法律上的责任去承担他们的信用风险，但投资者普遍认为银行会为理财产品提供隐性担保，这种信念在投资者中普遍存在。此外，银行的表外融资往往涉及许多非银行金融机构，这些参与机构之间的风险分担机制尚不明确，只是为了逃避监管部门的监管。因此，从这个角度来看，银行的杠杆率可能被低估。非银行金融机构也存在类似的问题。影子银行在我国发展迅速，它是通过银行贷款证券化进行信用无限扩张的一种方式。这种方式的核心是把传统的银行信贷关系演变为隐藏在证券化中的信贷关系，这种信贷关系看上去像在行使传统银行的功能而没有传统银行的组织结构。如果管理不善，影子银行可能成为风险源。影子银行往往与商业银行和各类企业交织在一起，一些商业银行是信托公司的股东，并且大多数银行都发行信托产品。此外，许多银行直接或间接地为小贷款公司提供贷款。许多地方政府融资平台发行的债券被银行购买，银行将其打包为信托产品之后会卖给客户，这里就有违约风险和抵押品价值损失的风险：地方政府收紧融资条件或房地产价格调整可能引发违约风险；同时，房地产价格的调整将降低抵押品价值，可能导致违约、房价下跌和影子银行损失的连锁反应。因此，信托公司是在无法履行承诺的前提下为投资者提供隐性担保。

一直以来对影子银行板块的监管普遍宽松，很大程度上是因为影子银行不吸收存款。正因为如此，从事影子银行的机构普遍没有足够的资金来弥补违约风险。目前，虽然中国银保监会专门设立了针对非银行机构的监管部门，主要负责监管六类非银行金融机构，包括信托公司、金融资产管理公司、企业集团财务公司、金融租赁公司、汽车金融公司、货币经纪公司，对这些机构的监管要求与对商业银行的监管要求相似，但监管的强度与银行相比差别很大，对担保公司和小额贷款公司等其他非银行机构的监管要滞后得多。

三、新金融格局下我国金融监管体系面临的挑战与展望

在过去的一段时期，我国在提高金融监管系统的协调性上已经取得了很大的进展。目前我国维持金融稳定的框架包括三个层次：最高层次是国务院金融稳定发展委员会。中等层次是货币政策委员会例会。在这个会议

上，金融监管机构定期沟通重大问题，如金融稳定、金融改革和风险缓解等。低等层次是监管部门和被监管部门之间的沟通。国务院是总体负责金融稳定的最高行政机关，2003 年修订的《中国人民银行法》赋予了中国人民银行防范系统性金融风险和维护金融稳定的责任。在国际金融危机期间，金融稳定的责任是由一个高层次的金融稳定委员会来担负。每个监管部门有适当的应急计划来应对危机，包括谅解备忘录等。2008 年国际金融危机的一个关键经验教训就是，即使在非危机时期，跨部门的金融监管合作同样需要，因为这样可以对风险进行识别和处理，以避免演变成系统性风险。一个有效的金融监管框架，能够较早地发现金融风险点，并且共享这一风险点的相关信息，最后共同制定有效的方法来遏制风险。因此，一个有效的宏观审慎监管框架不仅能够做到密切地关注风险，还能够有效地阻止风险。最近的一项研究表明，有效的宏观审慎监管政策还能够大大提高货币政策的效率，因此中央银行应更好地发挥维护金融稳定的作用。

目前，我国的金融监管协调机制主要是"一行两会"之间的跨部门合作和信息共享。信息的收集和共享已被许多国家证明是防范系统性风险的重要一步，尤其是在美国。就我国目前的监管协调情况来看，人民银行需要在数据共享上作出更多的努力。同时，随着经济金融环境的迅速变化和日益增加的金融风险，需要建立更加完善的金融监管协调制度。

（一）当前监管制度安排面临的挑战

我国"一行两会"分业监管的制度有一定的优势，每个监管机构能够专注于各自的领域，做到监管部门和金融机构之间的一一对应，同时还能避免监管权力的过度集中，但当前的监管制度也有很多弱点。首先，传统的监管框架与混业经营的趋势不协调。在混业经营的趋势中，商业银行可以借助影子银行体系将资金跨业态转移至股票市场。借助影子银行体系，投资者获得杠杆配资，影子银行体系获得手续费收益，银行理财资金获得固定的利息，看似是一个对各方都有利的局面。但在这一过程中，来自银行业的资金大量流入股票市场，增加了股票市场投资者的杠杆率，从而增加了风险的集聚，分业监管难以覆盖混业经营趋势中资金的跨业态流动。虽然我国有保证金和强制平仓等制度来保障银行资金的安全，但如果风险集中暴发，去杠杆的过程过于猛烈，银行资金同样面临收不回来的风险。

其次，对跨部门的系统性风险分析不够。监管部门对跨部门和关联市场的风险需要进行更深入的研究，深入探讨金融稳定的关键问题，并对系统性风险进行全面监控，这就需要一套强有力、广为接受的指标来识别和监控系统性风险。在分业监管的体制下，各个相对独立的监管机构分别关注自己监管的业态，对于各业态间的交叉渗透缺少必要的关注。这意味着，只有等到跨业态资金流动引起的风险在某一业态集聚时，才会被监管当局注意。原因就在于不同监管机构虽然对本业态的资金流动、风险特征有着清晰的认识，但是对于资金的跨业态流动的信息掌握得较少。

最后，政策协调不够，主要是指财政政策与金融监管政策之间的协调。在防止信贷过度、防范金融系统性风险积聚的过程中，财政政策尤其是政府支出并不总是足够灵活。此外，房地产既是地方财政收入的重要来源，又是金融风险的一个聚集点。因此，在防范系统性金融风险的过程中，需要更加有效的政策协调。

（二）我国金融监管改革的方向

2017 年 7 月召开的第五次全国金融工作会议决定设立国务院金融稳定发展委员会，强化人民银行宏观审慎管理和系统性风险防范职责，落实金融监管部门监管职责，并强化监管问责。该委员会的成员包括人民银行、金融监管机构及财政部，有权召集所有相关机构共同解决系统性风险。该委员会要求各监管机构共同参与，以避免彼此矛盾的监管政策。发挥好人民银行在宏观审慎中的决策作用，这将有助于协调各监管机构，确保在宏观审慎的框架下维护金融稳定，做到信息共享。国务院金融稳定发展委员会的基本出发点是构建基于消费者保护的金融监管框架，即构建出由适应性监管、功能化监管、包容性监管、全程化监管搭建的四维监管体系。适应性监管就是要提高金融消费效用，减少金融消费纠纷。功能化监管就是要依照金融产品或服务的功能采取不同的监管模式，从而摆脱依照金融产品或服务提供者监管可能产生的重复监管、监管真空、抑制金融创新等弊端。功能化监管是面向混业经营大背景下的分业监管出路。包容性监管就是要使监管体系具有开放性和包容性，能够适应未来的金融创新和技术革新，在第一时间将监管体系扩展至金融产品和服务的最前沿。全程化监管就是要对金融消费者进行全流程监管保护，从超前、事前、事中、事后分别监管，提高监管覆盖率，建立统一全面的金融消费信息平台，为金融纠纷解决、征信、反洗钱等提供更好的支撑。国务院金融稳定发展委员会工作的重点是要保证市场之间、产品之间、产品与市场之间监管的无缝链接，建立起逆周期风险调节机制。因此，我国金融监管改革的方向在于转型：从资本监管为主逐步转入资本监管与透明度监管并重。金融创新的基本趋势表现为绕开资本监管，所以透明度监管在整个金融监管中的权重必然上升。

第十七章
构建"双支柱"监管框架与防控金融风险

完善金融安全防线，必须保证不发生系统性金融风险。如何守住不发生系统性金融风险的底线，需要金融回归到服务实体经济的本源上，更需要健全货币政策和宏观审慎政策双支柱调控框架。

一、宏观审慎监管的实践基础

2008 年暴发的国际金融危机对全球的影响是巨大的，全球大量金融机构破产。最终在各国政府大量资金的救助下，更多的金融机构才得以幸免。在此次国际金融危机暴发前的 10 年里，随着风险管理模型的不断完善，人们相信金融体系会更加安全，监管层一度认为只要金融机构有意愿承担某种风险，就说明他们有能力优化这种风险。美联储前任主席格林斯潘曾讲道："监管部门不需要过多地关注风险，因为金融机构出于自身利益的考虑，会非常关注经营过程中的风险。"但 2008 年国际金融危机的暴发，证明事实并非如此，基于较短时间序列的内部模型缺乏压力时期的样本，掩盖了真实的风险，表现出来的仅仅是虚假的安全。关于此次危机产生的原因在学界被广泛讨论。其中，一个代表性结论是金融体系需要加强宏观审慎监管，包括成立以金融体系稳定为首要目标的公共机构。宏观审慎监管的提法最早出现在国际清算银行 1979 年的一次内部讨论中，但受到普遍关注则是在 2000 年 10 月国际清算银行时任总裁 Andrew Crockett 在银行监管当局国际会议上的讲话。Crockett（2000）认为，宏观审慎监管与微观审慎监管的主要差别不在使用的监管工具上，而在监管目标上。宏观审慎监管的目标是控制系统性风险，包括控制金融危机的可能性和严重程度；微观审慎监管的目标是控制个体风险和保护存款人利益。他将系统性风险视为单个机构的集体行为所致，是内生的，而单个机构的风险则是外生的。从 Crockett 对宏观审慎监管所下的定义来看，单个金融机构的安全和稳健并不能保证整个金融系统的稳定，原因就在于单个金融机构的合理行为在宏观金融体系层面可能是不利的。Borio（2003）在 Crockett（2000）的基础上做了进一步的研究后认为，从跨机构的维度来看，通过一系列传染机制，单个金融机构的风险通过市场参与者的反应而放大，最后扩散到整个金融系统中，演变成系统性风险。Barth 等（2006）和 Brunnermeier 等（2009）认为，好的监管（包括管制）能够使金融市场顺畅运转并通过纠正内在市场失灵（特别是外部性、信息不对称），减少市场波动风险。宏观审慎监管是否就是好的监管不好轻易下结论，但可以肯定的是它与之前的微观审慎监管是不同的，宏观审慎监管更加关注系统性风险，微观审慎监管关注的是单个金融机构的风险。2008 年暴发的国际金融危机说明合成谬误[1]确实是存在的。在宏观审慎监管措施的跨机构维度上，美国财政部（2009）认为，大型金融控股集团[2]是系统性风险的重要来源，应成为宏观审慎监管的重点。从宏观审慎监管工具来看，英国财政部（2010）认为，应包括杠杆限制、逆周期资本要求、前瞻性资产损失准备金及存款准备金要求等。

2008 年国际金融危机的教训是深刻的，危机之后巴塞尔委员会对监

---

① 以同业拆借为例，从单个金融机构来看，同业拆借可以降低其风险和成本，但从整个金融体系来看，同业拆借放大了期限错配的风险。

② 这里的大型金融控股集团是指综合考虑规模、杠杆和相互关联等因素，这些机构的倒闭会对金融稳定构成威胁。

管标准进行了较大改革，发布了一系列新的监管标准。这一系列的新标准背后有两个特点：一是注重宏观审慎监管和微观审慎监管相结合，二是资本充足率监管和流动性监管相结合。改革的目的就是评估、监控和缓解系统性金融风险。回到我国，当前我国非金融企业杠杆率为170%[1]，全球最高。房地产贷款在所有贷款中占比接近30%[2]，房地产市场的波动直接关乎我国金融稳定。金融混业经营趋势已不可逆转，银行、证券、保险之间的联系日益紧密，金融穿透式监管的难度明显增加。在这种背景下，我国需要构建什么样的货币政策和宏观审慎监管框架来防范系统性金融风险，成为一个研究热点。从货币政策的目标来看，应当在充当最后贷款人和关注通货膨胀之外更加关注金融周期。2008年国际金融危机的一个重要教训就是金融周期对经济周期会带来重要影响。当前我国供给侧结构性改革面临的一项重要任务就是去杠杆，如果利率长期处于低位，那么仅仅依靠宏观审慎监管和微观审慎监管来控制冒险行为并去杠杆是远远不够的，难以应对金融周期。从这个意义来讲，需要货币政策和宏观审慎政策共同应对金融周期。

二、我国系统性风险探析

我国的金融体系正在发生着根本性变化。在金融业快速发展的过程中，金融体系的扩张速度显著快于实体经济的发展，同时实体经济的稳健运行也越来越依赖于金融体系的稳定。金融业的杠杆水平不断上升，监管者实施的资本标准非常复杂但实践中却正在失效。风险成了一种可以在市场上交易的商品，而且可以获得更高的收益预期。我国金融业的发展也使金融机构内部、金融机构之间、金融机构不同部门之间及与其他国家之间的关联性更强，结果是大大提高了金融体系内部的相关性。原因就在于金融创新激发了大量监管之外的金融活动，它们的风险缓冲能力更低，游离

---

[1] 资料来源：Wind 资讯金融终端。

[2] 资料来源：中国人民银行网站（http://www.pbc.gov.cn/）。

于金融监管之外，不受金融安全网保护。此外，"盯市"估值法的兴起、同质化的风险管理模型、基于评级的风险触发机制及多样化的薪酬都加强了金融机构的周期性。这些变化共同作用，导致我国系统性金融风险显著增加。

金融混业经营风险隐患值得关注。1978 年以前，我国长期实行高度集中统一的计划经济体制，所谓金融体系实际上只有人民银行这一家银行。"大一统"的金融体系在发挥集中有限资源支持经济发展的作用的同时，也暴露了金融体系缺乏竞争活力、市场资源配置缺少效率等弊端。改革开放之后，"大一统"的金融体系逐渐被打破，专业性银行逐渐从人民银行中分离出来，证券、保险等金融机构同样获得快速发展。近些年，金融混业愈演愈烈，金融控股集团及跨机构、跨行业、跨市场的金融产品不断涌现，九龙治水式的分业监管遇到混业经营的挑战。一是多重动力驱动影子银行扩张。国际金融危机期间，4 万亿元刺激计划的推出大力推动基建投资和房地产投资的迅速扩张，但由于这类投资有较强刚性，在通货膨胀压力之下，银行贷款规模必然受到限制，投资刚性只能通过其他渠道来满足，这就促进了影子银行的发展。同时，随着银行客户群体对服务的诉求不断提高，单一的银行存款渠道收益有限，而理财产品的出现满足了客户的需求。二是利率市场化压缩了金融机构的盈利空间。利率市场化大大挤压了银行的存贷利差空间，各商业银行不约而同将目标转向了表外业务的拓展。三是银行通过表外业务可规避信贷政策、利率管制、存款准备金率监管及资本充足率监管，因此金融机构均有做通道的冲动。

随着我国影子银行的快速发展及金融机构之间关联性的不断增强，系统性金融风险暴发的可能性在增加，具体表现在以下三个方面。第一，期限错配引致流动性风险。通过短期的同业存单投资于长期的项目，能够达到降低融资成本和提高投资收益的目的。但这个过程中的风险是极大的，一旦后续资金无法募集，立刻就会出现流动性紧张的局面。第二，投资链条加长带来透明度风险。为了避开监管，银行可以同时与一个或多个通道机构合作，这就大大增加了监管部门进行穿透性监管的难度：链条前端投资者无法看透底层风险，风险隐性化趋势加强。一旦底层资产发生风险，将波及链条上的所有机构。第三，跨机构、跨行业、跨市场交叉的传染性风险。投资项目常常涉及多个利益主体，易受到信用风险、市场风险、政策风险等风险因素的叠加冲击，使系统性风险更为复杂。

三、宏观审慎监管的逻辑：基于与微观审慎监管差异的视角

宏观审慎监管和微观审慎监管在很大程度上是互补的：稳定的金融体系要求金融机构保持稳健运行，金融机构的稳健运行也离不开金融体系的稳定。但在具体实施的过程中，宏观审慎监管和微观审慎监管之间存在显著的差异：前者要有系统性视角，而后者聚焦于单个金融机构。因此，宏观审慎监管致力于整个金融体系的稳定，限制系统性金融危机给整个社会带来的损失，而微观审慎监管则是通过限制金融机构的风险承担来保护储户的利益。就政策启示而言，宏观审慎监管和微观审慎监管的关键性区别在于：前者考虑的是不同金融机构的集体行为及溢出效应，而后者会将此类风险视为外生给定，因为集体行为导致的系统性风险与单个金融机构的行为无关。尽管宏观审慎监管和微观审慎监管在具体措施上大多数的时候具有一致性，但由于视角不同，有时会采取截然相反的措施。例如，当面临系统性的流动性紧张时，宏观审慎部门可能会鼓励金融机构贷出可用资金以缓解整个市场的流动性短缺，但微观审慎监管者会要求金融机构囤积流动性以应不时之需。我国2013年同业拆借市场出现的"钱荒"现象就是例证。当经济面临周期性下行时，宏观审慎监管者会提倡释放资本以促进经济复苏，但是微观审慎监管者会倾向于要求计提更高的资本以冲销增加的风险。想要解决两者的分歧，需要采用不同的工具来应对问题的动态发展。这需要在资本管理体系中引入逆周期资本缓冲、在流动性要求中增加缓冲的流动性，以及扩充宏观审慎监管的工具箱。在实践中，宏观审慎监管的政策工具刚刚开始构建，而微观审慎监管的政策工具已经相当完善。事实上，尽管越来越多的人认为采取积极的宏观审慎政策是必要的，但这些政策在发达国家的使用非常有限。因此，实践中更需要的是将宏观审慎

风险转化为微观审慎风险去缓释，这对于降低系统性风险非常重要。

系统性危机凸现了配置监管资源的重要性，监管资源应当聚焦于可能产生系统性风险的问题或者金融机构，而不是对监管规则本身的遵守。这意味着应当将监管方法从合规导向转变为风险导向。在实践中，监管者应当优先关注那些尚不清晰但存在重大影响的潜在威胁，而后才是金融规制的风险。这就要求资源分配具备很高的灵活性，要求监管部门更加关注存在于不同金融机构的一般性风险，而不是单个金融机构的独有风险，还要求进行更广泛的、跨学科的监管技能组合。毕竟综合风险评估需要进行更广泛的监管判断，而不只是合规性检查。鉴于一些地方的审慎任务仅被确定为监管金融机构，因此其责任范围需要扩大，将那些直接影响整个金融体系稳定性的金融活动包括进来。总之，风险导向型方法需要宏观微观互动、灵活的资源配置及更广泛的监管职能。

四、我国构建"双支柱"监管框架的实现路径

"双支柱"监管框架涵盖了监管、制度、操作等方面的问题，旨在共同实现将金融稳定这一宽泛概念转化为货币政策和宏观审慎监管有机结合的实践操作，以实现降低系统性金融风险的目的。

（一）探索紧盯金融风险的货币政策新框架

传统的货币政策对于金融风险的态度是"事前忽视，事后补救"，认为中央银行只要在合适的时候具备投放流动性的能力就能避免金融危机的发生，但2008年国际金融危机给了各国中央银行一个极大的教训。当前，需要探索紧盯金融风险的货币政策新框架。第一，货币政策需要关注金融周期。在金融危机之前，货币政策更多关注的是资产价格，但资产价格仅仅是金融周期的一个表象，金融周期的背后是广义信贷的收缩与扩张。资产价格的波动往往是由金融周期导致的借贷变化引起的。金融周期是经济金融体系内生的，和货币政策密不可分，货币政策应当考虑金融周期。第二，中央银行应当调控长期利率。长期利率对于应对金融周期的风险很重

要，传统的利率期限结构理论认为中央银行只需关注作为货币政策操作目标的短期利率即可，长期利率会受到短期利率的影响，但本次金融危机的实践说明短期利率和长期利率之间的通道并不总是畅通的。既然如此，中央银行就不应当仅仅调控短期利率，也应该调控长期利率。对长期利率调节的有效方法就是通过对中央银行资产负债表的调节。第三，货币政策应当保持在金融稳定方面的公信力。对于银行的冒险行为，中央银行的货币政策应当严格管控，坚决防止金融市场通过过度的冒险行为倒逼中央银行长期维持低利率。第四，货币政策的国际协调有利于防范跨境资金流动的风险。在当前全球经济金融一体化这个背景下，美国等发达国家启动了货币政策正常化的进程，新兴经济体也应当启动货币政策正常化的进程，这样才能够保持全球宏观经济金融运行的平衡。

（二）加强系统关联性方面的数据共享

不论是微观审慎监管还是宏观审慎监管，准确、及时、可共享的数据都至关重要。就目前的状况来看，数据库的建设远远滞后于金融创新及金融市场和金融机构的结构性改变。严重的数据缺口导致监管者无法及时识别风险积累，进而无法评估其性质及制定危机解决方案。尤其是缺乏具有系统相关性的大型金融机构的信息，这些大型金融机构一方面拥有最复杂的组织结构，另一方面对金融稳定影响重大。由于数据缺陷，宏观审慎监管者无法准确判断其杠杆率、期限错配程度及关联性。一旦危机暴发，中央银行和监管部门也无法判断救助单个金融机构会对整个系统性金融体系带来哪些影响。同样，由于缺乏整个金融体系弹性的可靠数据，微观审慎监管者注定会低估风险，这在集中度风险方面表现得非常明显。只有在汇总了不同金融机构的精确数据，并且挖掘出共同的风险敞口时，集中度风险才会被发现。以2008年美国次贷危机为例，如果美国国际集团的数据是精准的、可共享的，它的高风险集中度就能够被揭示出来，同时还能发现其对短期批发性融资的过度依赖导致其结构性产品承担的风险敞口失衡。与此类似，数据共享原本能让监管部门识别可能的风险传递渠道，但事实却是数据共享机制的缺乏导致解决负向的宏微观反馈机制变得极为困难。总之，加强数据在监管部门之间的共享，既有利于宏观审慎监管，也有利于微观审慎监管。在宏观层面，通过数据分析发现系统性风险敞口，就可以采取防护性措施来加强系统的稳健性，并对风险的溢出效应和危机的解决方案有更充分的准备。在微观层面，数据共享会对监管部门的风险管理提供支持。此外，与非银行金融机构的关联性数据有助于监测影子银行部门，并划分监管边界。

（三）加强对系统重要性金融机构的监管

系统重要性金融机构指的是在金融业中具有重要地位的金融机构，它们的破产会扰乱整个金融体系，甚至会使整个宏观经济陷入混乱。当这类金融机构陷入混乱时，政府出于维护整个金融体系稳定的考虑，只能救助，别无他法，尽管政府和监管部门并不愿意这样做。因此，如何解决系统重要性金融机构"大而不能倒"的问题，成为宏观审慎监管体系要解决的首要问题。解决的办法有两个：一是对系统重要性金融机构实施更严格的监管，确定额外的损失吸收能力，并根据具体的金融机构而定。同时，对系统重要性金融机构加强监管并不局限于增加资本，还应提高这类金融机构的风险意识，提前制定好金融机构在临近破产情形下可以采取的措施。这些措施包含早期激活触发机制、治理程序及战略的选择。二是减少系统重要性金融机构的重要性，从而减少其对公共救助的需求。

（四）做好自上而下的风险管理

随着金融关联性和周期性的不断加强，即使是单个金融机构，它的命运也更多地取决于常规风险而非特殊风险。也就是说，单个金融机构由于宏观金融环境发展而陷入困境的风险要大于因特定事故而陷入困境的风险。因此，微观审慎监管在构建上需要重点考虑宏观审慎风险。这只能通过自上而下的风险管理方法来实现，即先从宏观的大局着眼，然后关注单个金融机构特定的脆弱性。这种自上而下的风险防范方法首先要进行宏观审慎分析，即识别整个金融部门的主要风险。这些风险往往是周期性的，与融资模式、公司战略、金融基础设施、法律环境等相关。在这之后，宏观审慎分析需要转向单个金融机构层面。这样就可以测算出单个金融机构对特定宏观风险的敞口，如果有必要，需要采取风险缓释方案。

（五）采用宏微观相结合的制度架构

在一个有着众多大规模的、相互关联的金融机构世界里，宏观审慎和微观审慎的观点会存在重叠。从定义上看，对于系统重要性金融机构的监管既属于宏观审慎范畴，也属于微观审慎范畴。此外，宏观审慎和微观审慎之间的反馈循环也在很大程度上决定了微观风险所能产生的影响。因此，一个将宏观监管和微观监管结合起来的制度框架有助于提高监管的影响力和有效性。在监管的不同环节，两者的结合都会产生协同作用。首先，一个将中央银行功能和微观审慎监管相结合的架构有助于早期识别金融市场的风险和系统性风险。这样的结构可以带来信息共享，提高专业技术技能，并使微观审慎监管关注系统性风险。其次，中央银行是金融市场的重要参与者及支付系统的监管者，能够做到迅速决策和持续沟通。最后，尽管将中央银行传统的货币政策职能与监管合并有一些缺陷，例如存在潜在的利益冲突、职责不清、信誉风险及权力过度集中，但大多数国家都开始让中央银行承担更多的监管职能。

五、结论与建议

2008年国际金融危机的一个重要原因就是系统性风险敞口被过度低估及宏观审慎监管政策的缺位，使金融监管过度宽松。这个金融体系在越来越关联的同时也变得越来越脆弱，但专注于单个金融机构特有风险的审慎监管未能捕捉到这一点。展望未来，一个重大挑战是金融监管部门如何更好地防范系统性风险，这取决于宏观审慎监管的力度和有效性。加强系统关联性的数据收集、衡量微观信号之间的关联性、在微观层面挖掘宏观风险，有助于识别当前最关注的金融风险。在实际操作层面，风险管理可以自上而下实施，在着眼大局的基础上再关注单个金融机构，这样可以确保监管资源能够配置到整个金融系统面临的重大风险上。

守住不发生系统性金融风险的底线，需要我国经济开出去杠杆的药方。一是促进多层次资本市场健康发展，提高直接融资比重，继续优化融资结构。我国以银行为主导的间接金融体制必然会不断推升杠杆率，潜藏系统性金融风险。资本市场作为优化资源配置的重要平台，能够引导社会资金转化为长期投资，促进企业资本的形成，从而降低企业债务。发展多层次的股票市场，需要改进和完善股票发行机制，增强主板、中小企业板、创业板和新三板市场的融资功能，增强市场活跃程度，充分发挥其资本形成的作用。二是以"堵后门、修围墙、开正门"的方式推动地方政府融资公开透明化。"堵后门"就是要整顿地方政府债务乱象，"修围墙"就是要规范政府债务的形成机制，"开正门"就是要赋予地方政府举债权，以规范透明的举债方式替代隐性负债，以更市场化的市政债券融资逐步取代融资平台融资。三是坚持"房子是用来住的、不是用来炒的"定位，防止房地产市场价格泡沫破裂可能引发的连锁危机。加快建立多主体供给、多渠道保障、租购并举的住房制度，既能够让全体人民住有所居，同时能够调节房地产行业的供需矛盾，抑制房地产价格的快速上涨，化解房地产泡沫过大可能引发的金融风险。四是大力推进国有企业降杠杆。把国有企业市场化债转股和国有企业兼并重组作为企业降杠杆的重点攻坚方向，进而化解部分债务风险，实现降杠杆的任务。

守住不发生系统性金融风险的底线，需要加强金融监管协调、补齐监管短板。成立国务院金融稳定发展委员会，就是要构建宏观审慎政策框架，通过提高金融监管效率，实现防范系统性金融风险的目标。国务院金融稳定发展委员会将加强货币政策与金融监管政策之间的协调，有利于健全货币政策和宏观审慎政策的双支柱调控框架。同时，国务院金融稳定发展委员会能够加强金融监管政策与财政政策和外汇政策之间的宏观政策协调，做到有效整合监管资源，成为构建宏观审慎监管框架的重要举措。国务院金融稳定发展委员会不仅具有一定的决策权和建议权，更要发挥统筹协调作用，从顶层综合识别可能威胁金融体系稳定运行的风险隐患，并对已经发现的潜在系统性金融风险采取措施，及早干预，及时进行预防和化解。国务院金融稳定发展委员会将更加关注系统重要性金融机构、重要金融基础设施、交叉性金融业务和金融控股公司，尤其是那些少数不法分子通过复杂架构违规构建的庞大的金融集团。另外，国务院金融稳定发展委员会还将统筹金融业综合统计标准，做到各监管部门之间的信息共享。

第十八章

强化宏观政策逆周期调节与
维护金融稳定

　　2018年12月召开的中央经济工作会议指出，我国"经济运行稳中有变、变中有忧，外部环境复杂严峻，经济面临下行压力"。可以看到，中央认识到我国经济当前面临的内部转型与外部不确定性带来的双重压力，这是在改革开放40年后遇到的新问题、面临的新环境。面对新形势，中央再次强调"六稳"，即稳就业、稳金融、稳外贸、稳外资、稳投资、稳预期，这既是2018年7月底召开的中央政治局会议部署的延续，也明确了我国下一步经济工作的重点。当然，形势的严峻并不意味着前途的黯淡，这次会议强调"我国发展拥有足够的韧性、巨大的潜力，经济长期向好的态势不会改变。要全面正确把握宏观政策、结构性政策、社会政策取向，确保经济运行在合理区间"。保持经济持续健康发展，需要实施有效的宏观经济政策。对此，中央经济工作会议指出，"宏观政策要强化逆周期调节，继续实施积极的财政政策和稳健的货币政策，适时预调微调，稳定总需求"。宏观经济政策重在逆周期调节，重在稳住需求端，稳住消费、投资和出口"三驾马车"，这就需要财政政策和货币政策共同发力。尤其是积极的财政政策要更加积极，做到加力提效，推动更大规模减税、更明显降费，有效缓解企业融资难融资贵问题。货币政策要坚持稳健的总基调，不会搞"大水漫灌"，力争做到松紧适度。2019 年 3 月召开的"两会"上，总理的政府工作报告提出了宏观政策逆周期调节的一些具体举措，普惠性减税与结构性减税并举，将制造业等行业的增值税率由 16% 降至 13%，并降低企业社保缴费负担，以此降低中小企业负担。

一、改革开放 40 年我国宏观调控的实践

党的十一届三中全会之后，以我国经济运行和经济体制为基础，中央进行了多轮宏观调控，极大地降低了宏观经济波动带来的负面作用，实现了经济平稳快速增长。我国经济取得的举世瞩目的成就离不开政府宏观调控发挥的积极作用。梳理这些宏观调控的背景和措施，对于我国当前推动宏观政策逆周期调节有重要意义。

（一）党的十一届三中全会至十四大期间的宏观调控

党的十一届三中全会以后，全党的工作重心转移到社会主义现代化建设上，全国各地建设热情高涨，经济增长率达 11.7%，导致宏观经济出现过热的现象；商品供不应求，投资品价格飞速上涨，导致通货膨胀问题严重；基建投资过快增长导致财政出现巨额赤字，大规模进口和引进国外技术设备使外贸出现严重不平衡。1978 年中央提出，应当坚决按照经济规律办事，基本思路是"计划经济为主、市场调节为辅"。1979 年，中央提出"调整、改革、整顿、提高"八字方针，进行改革开放以来第一次宏观调控。1980 年，国家计委采用行政手段压缩财政和信贷，降低各项计划指标，减少基建项目，控制物价上涨。这些宏观调控措施抑制了总需求的过快上涨，遏制了通货膨胀，国民经济从过快增长转为稳定增长。

党的十二大提出我国要在 20 世纪末实现工农业年总产值较 1981 年翻两番的目标。为了完成该目标，各地大干快上：1984 年经济增长率达 15.2%，供不应求现象非常严重，国民经济出现失调；投资信贷双膨胀，货币供给迅速增加，通货膨胀率高达 8.8%。从 1985 年开始，我国实行了财政政策与货币政策的"双紧"调控。一方面，中央银行加强了对信贷规模的管控；另

一方面，政府以行政手段控制基建规模。在此宏观调控之下，经济过热现象很快得到抑制，通货膨胀率快速下降。1988 年 5 月，中央决定用 5 年的时间实现价格"闯关"，这使物价指数迅速上涨，同比高达 18.5%，价格上涨预期又导致抢购风潮，通货膨胀严重，出现改革开放以来第三个物价上涨高峰。究其原因，主要还是存在总供给小于总需求的缺口，有明显的短缺经济的特征。1989 年，中央提出"治理经济环境，整顿经济秩序"，开始了改革开放后的第三次宏观调控，严格项目审批，压缩投资规模，对重要生产资料实行最高限价；中央银行严格管控信贷规模，并提高存款准备金率和利率；增加有效供给，增强经济发展后劲，采取如此强硬的宏观调控政策的目的就是抑制总需求。这些政策发挥了较好的作用，迅速抑制了经济过快增长和通货膨胀现象。

（二）党的十四大至十六大期间的宏观调控

1992 年到 1993 年上半年，经济生活出现了"四热四高四紧一乱"：房地产热、开发区热、集资热和股票热；高投资膨胀、高工业增长、高货币发行和信贷投放、高物价上涨；交通运输紧张、能源紧张、重要原材料紧张和资金紧张；经济秩序特别是金融秩序混乱。通货膨胀呈加速之势，1993 年的通货膨胀率是 13.2%，1994 年的通货膨胀率是 21.7%，是改革开放以来物价上涨的第四个高峰。1993 年开始进行宏观调控，采取适度从紧的货币政策和财政政策。中央银行运用利率、存款准备金率、公开市场业务等货币政策工具进行调控。财政部门将财政赤字控制在预算之内，发行国库券减少货币供给。国家计委严控新开工项目，抑制过快增长的投资需求和消费需求。到 1996 年，国民经济成功实现了"软着陆"，呈现出高增长、低通货膨胀的良好势头。

1997 年，亚洲金融危机暴发。在这一背景下，人民币面临贬值压力，但我国政府作为一个负责任的政府，宣布人民币不贬值，虽然这一措施削弱了我国产品在出口市场上的竞争力，但很好地起到了稳定国际金融市场和东南亚国家信心的作用。在多重因素影响下，我国经济增速下降趋势明显，经济增长下行压力较大。面对经济形势新变化，我国政府及时采取了积极的财政政策和稳健的货币政策，想方设法扩大内需。一方面，实施积极的财政政策，增加政府支出，发行国债，促进投资，尤其是加大投入完善制约我国经济发展同时有利于改善民生的基础设施。另一方面，实施稳健的货币政策，降低利率水平，运用公开市场操作调节货币供给。经过这一轮的宏观调控，我国的经济发展又开始稳步回升，国民经济进入快速稳定增长期。

（三）党的十六大至十八大期间的宏观调控

自 2003 年以来，我国经济运行出现了固定资产投资过猛、货币信贷投放过多、主要工业产品供求紧张等问题。2004 年，我国政府加强和完善宏观调控，调控领域包括金融、物价及具体的开发区、房地产等领域。此次宏观调控是未雨绸缪，与前几次针对经济增长率和通货膨胀率的收缩型宏观调控不同，是在经济增长率尚在适度范围内、价格攀升趋势刚有苗头时就开始调控，而且调控的政策较为稳健，货币政策是稳中从紧，积极的财政政策也逐步趋向稳健。通过适当的控速降温，经济运行保持在合理的运行区间之内，实现了平稳可持续的发展。

2008 年，国际金融危机全面暴发。面对此次来势汹汹的国际金融危机，为有效防止我国经济增速过快下滑和出现大的波动，中央在准确判断形势的前提下，对宏观经济政策作出重大调整：把稳健的财政政策调整为积极的财政政策，把从紧的货币政策调整为适度宽松的货币政策，其他宏观经济政策也相应调整。这次宏观调控的目的既要促进经济增长，又要推动结构调整；既要拉动当前经济增长，又要增强长期发展后劲；既要有效扩大投资，又要积极扩大消费。这次宏观调控的背景是国际国内经济形势相当严峻，因此宏观调控出手既快又果断，可谓是争分夺秒。在财政政策方面，一是加大投资力度和优化投资结构：在民生工程方面，加大对廉租房投资建设的支持力度；在重大基础设施项目建设方面，推进京沪高速铁路等一批客运专线建设。二是着力扩大消费需求特别是居民消费需求。进一步提高农民收入，中央财政继续较大幅度提高农资综合直补、良种补贴、农机具补贴等标准，并提高城市和农村低保标准，努力减少居民扩大消费的后顾之忧。三是促进房地产市场平稳健康发展。在货币政策方面，一是保持银行体系流动性充足，促进货币信贷稳定增长，创造适度宽松的货币信贷环境。二是追加政策性银行 2008 年贷款规模 1000 亿元，鼓励商业银行发放中央投资项目配套贷款。三是出台有关信贷政策支持居民购买首套自住房和改善型自住房。这些措施对缓解经济运行中的突出矛盾、增强信心、稳定预期、保持经济平稳较快发展，发挥了至关重要的作用。

（四）党的十八大以来的宏观调控

2012 年，在经济持续下行的压力面前，调控政策反而变得稳妥、审慎。在财政政策方面，大幅减少了对项目的直接投资，取而代之的是结构性减税，精确锁定关键领域和重点环节，对症下药地使用"喷灌""滴灌"等措施。由于"营改增"的不断拓展，国内受益的区域和企业越来越多，刺激了企业的投资，改善了企业生存环境。货币政策方面，中央银行坚持预调、微调的手段，扩大了执行差别化存款准备金率政策覆盖范围。从 2013 年开始，中央银行开始使用公开市场短期流动性调节工具（SLO）及常备借贷便利（SLF），以补充公开市场常规操作的需要，并且主动使用定向降准、定向再贷款、非对称降息等举措，持续提高对经济发展中薄弱环节的支持力度。总结本轮宏观调控的特点，主要是更多地使用定向和精准的政策，不论是财政政策还是货币政策，都在结构调整上力争做到有的放矢。

在我国经济进入"新常态"的背景下，原有的宏观调控必然存在诸多不相适应之处。对此，中央提出，要创新宏观调控思路和方式，稳定和完善宏观经济政策，保持宏观政策的连续性和稳定性，坚持区间调控，更加注重预调微调和定向调控，更加注重引导市场行为和社会心理预期，考虑市场行为主体特点，增强政策透明度和可预期性，提高宏观调控的科学性和艺术性。我国经济增速有所趋缓是主动调控的结果。为了从根本上解决我国经济的长远发展问题，必须坚定推动结构改革，宁可将增长速度降下来一些。只要经济增速处在合理区间和预期目标内，就不要再为速度而纠结，而要下大力气加快转方式、调结构、促改革、惠民生，下大决心推动经济转型升级。在这个过程中，关键是要让市场在资源配置中起决定性作用，更好地发挥政府作用。凡是市场和企业能决定的，都要交给市场；政府要主动做好政府该做的事，要有所为有所不为。保持一定的经济增速，主要是为了稳就业。只要经济运行处于合理区间，宏观经济政策就要保持基本稳定，要避免强刺激政策给经济发展带来的副作用。上述思路为"新常态"下的宏观调控提供了目标和方向，也取得了积极的调控效果。

二、宏观政策逆周期调节的理论基础

40 年宏观调控的实践迫切需要理论总结，新常态背景下我国宏观调控的发展更需要理论的指引。我国特色宏观调控作为社会主义市场经济理论的一项重要内容，既继承和发展了马克思主义政治经济学的基本观点，又吸收和借鉴了西方经济学中的合理成分，而且也随着我国经济实践的发展不断丰富和完善。

（一）基于马克思主义政治经济学的视角

马克思主义政治经济学由于历史的制约和研究重点的局限，没有提出宏观调控的概念，马克思也没有建立独立的宏观调控理论，但这并不意味着马克思的经济理论中没有宏观调控的思想。马克思关于商品、货币、市场、信用、社会资本再生产等矛盾的系列分析，客观上为宏观调控提供了一个从基础理论角度展开的科学解释。尤其是在马克思的社会再生产理论中，创立了社会总需求与社会总供给平衡的理论：第一部类所供给的全部生产资料必须同第二部类所需求的生产资料总量相一致；第二部类供给的全部消费资料必须同两大部类所需求的消费资料总量相一致；两大部类所供给的生产资料和消费资料要和两大部类需求的生产资料和消费资料相一致。总而言之，社会总供给与总需求必须平衡。在马克思的经济危机理论中，马克思对资本主义经济的剖析是从商品这一细胞开始的，只要存在商品货币关系，只要存在信用，就有可能出现生产过剩，存在总供给大于总需求。由此可见，生产过剩与总供求失衡并不是资本主义经济特有的范畴，而是商品经济的范畴。因此可以认为，马克思最早对商品经济总供求失衡特别是作为常态的总需求小于总供给的矛盾作了科学的分析，为实行宏观调控政策提供了理论基础。

（二）基于凯恩斯主义经济学的视角

在古典经济学时期，经济学家就特别注重对经济增长的分析。斯密认为，促进经济增长有两种途径：一是增加生产性劳动的数量，二是提高劳动的效率。19世纪后期，以边际分析为特征的新古典经济学兴起，标志着西方经济学进入了一个新的发展阶段，其中包括马歇尔对规模收益递增的分析及熊彼特对创新的分析。现代经济增长理论源于凯恩斯的有效需求革命。与新古典学派从供给角度分析不同，凯恩斯重视从需求角度进行分析。凯恩斯写作《就业、利息和货币通论》的目的是提高国民收入，使其达到充分就业的状态，从而解释资本主义的失业问题和生产过剩的经济危机。凯恩斯认为，国民收入由消费和投资两个部分组成，因此国民收入的高低就取决于消费和投资这两个组成部分的高低。如何提高消费和投资这两个部分呢？凯恩斯的建议就是使用货币政策和财政政策来弥补私人投资的不足，以便使总投资量等于充分就业条件下的储蓄，从而解决资本主义的危机和萧条问题。就业量是预期消费和预期投资的函数，在消费倾向不变的前提下，就业量只能伴随着投资量的增加而增加。当然，投资的目的是为了形成消费，消费是一切经济活动的唯一目标和对象。就业是由有效需求所决定的，总需求来源于当前的消费量和未来的消费量。而在拉动需求方面，财政政策和货币政策都能够发挥重要的作用。

（三）基于政府与市场关系的视角

西方经济学界普遍认为，政府干预的主要作用是弥补市场失灵。斯蒂格利茨以复杂的数学模型证明，当市场不完备、信息不对称、竞争不充分时，市场机制不会自己达到帕累托最优。为了弥补市场失灵，政府对经济的干预不应仅仅局限于制定规则、收入再分配和提供公共物品，而应在各个经济部门和领域发挥作用，这就为政府干预提供了广阔的潜在空间。斯蒂格利茨还认为，由于政府的强制性职能，很多时候它的效率不但不比市场差，而且能做许多市场无法完成的事情。在弥补市场失灵的过程中，政府能够发挥再分配职能提高资源配置效率。当然，政府在干预经济的过程中也存在失灵，即公共失灵。斯蒂格利茨认为公共失灵包括政府部门存在的不完全信息、政府的寻租活动、当前政府带给未来政府有效合同的局限性、激励机制的缺失及缺乏竞争等。总结我国改革开放 40 年的成功经验，其中重要的一条就是我国充分地发挥了政府和市场的合力。党的十八届三中全会的一个重要突破，就是强调市场在资源配置中要起决定性作用和更好地发挥政府作用。这不仅仅表明党对市场机制的认识前进了一大步，更重要的是为市场在社会主义市场体制下应该发挥的作用给予了准确的定位，这既是对国内外长期历史经验的精辟总结，更指明了深化改革的方向和目标。市场决定资源配置是市场经济的一般规律，我国经济体制改革总体上是遵循这一规律不断深化的。

在新的历史条件下，更要处理好市场"无形的手"与政府"有形的手"的关系。一是发挥市场在资源配置中的决定性作用，并不意味着政府可以在经济运行中缺位，更不是否定或弱化政府的作用，而是强调要更好地发挥政府的作用。政府应强化规范市场秩序和市场监管，加大社会管理和服务，为市场经济发展保驾护航。二是政府要更好地发挥作用，并不意味着需要这只"有形之手"成为一只"闲不住的手"，更不意味着这只手在经济运行中能够越位。政府要提高宏观管理效率，必须深化行政体制改革，进一步转变政府职能，在需要发挥作用的地方更好地履职；真正做到简政放权，需要增强政府依法全面履职能力，改正急于出手、乱出手的毛病；政府对经济的宏观调控，要避免过度干预市场、以行政手段取代市场行为，进一步放权给市场，让市场的归市场，积极提升市场的效率。三是要不断强化市场和政府"两只手"间的协调和配合。市场和政府在经济运行中是相辅相成的关系，要辩证地认识这种关系，尤其是两者之间的互补关系。在厘清市场与政府的边界、定位好各自角色的同时，要更加注重两者的协调配合。

三、维护金融稳定需要强化宏观政策逆周期调节

中央对经济工作确定了稳中求进的工作总基调，"稳"的重点就是稳住经济运行，防范经济增长速度滑出底线，确保实现经济增长、物价稳定、充分就业、国际收支平衡的目标，守住金融领域不发生系统性风险。"进"的重点就是通过深化经济体制改革调整经济结构。我国经济发展处于增长速度换挡期、结构调整阵痛期、前期刺激政策消化期"三期叠加"的现状，决定了我国既要保持宏观经济政策的连续和稳定，又要创新宏观调控的思路和方式，有针对性地解决突出矛盾和问题。

（一）协调好积极财政政策与补短板的关系

供给侧结构性改革有五大任务，即去产能、去库存、去杠杆、降成本和补短板，这五大任务中存在一个目标与工具的关系：补短板是供给侧结构性改革的目标，去产能、去库存、去杠杆、降成本是供给侧结构性改革的工具。确定目标非常重要，因为目标是抓手。有了补短板这个目标，就能够更好地指导去产能、去库存、去杠杆和降成本等工具的使用，也有利于发挥宏观政策逆周期调节的作用。从我国当前经济发展的短板来看，一方面，基础设施仍然是短板。我国东部地区的基础设施在不断完善，高铁也已四通八达，但是广大中西部地区基础设施依旧落后，基础教育无论是硬件还是软件都与东部地区存在较大差距，基本医疗设施极不健全。2020年，我国要实现现行标准下的贫困人口全部脱贫，全面建成小康社会，需要补齐基础设施这个短板。另一方面，民生工程的短板尚未得到根本性解决。"居者有其屋"是我国大力推进保障房建设的最主要目标，但现在保障房的供需缺口依旧非常大。不论是城镇化建设中的棚户区改造，还是农村地区的危房改造，以及移民搬迁工程，都是我国民生领域亟须补齐的短板。除此之外，城市的轨道交通是短板，地下走廊是短板，"三农"问题是

短板，医疗保障是短板，等等。这些短板就是供给侧结构性改革要解决的问题，补齐这些短板，就为宏观政策的逆周期调节创造了机会。

一段时期内，我国产能过剩主要集中在建筑行业，如钢筋水泥、平板玻璃、电解铝等。这些建筑行业产能过剩的原因很清楚：当经济增长率从10%左右降到7%左右的时候，必然有30%的产能过剩会出来。由此可见，过剩产能有多少，取决于我们下一步的投资是多少。如果投资多了，过剩产能就少了；如果投资少了，过剩产能就多了。这里的投资，不是为了将经济增长速度保持在10%以上而进行的投资，而是为了实现补短板目标的投资。加大对弱势群体、弱势地区和弱势行业的投资，本身就是在补短板，而这个补短板的过程就是在发挥宏观政策逆周期调节的作用，它能够在一定程度上化解产能过剩。同时，以补短板为目标的投资不会挤压消费，反而会提高家庭收入和消费水平。只要投资以补短板为目标，那么这种投资就是有效的投资。有效的投资会创造价值，还会提高劳动生产力水平，增加就业，进而实现家庭收入的增长，最终实现增加消费的目标。反过来讲，如果没有这种补短板的投资，那么就业机会就会减少，消费者对未来的就业和收入预期就会降低，而且劳动生产力的水平提高比较慢，最终影响消费的增长。因此，不能简单地认为投资会挤占消费，必须要从动态来看以补短板为目标的投资增长对现在和未来的就业及收入增长的影响。

（二）稳健货币政策的目标是保持流动性合理充裕

根据传统的古典经济学理论，货币供应量的增减只会引起价格水平的同比例波动，与经济产出没有关联，对经济增长不产生实质性影响，即货币政策相当于实体经济上盖的一层面纱，这就是货币中性理论。凯恩斯主义从总供给和总需求的角度进行研究，认为货币"面纱论"并不成立，货币政策可以通过利率传导总供给和总需求，而且认为逆周期的相机抉择的货币政策能够平抑经济的周期性波动。以弗里德曼为代表的货币学派认为，从短期来看货币政策是有效的，但从长期来看货币政策是中性的，因此建议各国中央银行不应采取相机抉择的货币政策，而应保持货币供应的规律性增长。笔者认为，货币政策是保障我国经济长期平稳健康发展的国之重器，既要发挥其在支持实体经济发展中的重要作用，又不能对其过于依赖。首先，货币政策是短期的需求管理政策。货币政策的主要作用是平抑经济运行中的需求波动，不能改变经济的长期增长趋势。当实际增长率低于潜在增长率时，货币政策能够发挥一定的作用；但就提高潜在经济增长率本身来看，其变化是有规律的，货币政策无能为力。其次，货币政策是总量性政策，结构性作用有限。货币政策在总量上应稳健，防止因货币供应过多产生过度加杠杆和通货膨胀风险；发挥结构性作用时应采取"精准滴灌"的手段，过多采用也会产生总量效应。

流动性管理是中央银行货币政策调控的核心组成部分，货币政策操作主要目的是"削峰填谷"，维护银行体系流动性基本稳定。衡量银行体系流动性松紧适度的标准是资金供求大体平衡、货币市场利率基本稳定。顺应货币政策从数量型调控框架向价格型调控框架的转变，维护流动性基本稳定既是公开市场操作的主要任务，也是提高货币政策操作前瞻性、科学性和有效性的基础条件。由于外汇流入流出、存款准备金的交存、市场预期变化及其他临时性因素等，货币政策有时以"填谷"为目的进行不断投放，有时又以"削峰"为目的进行持续回笼，这些都是正常的操作安排。保持流动性合理充裕就是要创造一个适宜的货币环境，在将通货膨胀率控制在一个合理水平的前提下，既要适度调节总需求，又要维护金融稳定，防止产生过度加杠杆和资产价格急剧上涨的风险，协调好经济增长、物价稳定、风险可控等多个目标之间的关系。现实中实现此目标并不容易，货币政策往往存在着"由紧入松易，由松入紧难"的规律，宽松的货币政策更容易实施，而一旦收紧就会出现较大阻力。这需要货币政策制定者和执行者准确判断经济形势，果断决策，及时出手。

（三）供给侧结构性改革为宏观政策逆周期调节创造了条件

需求侧和供给侧是管理和调控宏观经济的两个基本方面。需求侧管理主要解决的是短期性的、周期性的总量问题，供给侧管理主要解决的是长期性的结构问题。需求侧管理运用的主要手段包括财政政策和货币政策，通过调节税收、财政支出、货币信贷来刺激或抑制需求，进而推动经济增长。供给侧管理主要通过优化要素配置和调整生产结构来提高供给体系的质量和效率，进而推动经济增长。供给和需求是既对立又统一的辩证关系，二者相互依存、互为条件。需求侧管理和供给侧管理不是非此即彼、一去一存的替代关系，而是要相互配合、协调推进。纵观世界经济发展史，一国经济政策是以供给侧为重点还是以需求侧为重点，要根据宏观经济形势作出抉择。我国推进供给侧结构性改革，是中央综合研判世界经济发展趋势和我国经济发展进入"新常态"作出的重大决策，是我国当前和今后相当长一段时间内经济工作的主线，而供给侧结构性改革的最终目的就是满足需求。供给侧结构性改革就是要深入研究市场变化，理解现实需求和潜在需求，在解放和发展社会生产力中更好地满足人民群众对美好生活的需要。因此，推进供给侧结构性改革作为我国经济发展进入"新常态"后的战略选择，应当成为推动我国经济高质量发展的主攻方向。而且推进供给侧结构性改革本身就是在扩大内需，尤其是从长期来看，如果供给侧的主要矛盾不解决，那么任何基于需求管理的短期政策都将失效，只有从供给侧出发，才能建立起持续扩大内需的长效机制。

四、发挥宏观政策逆周期调节作用的具体措施

在具体的政策安排上，2019年是连续第九年采用"积极的财政政策 + 稳健的货币政策"组合，但财政政策力度和重点较2017年底的中央经济工作会议有了较大变化，力度上要加力提效，重点由调整优化财政支出结构转向实施更大规模的减税降费；货币政策更加注重疏通货币政策传导机制，让更多的资金流入民营企业、小微企业等。

（一）实施更大规模的减税降费

通过与其他国家的比较，我国企业面临着综合税费成本过高的问题。综合税费成本包括税收、社会保险费用、灰色隐性寻租成本和各种制度交

易成本，此外还包括高昂的土地、物流和电力成本等。我国企业综合税费成本过高的原因在于政府与市场边界不清晰，政府干预过多，规模较大，导致支出规模巨大，只能通过较高的税收加以解决。同时，社保欠账也依赖于税收征缴。因此，我国需要大力推动减税政策，降低社保费率，以国有资本充实社保，增加企业利润和居民收入，以此带动投资能力和消费水平。

近年来，我国持续实施大规模的减税降费政策，目的就是要用政府的"减法"换取企业效益的"加法"和市场活力的"乘法"。2018年，我国下调了制造业、交通运输行业增值税税率，扩大了享受税收优惠政策的小微企业的范围，有效降低了企业负担。2019年，我国实施了更大规模的减税降费，制造业等行业增值税税率由16%降至13%，将交通运输业、建筑业等行业增值税税率由10%降至9%，主要行业税负明显降低。尤其是针对中小微企业的减税政策效果显著。全国95%的企业被认定为小微企业，其中98%是民营企业，享受税收优惠政策，提高税收起征点。从减税降费的改革方向来看，一是要进一步降低增值税税率，税制从间接税向直接税转型；二是在个人所得税方面，要区分不同的收入类型，避免"劳动重税、资本轻税"；三是在国资充实社保之后，更大力度降低社保费率，包括养老保险和医疗保险；四是通过行政体制改革，降低制度性交易成本。

（二）保持地方政府合理的债务规模

地方政府债券增加了地方政府的可用财力，在很大程度上缓解了扩大国内需求过程中地方政府财力紧张的问题，缓解了地方财政提供配套资金相对困难的现状。我国当前迫在眉睫的一个问题就是遏制经济增速的进一步下滑，保持经济运行在合理区间。要稳定经济增长，基建投资增速应显著反弹，政府债务规模应当扩大，但我国当前地方政府杠杆率依然处在高位，限制了地方政府依靠扩大债务规模拉动投资的空间。导致地方政府债务规模扩大和风险积累的原因是多方面的。从财政体制来看，地方政府财权和事权不匹配；从政府的作用来看，地方政府在推动经济发展过程中发挥了重要作用；从政府行为及债务管理视角来看，以 GDP 为主要指标的考核机制导致地方政府官员只顾追求政绩而不重视对债务规模的约束。对此，一方面需要中央财政发力，因为中央政府的债务率尚处在较低的水平；另一方面要较大幅度增加地方政府专项债券规模。地方政府债务最大的风险来源于隐性负债，通过更大规模的专项债券置换隐性负债，能够实现地方政府债务的"阳光化"，有利于防范地方政府债务风险，同时也为地方政府实施积极的财政政策提供了空间。

（三）疏通价格型货币政策传导机制

货币政策传导机制是否畅通，直接决定着货币政策的有效性。从长期以来，我国一直坚持数量型货币政策传导机制，该调控框架发挥了良好的促进经济发展的作用。但随着我国市场机制的不断完善和金融体系的不断发展，数量型货币政策操作目标与中间目标、最终目标之间的相关性在不断减弱，且数量型目标的可控性也在减弱，数量型货币政策调控框架的不足不断显现。要保持货币政策调控的有效性，就要让市场在金融资源的配置中起决定性作用，让价格成为调节供需的自动稳定器。具体来看，货币政策操作目标要逐步转变为货币市场短期利率，让货币政策操作目标去影响中间目标，进而影响最终目标。在中央银行的调控路径上，应进一步探索利率走廊调控机制，以市场化的间接调控手段而非行政手段来调控货币市场短期利率，影响信贷市场的定价，最终推动货币政策调控框架从以数量型为主向以价格型为主转型。疏通价格型货币政策传导机制，需要中央银行灵活运用各类数量、价格型货币政策工具，尤其是要根据不同阶段流动性形势和金融市场发展情况，优化操作工具组合，合理安排工具品种、规模和期限结构，不断提高货币政策的前瞻性和准确性。

（四）适度创新发展结构性货币政策工具

发展结构性货币政策工具的目的是引导资金流向实体经济，尤其是中小企业或者是某些重点行业。结构性货币政策诞生的背景受"流动性陷阱"的约束，总量型货币政策操作空间不足，无法打通货币政策传导渠道，削弱了货币政策效果。如果只采取总量型货币政策，房地产行业等部门将占据较多的金融资源，资金难以传导至中小微企业和民营企业。结构性货币政策通过定向支持向金融市场注入大量流动性，提高金融机构资金可得性和放贷意愿，加大对经济发展中的重点领域和薄弱环节的金融支持。结构性货币政策工具主要是定向再融资工具，刺激银行体系向特定领域提供较为低廉的贷款。目前，人民银行同时使用多种结构性货币政策工具：一是通过定向降准，建立促进信贷结构优化的正向激励，鼓励和引导金融机构加大对中小微企业和"三农"的支持力度；二是通过支农再贷款、扶贫再贷款和支小再贷款，支持"三农"、扶贫、小微企业等国民经济薄弱环节的发展；三是适度发挥再贴现促进结构调整、引导资金流向的作用，明确再贴现重点用于支持扩大"三农"和中小微企业融资；四是中央银行以质押方式向金融机构提供贷款，用于支持国民经济重点领域、薄弱环节和社会事业发展。应该看到，货币政策主要还是总量政策。结构性货币政策是不得已而为之，其效果如何有待于进一步研究。

（五）完善货币政策的资本市场传导机制

中央银行作为整个金融体系的核心，能够通过利率、存款准备金率及公开市场操作等货币政策工具影响资本市场。一方面，利率影响着资本市场中资金的使用成本和机会成本，进而影响整个市场的资金总量和流动性。同时，利率的变动还会影响投资者的决策和信心，这会直接反映在股票价格和其他资产价格中。另一方面，当提高存款准备金率或公开市场采取回购操作时，广义的货币供应量就会减少，资本市场的资金流同样减少，证券市场供过于求，证券价格就会降低；当降低存款准备金率或公开市场操作采取逆回购时则相反。一个庞大的货币市场和一个现代化的资本市场的有效衔接是货币政策高效传导的必要条件，尤其是在当前经济下行压力较大的背景下，要想发挥好货币政策的逆周期调节作用，就必须建立多层次的资本市场体系，提高直接融资比重。当前，我国资本市场体量偏小，基础性制度尚未完善，投资者结构严重不合理，无法有效发挥资本市场有效配置金融资源的作用。对此，一是推动注册制改革和退市制度改革。上市与退市是一进一出的关系，处理好二者的关系，既能实现以市场手段配置金融资源的目标，又能保证上市公司的质量。二是引导更多的中长期资金进入资本市场。中长期资金包括国家主权基金和养老保险基金等，这些资金会成为机构投资者的主要资金来源。三是积极发展公募基金和私募基金。尤其是私募基金，既是一级市场上市前的股权投资力量，又是二级市场推动企业兼并收购的主要力量。四是严格规范大股东套现。资本市场不是一个圈钱的场所，大股东的高位套现会直接影响股票市场的稳定，必须有严格的限制。总之，一个基础性制度完善的资本市场才能够真正发挥"牵一发而动全身"的作用。

参考文献

［1］爱德华·肖.经济发展中的金融深化［M］.邵伏军，等，译.上海：格致出版社，2015.

［2］巴曙松，覃川桃，朱元倩.中国股票市场与房地产市场的联动关系［J］.系统工程，2009，27（9）：22-28.

［3］巴曙松，杨现领.货币锚的选择与退出：对最优货币规则的再考察［J］.国际经济评论，2011（1）：141-154.

［4］布莱恩·阿瑟.技术的本质［M］.曹东溟，王健，译.杭州：浙江人民出版社，2018.

［5］蔡玉.地方政府性债务现状、成因及对策［J］.财政研究，2011(9)：5-7.

［6］曹广喜.中国汇市与股市间的时变冲击影响研究［J］.管理科学，2013（2）：89-100.

［7］曹彤.从多核心货币区视角看人民币国际化进程［J］.金融研究，2014（8）：47-63.

［8］曹信邦，等.经济发达地区基层地方政府债务问题实证分析［J］.财贸经济，2005（10）：46-50.

［9］陈卫东，王有鑫.人民币贬值背景下中国跨境资本流动：渠道、规模、趋势及风险防范［J］.国际金融研究，2016（4）：3-12.

［10］陈志武.金融的逻辑（2）：通往自由之路［M］.上海：上海三联书

店，2018：121-123.

[11] 崔光灿.货币、汇率影响房价的传导关系[J].上海房地，2006（7）：32-35.

[12] 丁剑平."一带一路"区块货币参照人民币"隐性锚"分析[J].国际金融研究，2018（10）：23-32.

[13] 丁剑平，赵亚英，杨振建.亚洲股市与汇市联动：MGARCH模型对多元波动的测试[J].世界经济，2009（5）：83-95.

[14] 富兰克·奈特.风险、不确定性和利润[M].北京：中国人民大学出版社，2017.

[15] 辜胜阻.构建服务实体经济多层次资本市场的路径选择[J].管理世界，2016（4）：1-10.

[16] 郭琳，樊丽明.地方政府债务风险分析[J].财政研究，2001（5）：64-68.

[17] 郭彦峰，黄登仕，魏宇.人民币汇率形成机制改革后的股价和汇率相关性研究[J].管理学报，2008（1）：49-53.

[18] 韩增华.中国地方政府债务风险的预算管理与分权体制完善[J].经济体制改革，2011（4）：142-145.

[19] 韩伟.数字经济时代中国《反垄断法》的修订与完善[J].竞争政策研究，2018（4）：51-55.

[20] 呼显岗.地方政府债务风险的特点、成因和对策[J].财政研究，2004（8）：42-45.

[21] 胡逸闻，戴淑庚.人民币资本账户管制政策的强度与有效性[J].财经科学，2015（6）：21-31.

[22] 黄涛，李浩民.金融供给侧结构性改革：重点任务与路径选择[J].改革，2019（6）：73-83.

[23] 纪志宏.深化绿色金融供给侧结构性改革[N].学习时报，2019-05-08（002）.

[24] 贾康，等.关于发展中国地方政府公债融资的研究[J].经济社

会体制比较，2002（5）：38-45.

［25］贾康.进一步优化积极财政政策的若干思考［J］.地方财政研究，2009（9）：4-5.

［26］贾康，等.我国地方政府债务风险和对策［J］.经济研究参考，2010（14）：2-28.

［27］凯恩斯.就业利息和货币通论［M］.高鸿业，译.北京：商务印书馆，1996.

［28］况伟大，赵宇华.中国房市与股市关联度研究［J］.经济理论与经济管理，2010（8）：38-44.

［29］理查德.邓肯.美元危机：成因、后果与对策［M］.王靖国，译.大连：东北财经大学出版社，2009.

［30］雷蒙德·W.戈德史密斯.金融结构与金融发展［M］.周朔，等，译.上海：上海三联书店，1990.

［31］李二亮.互联网金融经济学解析——基于阿里巴巴的案例研究［J］.中央财经大学学报，2015（2）：33-37.

［32］李稻葵，尹兴中.国际货币体系新架构：后金融危机时代的研究［J］.金融研究，2010（2）：31-43.

［33］李文红.深化金融供给侧结构性改革的重点与方向［N］.学习时报，2019-04-17（002）.

［34］李扬.中国经济对外开放过程中的资金流动［J］.经济研究，1998（2）：14-24.

［35］廖理.着力五大任务推进金融业供给侧结构性改革［J］.清华金融评论，2017（7）：2.

［36］廖岷，孙涛，丛阳.宏观审慎监管研究与实践［M］.北京：中国经济出版社，2014：106.

［37］刘莉，万解秋.我国股市与汇市之间关系的再检验［J］.国际金融研究，2011（7）：90-96.

［38］刘立新，李鹏涛.金融供给侧结构性改革与系统性金融风险的防

范［J］.改革，2019（6）：84-91.

［39］刘建江，匡树岑.人民币升值的财富效应研究［J］.世界经济研究，2011（4）：15-19.

［40］刘尚希，赵全厚.政府债务：风险状况的初步分析［J］.管理世界，2002（5）：22-32.

［41］陆磊.金融要素的供给侧结构性改革［J］.武汉金融，2016（8）：7-11.

［42］吕江林，李明生，石劲.人民币升值对中国股市影响的实证分析［J］.金融研究，2007（6）：23-34.

［43］马克思.资本论（1-3卷）［M］.中央编译局，编译.北京：人民出版社，2003.

［44］麦金农.经济发展中的货币与资本［M］.卢骢，译.上海：上海人民出版社，1997.

［45］蒙代尔.蒙代尔经济学文集［M］.向松祚，译.北京：中国金融出版社，2003.

［46］米歇尔·渥克.灰犀牛［M］.王丽云，译.北京：中信出版集团，2017.

［47］缪小林，伏润民.我国地方政府性债务风险生成与测度研究——基于西部某省的经验数据［J］.财贸经济，2012（1）：17-24.

［48］缪小林，程李娜.PPP防范我国地方政府债务风险的逻辑与思考［J］.财政研究，2015（8）：68-75.

［49］纳西姆·尼古拉斯·塔勒布.黑天鹅［M］.万丹，刘宁，译.北京：中信出版社，2011.

［50］祁斌.让更多金融资源走向资本市场［J］.中国金融，2014（1）：23-25.

［51］沈悦，卢文兵.中国股票价格与房地产价格关联性研究［J］.当代经济科学，2008（7）：87-127.

［52］任超.大数据反垄断法干预的理论证成与路径选择［J］.现代经

济探讨，2020（4）：123-132.

［53］盛松成，李安定，刘慧娜．上海房地产市场发展周期与金融运行关系研究［J］．上海金融，2005（6）：4-7.

［54］斯蒂格利茨．政府为什么干预经济：政府在市场经济中的角色［M］．北京：中国物资出版社，1998.

［55］宋绍智．建立我国地方债制度的初步研究［J］．财会研究，2007（4）：21-29.

［56］宋文兵．中国资本外逃问题的研究：1987—1997［J］．经济研究，1999（5）：39-48.

［57］孙才仁．推动资本市场发展助力经济向"新三驾马车"转型［J］．财经界，2012（10）：86-90.

［58］孙国峰．推进金融业供给侧结构性改革［J］．中国金融，2017（7）：27-29.

［59］谭小芬，林木材．人民币升值预期与中国房地产价格变动的实证研究［J］．中国软科学，2013（8）：55-66.

［60］陶士贵，陈建宇．国际货币陷阱、被美元化及去美元化［J］．财经科学，2015（8）：23-32.

［61］王爱俭，沈庆劫．人民币汇率与房地产价格的关联性研究［J］．金融研究，2007（6）：13-22.

［62］王晓光，高淑东．地方政府债务风险的预警评价与控制［J］．当代经济研究，2005（4）：53-55.

［63］王晓明．银行信贷与资产价格的顺周期关系［J］．金融研究，2010（3）：45-55.

［64］王叙果．GDP挂钩债券与地方政府债务风险防范［J］．财政研究，2014（6）：69-72.

［65］王媛媛．证监会发挥资本市场普惠金融功能助力脱贫攻坚［N］．国际金融报，2018-08-13.

［66］魏加宁．推进地方债市场化发行［J］．中国投资，2009（5）：

92-93.

［67］温军，赵旭峰.我国股票市场、房地产市场与经济增长的关系［J］.统计与决策，2007，248（20）：90-92.

［68］吴敬琏.我们掉进了美元陷阱［J］.IT时代周刊，2008-12-20：10.

［69］吴念鲁.论人民币可兑换与国际化［J］.国际金融研究，2009（11）：4-12.

［70］吴晓求.大国金融中的中国资本市场［J］.金融论坛，2015（5）：28-35.

［71］吴晓求，许荣.金融市场化趋势推动着中国金融的结构性变革［J］.财贸经济，2002（9）.

［72］吴晓求，等.中国资本市场研究报告（2017）［M］.北京：中国人民大学出版社，2017.

［73］夏杰长，肖宇.以服务创新推动服务业转型升级[J].北京工业大学学报（社会科学版），2019（5）：61-71.

［74］习近平.习近平谈治国理政［M］.北京：外文出版社，2014.

［75］习近平.习近平谈治国理政（第二卷）［M］.北京：外文出版社，2017.

［76］习近平.习近平谈治国理政（第三卷）［M］.北京：外文出版社，2020.

［77］向松祚.摆脱人民币"被美元化"困境［J］.新财经，2014（1）：18.

［78］肖卫国，兰晓梅.新一轮美联储加息对中国跨境资本流动溢出效应研究［J］.经济学家，2017（2）：84-90.

［79］谢平.互联网金融风险和防范的几点思考［N］.金融时报，2016-05-10.

［80］熊伟.我国房价持续上涨的流动性过剩因素分析与对策［J］.生产力研究，2007（19）：87-147.

［81］亚当·斯密.国民财富的性质和原因的研究［M］.北京：商务印

书馆，1972.

［82］严佳佳，辛文婷."一带一路"倡议对人民币国际化的影响研究［J］.经济学家，2017（12）：83-90.

［83］杨海珍.资本外逃：国际趋势与中国问题［M］.北京：中国金融出版社，2005.

［84］易纲，王召.货币政策与金融资产价格［J］.经济研究，2002（3）：13-20.

［85］于海峰，崔迪.防范与化解地方政府债务风险问题研究［J］.财政研究，2010（6）：56-59.

［86］余应敏，等.财政分权、审计监督与地方政府债务风险［J］.财政研究，2018（7）：53-65.

［87］余永定.解读中国的资本外逃［J］.国际经济评论，2007（5）：97-115.

［88］詹姆斯·R.巴特.金融守护人［M］.杨农，等，译.北京：生活·读书·新知三联书店，2014.

［89］张碧琼，李越.汇率对中国股票市场的影响是否存在：从自回归分布滞后模型得到的证明［J］.金融研究，2002（7）：26-35.

［90］中共中央文献研究室.习近平关于社会主义经济建设论述摘编［M］.北京：中央文献出版社，2017.

［91］中共中央党史和文献研究院.十八大以来重要文献选编（下）［M］.北京：中央文献出版社，2018.

［92］中共中央党史和文献研究院.十九大以来重要文献选编（上）［M］.北京：中央文献出版社，2019.

［93］周辰亮.关于中国股市与汇市关系的研究［J］.统计与决策，2009（2）：142-144.

［94］周京奎.利率、汇率调整对房地产价格的影响［J］.金融理论与实践，2006（12）：3-6.

［95］周京奎.1998—2005年我国资产价格波动机制研究［J］.上海经

济研究，2006（4）：21-29.

［96］周其仁．货币的教训——汇率与货币系列评论［M］．北京：北京大学出版社，2012.

［97］周小川．资本市场的多层次特性［J］．金融市场研究，2013（8）：4-23.

［98］周小全．深化金融供给侧改革路径［J］．中国金融，2019（5）：21-22.

［99］朱太辉，魏加宁．我国地方债发行的金融学理论基础［J］．财政研究，2012（5）：19-21.

［100］朱孟楠，刘林，倪玉娟．人民币汇率与我国房地产价格［J］．金融研究，2011（5）：58-71.

［101］ABDALLA, I. and MURINDE, V. Exchange Rate and Stock Price Interactions in Emerging Financial Markets: Evidence on India, Korea, Pakistan and the Philippines［J］. Applied Financial Economics, 1997（7）：25-35.

［102］AGGARWAL, REENA, LEORA KLAPPER, and PETER WYSOCKI. Portfolio Preferences of Foreign Institutional Investors［J］. Journal of Banking and Finance, 2015（29）：2919-2946.

［103］AJAYI R. A. & MOUGOUE, M. On the Dynamic Relation between Stock Prices and Exchange Rates［J］. Journal of Financial Research, 1996（19）：193-207.

［104］ALBERTO&TABELLINI.Positive and Normative Theories of Public Debt and Inflation in Historical Perspective［J］.European Economic Review, 1992, 36（3）：337-344.

［105］ANDVIG J.C. The Economics of Corruption: A Survey, Studi Economici［J］.1991, 43（1）：57-94.

［106］APERGIS, N. & REZITIS, A. Asymmetric Cross-market Volatility Spillovers: Evidence from Daily Data on Equity and Foreign Exchange Markets［J］. The Manchester School Supplement, 2001：81-96.

[107] ARVAI, ZSOFIA, ANANTHAKRISHNAN PRASAD and KENTARO KATAYAMA. Macroprudential Policy in the GCC Countries [R]. Staff Discussion Note, International Monetary Fund (IMF), 2014 (3).

[108] BAHMANI-OSKOOEE, M. & SAHA, S. On the Relation between Stock Prices and Exchange Rates: A Review Article [J]. Journal of Economic Studies, 2015 (42): 707-732.

[109] BANDT O. D.& HARTMANN P. Systemic Risk: A Survey [R]. Working Paper, 2000, No.35, European Central Bank.

[110] BARTH JR, CAPRIO G JR, LEVINE R.Rethinking Bank Regulation: till Angels Govern [D].Cambridge University Press, 2006.

[111] BATABYAL A., S.YOO.Corruption, Bribery and Wait Times in the Public Allocation of Goods in Developing Countries.Review of Development Economics [J].2007, 11 (3): 507-517.

[112] BAUMOL W.J.. Entrepreneurship: Productive, Unproductive, and Destructive [J].Journal of Political Economy, 1990, 90 (5): 988-1002.

[113] BENABOU.Collective Delusions in Organizations and Markets [J]. Review of Economic Studies, 2013, 80 (2): 29-62.

[114] BERNANKE B. Some Reflections on the Crisis and the Policy Response, Speech at the Russell Sage Foundation and The Century Foundation Conference on Rethinking Finance [R].2012, 23 April, New York, NY.

[115] BIENVENIDO.Local Government and Civil Society 2008 Seminar [R].Friedrich Naumann Foundation Repot, 2008 (11): 24.

[116] BORIO, CLAUDIO.Towards a Macroprudential Framework for Financial Supervision and Regulation [R]. Working Paper, BIS, 2003.

[117] BORIO&DISYATAT. Global Imbalances and the Financial Crisis: Link or No Link? [R].BIS Working Paper, No 346, 2011.

[118] BRUNNERMEIER M, CROCKETT A, GOODHART C, PERSAUD AD, SHIN H.The Fundamental Principles of Financial Reglulation [R].Geneva

Reports on the World Economy, 2009.

［119］BRUNO, VALENTIA, ILHYOCK SHIM and HYUN SONG SHIN. Comparative Assessment of Macroprudential Policies ［R］. BIS Working Paper, 2015（6）, Number 502.

［120］CAILLAUD B. and JULLIEN B. CHICKEN & EGG. Competition among Intermediation Service Providers ［J］. The RAND Journal of Economics, 2003, 34（2）: 309–328.

［121］CAMPBELL.J.Y and A.S.KYLE.Smart Money, Noise Trading and Stock Price Behavior.Review of Economic Studies ［J］.1993, 60（202）: 1–34.

［122］CHAKRAVORTI S. and RONSON R. Platform Competition in Two-Sided Markets: The Case of Payment Networks ［J］. Federal Reserve Emerging Payments Occasional Paper Series, 2004（9）.

［123］CHENNERY&BRUNO.Development Alternatives in an Open Economy: The Case of Israel ［J］.Economic Journal, 1962（77）: 79–103.

［124］CHINN and FRAENKEL. Will the Euro Eventually Surpass the Dollar as Leading International Reserve Currency? In G7 Current Account Imbalances: Sustainability and Adjustment ［D］. University of Chicago Press, 2007.

［125］CLARK D., RISS.Allocation Efficiency in a Competitive Bribery Game.Journal of Economic Behavior and Organization ［J］. 2000, 42（1）: 109–124.

［126］COATE S. and ANDERSON S.P. Market Provision of Broadcasting: A Walfare Analysis ［J］. Review of Economic Studies, 2005（72）: 947–972.

［127］CROCHETT, ANDREW.Marrying the Micro- and Macro- Prudential Dimensions of Financial Stability ［R］.BIS, 2000.

［128］CUDDINGTON.Capital Flight: Estimates, Issues, and Explanations ［J］.Princeton Studies in International Finance, 1986（58）: 187–198.

［129］CUESTAS J. C. & TANG B. Asymmetric Exchange Rate Exposure of Stock Returns: Empirical Evidence from Chinese Industries [J]. Sheffield Economic Research Paper Series, 2015 (9).

[130] DEROSA D. F. China's Defense of the Peg Perpetuates Central Planning [J]. Cato Journal, 2005 (1): 49-54.

[131] DIAMOND D. W. & DIYBVIG P. H. Banks Runs, Deposit Insurance, and Liquidity [J]. Journal of Political Economy, 1983, 91 (3): 401-419.

[132] DIAMANDIS F., DRAKOS A. Financial Liberalization, Exchange Rates and Stock Prices: Exogenous Shocks in Four Latin American countries [J]. Journal of Policy Modelling, 2011 (33): 381-394.

[133] D-KUNT A. & MAKSIMOVIC V. Institutions, Financial Markets, and Firm Debt Maturity [R]. Manuscript. The World Bank, 1998.

[134] EDUARDO WALKER.Strategic Currency Hedging and Global Portfolio Investments Upside Down[J].Journal of Business Research, 2009, (6): 657-668.

[135] EDLMAN B.G. Does Google Lever-age Market Power Through Tying and Bundling [J]. Journal of Competition Law and Eco-nomics, 2015 (2): 365-400.

[136] EICHHOLTZ P.M.A. and HARTZELL D.J.Property Shares, Appraisals and the Stock Market: An International Perspective [J]. Journal of Real Estate Finance and Economics, 1996, 12 (2): 163-178.

[137] EICHNER M, KOHN D, PALUMBO M.Financial Statistics for the United States and the Crisis: What Did They Get Right, What Did They Miss and How Should They Change [R].Finance and Economics Discussion Series.Federal Reserve Board, Washington.DC, 2010.

[138] FISHER.The Debt Deflation Theory of Great Depression [J]. Econometrica, 1933 (6): 337-357.

[139] FORBES K. J. and F. E.WARNOCK.Capital Flow Waves: Surges,

Stops, Flight, and Retrenchment [J]. Journal of International Economics, 2012, 88 (2): 235-251.

[140] FRATZSCHER M. Capital Flows, Push versus Pull Factors and the Global Financial Crisis [J].Journal of International Economics, 2012, 88 (2): 341-356.

[141] FU Y. and NG L.K. Market Efficiency and Return Statistics: Evidence from Real Estate and Stock Markets Using a Present-value Approach [J]. Real Estate Economics, 2001, 29 (2): 227-250.

[142] GENNAIOLI, NICOLA, ANDREI SHLEIFER and ROBERT W. VISHNY. A Model of Shadow Banking [J]. Journal of Finance, 2013, 68 (4): 31-63.

[143] GHOSH, QURESHI, KIM and ZaLDUENDO.Surges [J].Journal of International Economics, 2014, 92 (2): 266-285.

[144] GoLDBERG L. Industry-specific Exchange Rates for the United States [J].Federal Reserve Bank of New York Economic Policy Review. 2004, 10 (1): 1-16.

[145] GoURINCHAS and OlIVIER JEANNE. Capital Flows to Developing Countries: The Allocation Puzzle [J].Review of Economic Studies , 2013, 80 (4): 1484-1515.

[146] GRANGER, CLIVE W. J. &HUANG, BWO-NUNG. &YANG, CHIN-WEI. Abivariate Causality between Stock Prices and Exchange Rates: Evidence from Recent Asianflu [J]. The Quarterly Review of Economics and Finance, 2000 (40): 337-354.

[147] HeLLEINER E. Structural Power in International Monetary Relations [J]. EUI Working Papers. March, 2005: 1-15.

[148] HILDRETH& MILLER. Debt and the Local Economy: Problems in Benchmarking Local Government Debt Affordability [J].Public Budgeting&Finance, 2002, 22 (4): 99-113.

［149］HM TREASURY. A New Approach to Financial Regulation: Judgement, Focus, and Stability［R］. 2010.

［150］HOUBEN A., KAKES J. & SHINASI, G.Toward a Framework for Safeguarding Financial Stability［R］. IMF Working Paper, 2004.

［151］HSU C. –C., YAU R. & WU J. –Y. Asymmetric Exchange Rate Exposure and Industry Characteristics: Evidence from Japanese data［J］. Hitotsubashi Journal of Economics, 2009, 50（1）: 57–69.

［152］IBBOTSON R. G. and SIEGEL L. B. Real Estate Returns: A Comparison with Other Investments［J］. Real Estate Economics, 1984, 12（3）: 219–242.

［153］ISLAM&HASAN.The Macroeconomic Effects of Government Debt on Capital Formation in The United States: An Empirical Investigation［J］. Manchester School, 2007, 75（5）: 598–616.

［154］KINDEBERGER.International Short–term Capital Movements［M］. New York: Augustus Kelley, 1937.

［155］KOTLER P.and ARMSTRONG G.Principles of Marketing［M］. Pearson education, 2010.

［156］KROZNER et al..Banking Crises, Financial Dependence and Growth. Journal of Financial Economics［J］. 2007, 84（1）: 187–228.

［157］KRUGER A.O. The Political Economy of Rent–seeking Society, American economic review［J］. 1974, 64（3）: 291–303.

［158］LEVINE: The Impact of Debt Management Policies on Borrowing Costs Incurred By US State Governments［J］.Public Finance&Management, 2011, 11（1）: 1–27.

［159］LINDGREN C.J. GaRCIA G. & SEAL M. Bank Soundness and Macroeconomic Policy［R］. IMF, 1996.

［160］LUI F.T..An Equilibrium Queuing Model of Bribery［J］.Journal of Political Economy, 1985, 93（4）: 760–781.

［161］ MAINZ COPPOLA. The Future of the Dollar as an International Currency ［M］. New York: Frederick Praeger, Publishers, 1967.

［162］ MARTIN M F, MORRISON W M. China's "Hot Money" Problems ［R］.Congressional Research Service, 2008.

［163］ MAVROTAS G. and R. KELLY. Old Wine in New Bottles: Testing Causality Between Savings and Growth［D］. The Manchester School, 2001（69）: 97-105.

［164］ MCKINNON.Money and Capital in Economic Development［M］. Brookings Institution Press , 2005.

［165］ MISHKIN, HYMAN P. The Financial Instability Hypothesis: Capitalist Processes and the Behavior of the Economy［M］.Cambridge University Press, 1982.

［166］ MORLEY B. and PENTECOST E.J. Common Trends and Cycles in G-7 Countries Exchange Rates and Stock Prices［J］. Applied Economics Letters, 2000（7）: 7-10.

［167］ NEWELL G. and CHAU K.W. Linkages between Direct and Indirect Property Performance in Hong Kong［J］.Journal of Property Finance 1996, 7（4）: 9-29.

［168］ NIEH CHIEN-CHUNG & LEE CHENG-FEW. Dynamic Relationship between Stock Prices and Exchange Rates for G-7 Countries［J］. The Quarterly Review of Economics and Finance, 2001（41）: 477-490.

［169］ OKUNEV J., WILSON P. and ZuRBRUEGG R. The Causal Relationship between Real Estate and Stock Markets［J］. Journal of Real Estate Finance and Economics, 2000, 21（3）: 251-261.

［170］ PARK, DONGHYUN, ARIEF RAMAYAND and KWANHO SHIN. Capital Flows During Quantitative Easing: Experiences of Developing Countries ［J］.Emerging Markets Finance & Trade, 2016（52）: 886-903.

［171］ PHYLAKTIS K., RAVAZZOLO F. Stock Market Linkages in

Emerging Markets: implications for International Portfolio Diversification [J]. International Financial Markets, Insttitutions and Money, 2005 (15): 91-106.

[172] QUAN D.C.and TITMAN S. Do Real Estate prices and Stock Prices Move Together? An International Analysis [J]. Real Estate Economics, 1999, 27 (2): 183-207.

[173] ROCHET J. and TIROLE J. Platform Competition in Two-Sided Markets [J]. Journal of the European Economic Association, 2003, 6 (1): 990-1029.

[174] RODRIK D.and ANDRES VELASCO. Short-term Capital Flows [R]. NBER Working Papers, No7364, 1999.

[175] RODRIQUES M. Consequences of Capital Flight for Latin America [R]. Institute for International Economics, 1987.

[176] ROHLFS J.A. Theory of Interdependent Demand for a Communications Service [J]. Bell Journal of Economics & Management Science, 1974, 5 (1): 16-37.

[177] SHIN H S. Global Banking Glut and Loan Risk Premium [J]. IMF Economic Review, 2012, 60 (2): 155-192.

[178] SHIN Y., YU B. C. & GREENWOOD-NIMMO M. Modelling Asymmetric Cointegration and Dynamic Multipliers in a Nonlinear ARDL Framework [J]. Econometric Methods and Applications, 2014: 281-314.

[179] SMYTH R. and NANDHA M. Bivariate Causality between Exchange Rates and Stock Prices in South Asia [J]. Applied Economics Letters, 2003 (10): 699-704.

[180] SIM S.H.and CHANAG B.K. Stock and Real Estate Markets in Korea: Wealth or Credit-price Effect [J]. Journal of Economic Research, 2006, 11 (1): 99-122.

[181] SRNICEK N. The Challenges of Platform Capitalism: Understanding the Logic of A New Business Model [J]. IPPR Progressive Review, 2017: 254-

257.

［182］TANZI V. Corruption, Arm's-length Regulations and Markets'.The Economics of Organized Crime［D］.Cambridge University Press, 1995.

［183］THOMAS M, LEE S L. The Impact of Exchanges Rates on International Real Estate Portfolio Allocation［J］. Journal of Real Estate Portfolio Management, 2006（12）, Vol.277: 1057-1072.

［184］TODA H.Y. and YAMAMOTO T. Statistical Inference in Vector Autoregressions with Possibly Integrated Processes［J］. Journal of Econometrics, 1995, 66（1）: 225-250.

［185］TSE R.Y.C. Impact of Property Prices on Stock Prices in Hong Kong ［J］. Review of Pacific Basin Financial Markets and Policies, 2001, 4（1）: 29-43.

［186］US Treasury. A New Foundation: Rebuilding Financial Supervision and Regulation , Financial Regulatory Reform, 2009.

［187］WORZALA E. and VANDELL K. International Direct Real Estate Investments as Alternative Portfolio Assets for Institutional Investors［R］. Paper presented at the AREUEA meetings, 1993.

［188］YANG J., KOLARI J.W., MIN I. Stock Market Integration and Fnancial Crises: The Case of Asia［J］. Applied Financial Economics, 2003（13）: 477-486.

［189］YANG S.Y. and DOONG S.C. Price and Volatility Spillovers between Stock Prices and Exchange Rates: Empirical Evidence from the G-7 Countries［J］. International Journal of Business and Economics, 2004 Vol. 3, No. 2: 139-153.

［190］ZAPATA H. and RAMBALDI A. Monte Carlo Evidence on Cointegration and Causation［J］. Oxford Bulletin of Economics and Statistics, 1997, 59（2）: 285-298.